全国普通高等院校21世纪规划教材◎公共基础类系列
“互联网＋教育”新形态立体化校企合作精品教程

大学生
创新教育与创业指导

主　编　唐新格　王　凯　卢文忠
副主编　曹景凯　张　屾　毕竞文

湘潭大学出版社
XIANGTAN UNIVERSITY PRESS

图书在版编目（CIP）数据

大学生创新教育与创业指导 / 唐新格，王凯，卢文忠主编. -- 湘潭 : 湘潭大学出版社，2022.2
ISBN 978-7-5687-0740-4

Ⅰ. ①大… Ⅱ. ①唐… ②王… ③卢… Ⅲ. ①大学生－创业－高等学校－教材 Ⅳ. ①G647.38

中国版本图书馆 CIP 数据核字（2022）第 057922 号

大学生创新教育与创业指导

DAXUESHENG CHUANGXIN JIAOYU YU CHUANGYE ZHIDAO

唐新格 王凯 卢文忠 主编

责任编辑：丁立松
封面设计：万典文化
出版发行：湘潭大学出版社
社　　址：湖南省湘潭大学工程训练大楼
电　　话：0731-58298960 0731-58298966（传真）
邮　　编：411105
网　　址：http://press.xtu.edu.cn/
印　　刷：长沙创峰印务有限公司
经　　销：湖南省新华书店
开　　本：787 mm×1092 mm 1/16
印　　张：15
字　　数：328 千字
版　　次：2022 年 2 月第 1 版
印　　次：2022 年 2 月第 1 次印刷
书　　号：ISBN 978-7-5687-0740-4
定　　价：46.00 元

前言

FOREWORD

创新是社会进步的灵魂，创业是推进经济社会发展、改善民生的重要途径。社会正蔚然兴起崇尚创新创业之风，为创新创业提供了良好的舞台；全球化、信息化以及知识经济为创新创业提供了前所未有的广阔舞台和发展契机。巩固和发展“双创”教育的成果，创新“双创”教育理念、方法和体制与机制，推进各级院校开展多样化多层次的创新创业教育合 作，实现资源共享、协调发展，已成为各级院校发展的共识。

《大学生创新教育与创业指导》以创新型人才培养为主线，以提高学生的创业能力为目标，以创新教育与创业教育相融合的角度，科学地构建了创新创业教育理念、创新思维与创新成果、创新方法与创新技巧、认知创业与创业能力、创业机会与创业风险、创业资源与商业模式、创业者与创业团队、创业计划与路演、新企业的创建与成长管理、“互联网 +” 在创新创业中的应用等十个项目，意在将创新创业教育与创业指导工作贯穿于大学生职业 教育的全过程。

本教材条理清晰，模块丰富，以素质为核心，以能力为本位，重在知识和技能的实际灵活应用。设置“学习目标”“案例导入”“知识链接”“拓展训练”等模块，精选当下大学生创新、创业热点，围绕知识内容，采用启发式、探讨式等模式，拓宽学生视野，夯实理论基础，培养学生创新能力，提高其创业素质。本教材既可作为院校就业指导类教学用书，也可作为大学生职业生涯规划、求职和创业的有益参考。

本书编写分工如下：项目一、项目二、项目三由保定学院唐新格老师编写并负责统稿工作；项目四、项目五、项目七由朝阳师范高等专科学校王凯老师编写；项目八、项目九、项目十由广西幼儿师范高等专科学校卢文忠老师编写；项目六由承德石油高等专科学校曹景凯老师编写；课后教学 PPT 资源包由云南农业职业技术学院毕競文老师、焦作大学张岫老师共同制作。

本书在编写过程中，参考了许多相关的文献资料，在此，对其作者及网站表示衷心的感谢。由于时间仓促，精力有限，书中难免存在一些不足，敬请广大师生及读者不吝批评和指正，在此深表感谢！

编者

2022 年 3 月

目 录

CONTENTS

项目一
创新创业教育理念

学习目标

- 了解创新创业的内涵。
- 认知创新与创业的关系。
- 了解大学生创新创业的现状。
- 熟悉大学生创新创业教育的理念。
- 明晰学习创新创业课程的意义。

案例导入

2021 年 6 月 4 日，河南省高等职业院校创新创业教育联盟成立大会在河南职业技术学院举行。河南省人力资源和社会保障厅党组成员、副厅长李甄在致辞中对河南省高职院校创新创业教育联盟的成立给予高度评价，对学校紧紧抓住国家创新驱动发展的战略机遇，不断深化创新创业教育改革，深入实施创新创业教育引领工程方面做出的成效给予高度认可。他希望，联盟要充分发挥强大合力、传播影响力和示范引领作用，逐步形成以创新创业促进高质量就业工作新格局，共同推进河南省高职院校创新创业教育改革，要让每一个创业的小船，都能在市场经济的大海中破浪前行，让每一颗具有创新的种子，都能在支持帮助下破茧成蝶。他指出，省人社厅将一如既往地支持河南高职院校创新创业教育和联盟建设发展，为进一步打造河南省创新创业教育品牌，实现中原创新创业教育更加出彩做出应有努力（图 1.1）。

学校党委书记李桂贞介绍了学校基本情况，回顾了学校近年来在创新创业工作中所取得的成绩。她表示，联盟的成立顺势而为，应时而生，推动河南省创新创业优势与人才培养优势的互促互进，对促进河南经济和高职教育实现高质量发展起到积极作用。学校作为联盟牵头单位，在省教育厅和省人社厅的大力支持和具体指导下，将与联盟成员一起，秉持“资源共享、优势互补、合作共赢、智创未来”的原则，坚持务实合作、资源共享、协同创新、互利共赢的目标，为联盟成员间的交流合作搭建便捷广阔平台，建立高效规范的常态化运行机制，开展系列创新创业活动，做好服务保障，营造良好的创新创业氛围，力争取得更多更好的成果。她代表联盟发出四条倡议：一要赓续红色根脉，发扬首创精神；二要推动改革创新，服务发展战略；三要搭建一流平台，打造命运共同体；四要发挥示范引领，创出特色品牌，共同推进我省创新创业教育改革发展，努力培养造就创新创业卓越人才，服务地方经济高质量发展。

图 1.1　各级领导为联盟按下启动键

在会上，义乌工商职业技术学院副院长何少庆教授作了题为《高职院校大学生创新创业教育的实践与探索》的报告。他围绕如何解决制约创新创业教育的六大难题，分享了义乌工商职业技术学院的“双创”教育理念，提出要因地制宜、因材施教地开展“双创”教育，并分享了义乌工商职业技术学院现代职业教育与“双创”教育国际化相结合的“双创”发展思路。原山东商业职业技术学院院长助理明兆凤教授作了题为《构建创新创业教育生态 协同培养创新创业型人才》的报告。她介绍了山东商业职业技术学院“双创”发展历程及成效，重点分享了“双创”课程体系的建设，通过打造创新创业通识课程金课群，实现“通识教育覆盖所有学生、专创融合改造所有专业”的“双创”教育目标，提升“双创”教育质量。扬州工业职业技术学院创新创业学院副院长王盛作了题为《三年四金，扬州工业职业技术学院“互联网 +”大赛指导经验分享》的报告。他从大赛组织、项目挖掘、项目培育和网评准备等方面，系统介绍了扬州工业职业技术学院备战“互联网 +”大赛的经验和心得。

任务一　大学生创新创业概述

创新的内涵

一、创新的内涵

1. 创新的概念

约瑟夫·熊彼特（Joseph A.Schumpeter）被认为是“创新理论”的鼻祖，熊彼特认为创新包含以下五种情况：

（1）采用一种新的产品，即消费者还不熟悉的产品或某种产品的一种新特性。

（2）采用一种新的生产方法，即制造部门在实践中尚未知悉的生产方法，这种新的方法不需要建立在科学新发现的基础之上，并且，也可以存在于商业上处理一种产品的新方式之中。

（3）开辟一个新的销售市场，也就是相关国家的相关制造部门以前不曾进入的市场，这个市场以前可能存在，也可能不存在。

（4）获得原材料或半制成品的一种新的供应来源，不论这种供应来源是否业已存在，还是首次创造出来。

（5）实现一种新的组织，如造成一种垄断地位，或打破一种垄断地位。

现代管理学之父，彼得·德鲁克（Peter F.Drucker）在《创新与创业精神》一书中指出：“创新是企业家的特定工具。他们利用创新改变现实，作为开创其他不同企业或服务项目的机遇。创新能够成为一门学科，能够被人们学习和实践。企业家需要有目的地搜集创新的来源和变化，并且发现由于变化而出现的成功创新机会的征兆。此外，他们也需要了解及运用成功创新的原理。”在德鲁克看来，创新是新价值的创造。创新的实质在于创造新价值，即通过改变产品和服务来满足客户的价值需求，它普遍存在于经济社会的各个层面。“创新并非技术术语，而是经济和社会术语。它的标准不是科学或技术，而是经济或社会环境上的变化，是人在行为上的变化。”同时，创新的经济成果不仅体现在高新科技成果转化上，而且更为广泛地体现在洞悉市场、把握机遇和商业再造上。

2. 创新的特征

创新是人类特有的活动，创新成果是人类在意识支配下进行的创造性活动所取得的成效。在人类社会之外，动植物只是进化、演化，而不是创新。创新是以扎实的专业知识为基础，以艰苦卓绝的精神劳动为途径，以敏锐的观察力、丰富的想象力、深刻的洞察力为导向，反映符合事物发展要求的基本规律，是一种有规律的实践活动。创新是突破性的实践活动，它不是一般的重复劳动，更不是对原有内容的简单修补，而必须是突破性的发展、根本性的变革、综合性的创造。创新是继承的升华，继承是创新的必要。创新具有以下特征：

（1）人人可创新

创新，不分年龄大小、正常人和不正常人，也不分智商高低，更没什么内外行、条件好坏之分。但是人们在实际生活中常常因为自身条件不足而认为无法创新。

（2）时时可创新

创新本身不受时间和空间的限制，或许是一次闲谈，或许是在看剧，或许是在聊天、逛街的时候……只要保持一份善于联想的思维，创意随时可能到来。产生最佳创意的时间，或许就是让自己暂时休息一下，离开桌子去倒杯水；走到别的部门与同事交谈工作进程；放下手头的学习，改做另一件积压已久但很容易完成的工作；翻翻杂志；看看窗外的景致……南茜·贝朵，福特汽车公司执行中心总裁，习惯在上下班开车时放松自己。她说："在开车时，我会有意识地让大脑浮想，漫无边际地想。我不开收音机，不去想那些还没做完的工作。时间飞逝，很难找到时间让自己完全自在，我在开车时就能达到那种状态，我发现那是我最有创造力的时刻。"

（3）处处可创新

日常生活中，处处可见创新。例如，书报上的字太小，老年人看不方便，就借助放大镜来看。放大镜的作用，就是把字"扩一扩"，于是放大镜诞生了。再如，原来的电视屏幕较小，看电视节目费力，所以大屏幕彩电问世，这是把屏幕的面积和电视的体积"扩一扩"。在生活中，我们也经常使用一些袖珍物品，如袖珍手电筒、折叠雨伞、iPad mini 等，它们都是通过"缩一缩"技法研制出来的。缩小后的东西体积小、造价低、便于携带，给人们生活带来了很大方便。"缩一缩""减一减"，这也是一种可行的发明思路（图 1.2）。

图 1.2　iPad mini

二、创业的内涵

1．创业概念

创业分为狭义和广义两种。狭义的创业又分为两种：一种是指创办企业，也是国际上普遍对创业的理解；另一种是指科技创新。广义的创业是指开创事业，包括创办企业、科技创新，同时也包括就业后取得一定成就。杰弗里·A. 蒂蒙斯提出："创业是一种思考、推理和行为方式，这种行为方式是机会驱动、注重方法和与领导相平衡。创业导致价值的产生、增加、实现和更新，不只是为所有者，也为所有的参与者和利益相关者。”创业是指创业者对自己拥有的资源或通过努力能够拥有的资源进行优化整合，发现和识别商业机会，成立活动组织，创造出产品和服务，从而创造出更大经济价值或社会价值的过程。创业是一种劳动方式，是一种需要创业者运营、组织及运用服务、技术、器物作业的思考、推理和判断的行为。

2. 创业的要素

创业教育先驱杰弗里·A. 蒂蒙斯简洁明了地提炼出了创业的三大关键要素：创业机会、创业资源和创业团队，构建了创业要素模型，又称蒂蒙斯模型，如图 1.3 所示。

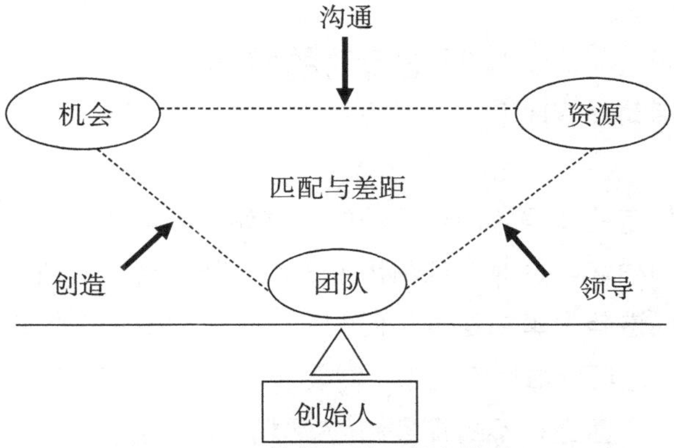

图 1.3　蒂蒙斯创业要素模型

（1）创业机会

创业者发现或创造可以利用的商业机会，开展创业活动。所以，创业机会是创业的始点，创业者围绕创业机会开展机会的识别和开发，利用创业机会完成创业活动。创业机会源于市场的需求和变化，当某种创意能将这种潜在的需求转化为现实的价值时，这种有价值的创意就转变为创业机会。因此，机会是创业过程的核心驱动力。

（2）创业团队

在知识经济的时代，创业活动对人们的要求越来越高。单凭一个创业者的单打独斗无法完成整个创业过程，他必须吸引一群才能互补、责任共担、愿为共同的创业目标而奋斗的人，让他们加入创业项目中，通过团结协作、优势互补、成果共享、责任共担，发挥团队的优势，从而获得创业的成功。所以，创业团队在创业过程中起着非常重要的作用，是创业过程的主导者。

（3）创业资源

创业活动需要利用相关资源才能更好地开展活动，不同的创业活动需要不同的资源。创业资源包括有形资产和无形资产，这些资源是企业创立和运营的必要条件。创业者在创业之初拥有的资源是有限的，不能完全满足创业

创业资源

活动的需要，必须通过创造性地整合内外部资源才能获得创业的成功。

创业机会、团队和资源构成了创业的三个关键要素，在创业过程中，这三者缺一不可。创业过程的核心是创业机会的识别和评价，创业过程始于创业机会，创业者针对创业机会采取行动，根据创业机会的需求组建团队，进行资源整合和开发。创业过程中最为重要的是在面对不确定环境时，取得创业机会、创业团队和资源三者间的平衡。

创新与创业二者相互促进又相互制约，是密不可分的辩证统一体。创新是创业的基础，因为创新的成效，只有通过未来的创业实践来检验。创业是创新的载体和表现形式，创业的成败取决于创新教育根基的扎实程度。

知识链接

创业活动的特质

一般来讲，创业活动具有以下几个鲜明的特征。

1. 创新性

创业是一个从无到有的过程，创业活动的关键和核心特征在于创新。创新按照熊彼特的定义是一种创造性的破坏，是对资源利用方式的“新组合”，创业也就是创新实现的过程。在创业活动中，创造新生事物是一种创新，而在原有事物上的改进或是以不同的方式去做也是创新。在创业这项创造性活动中，需要创业者在市场开拓、产品生产、技术改进、业务模式和管理制度等方面进行不断探索和创新才能使企业立足和发展。同时，创新与变革紧密关联。创业者不改变自己长期形成的思维模式，难以识别创业机会，也无法做到创新。对于创业者及其所创建的企业来说，创业与发展的过程永远是不断变革的过程。

2. 风险性

创业是在一个不确定的环境中进行的，面对诸多不可控因素，需要创业者承担各种风险。创立新企业一般都从中小企业起步，而各种风险也伴随在整个创业过程中。创业活动需要对市场需求状况、市场容量、市场竞争结构等进行认真的分析，在利用商机整合创业资源时，对创业资源的甄别、投入、控制和管理都是复杂的过程。中小企业的创业者大都是初次创业，缺乏创业经验和创业实践，难免主观判断失误，形成创业风险。加上中小企业的创业和成长环境十分严峻，会受到大企业在市场中残酷挤压和众多中小企业的激烈竞争，这种竞争必然会形成优胜劣汰的风险。此外，中小企业的创业风险还来自创业外部环境的不确定性，创业结果的不稳定性，创业资源投入与创业取得的创业收益的不对称性，这些风险更由于中小企业创业资源的缺乏而加剧。人们在创业周期中只能实现对风险的管理，而不是消除。所以，如何识别、处置和规避风险必然贯穿创业过程的始终。

3. 社会性

创业活动往往是由创业者个人在一定的社会环境下，为了追求个人的某种目标而展开的，最终的成败往往也主要由个人来承担。即使创业活动最终以失败而告终，但是这并不意味着创业者的努力毫无收获，它给予我们社会创业的经验和启示，以及前仆后继创业的动力。现实中创业活动作为一种商业经营活动有很强的外溢效应，对社会产生积极的影响。

4. 收益性

新创建的企业如果有一个强大的收益、利润发动机及良好的声誉，那么它就可以可观、可控地增长，从而为企业的所有者带来财富上的回报。收益的来源在于价值创造，即能够向顾客提供有价值的产品和服务，透过产品和服务使消费者的需求得到实质性的满足。所有创业活动都是为了获取回报收益才开展的，同时创业活动的每个行动又会对社会产生影响。创业活动的收益既包括创业活动的个人收益率，也包括社会收益率；收益包括经济性收益，也包括思想、文化等精神方面的非经济性的收益。创业活动的收益水平、创业活动的发生密度和成功率，与整个社会创业资源的富集程度、创业活动类型及创业活动本身的科学与否有很大的关系。

任务二 认知创新创业教育理念

一、大学生创新创业教育的理念

国务院办公厅印发的《关于深化高等学校创新创业教育改革的实施意见》明确强调了“面向全体、分类施教、结合专业、强化实践”的基本原则，确立了“普及创新创业教育”的总体目标。贯彻这一基本原则就是要将创新创业教育纳入教学主渠道，贯穿高校人才培养全过程，着眼于创新创业教育的广泛性和普及性，使之惠及每一个学生。为实现“普及创新创业教育”的总体目标，树立全新的“大创业教育观”是必由之路。

1. 树立“以用户为中心精准指导”的教育理念

随着信息化技术在我国的迅速发展，当代“00后”大学生对教师的期待更多体现了粉丝心理。他们对教师的要求不只是知识与技能的获取，还包括形象要求、人格魅力期待、社交分享、情感诉求等。这就要求高校创新创业工作者不能“满堂灌”，将庞大的知识体系与技能体系用较为复杂的方式传递给学生。应该深入研究“00后”孩子的粉丝思维、焦点思维、第一思维、碎片化思维、快一步思维，了解如何帮助崇尚简约化与娱乐化形式的“00后”大学生，在故事中获取知识，在简约中收获感悟。因此，高校创新创业工作者要深入思考如何让“互联网+”与创新创业教育产生良好的“化学反应”。在工作中既要用互联网与移动互联网思维武装自己，又要研究“00后”群体的需求，还要从需求出发用娱乐化方式引领“00后”实现在创业技能与素养上的双重提升。

2. 探索“面向全体学生”的具体教育方式

创新创业教育并不是单纯地教学生如何创办企业，它的核心是全面提高学生的创新创业素质。以这一思想为指导，要求我们在实践中探索“面向全体学生”的具体教育方式，彻底改变“精英教育”的运行模式，既不是只针对商学院的学生，也不能只针对想要创办企业或是参与创业计划竞赛的少数学生，而是要面向全体学生。要做到这一点，最为关键的是破除广泛开展创新创业教育的观念性障碍，对“创办企业”“培养老板”等“窄化”的创新创业教育内涵、严重滞后于创新创业教育发展现状的教育教学目标进行观念澄清，探究创业型大学建设在体制机制和队伍建设等方面的具体做法，探索构建与“大众创业、万众创新”相匹配、面向全体学生广泛开展创新创业教育的本土化教育体系。

3. 确定“结合专业教育”的主要途径

高校创新创业教育在于广泛地“种下创新创业的种子”，为高校毕业生设定“创业遗传代码”。这就客观地要求创新创业教育不是面向工程、艺术、科技等少数专业的“精英教育”，而是普遍培养和提高所有专业大学生创新意识和创新能力的“广谱式”教育。以这一思想为指导，要求我们在实践中确定“结合专业教育”的主要途径。创新创业教育必须与专业教育相结合，这一观念已经在学术界达成了共识。关键是如何找到合适的途径，克服结合过程中的障碍。为从根本上破解这一难题，必须将深化高校创新创业教育改革与推进高等教育综合改革紧密联系，从厘清创新创业教育目标要求和人才培养定位入手，挖掘和充实各类专业课程的创新创业教育资源，在专业教育教学中渗透创新创业教育的理念和内容，在传授专业知识过程中加强创新创业教育。

4. 丰富“融入人才培养全过程”的科学载体

创新创业教育要获得深层次的发展，必须走出“表层教育”的初级阶段，全面推动高校教育教学改革，构建创新创业教育体制机制。以这一思想为指导，要求我们在实践中丰富“融入人才培养全过程”的科学载体。创新创业教育要在纵向上贯穿学生在校学习的全过程，在横向上打通学校教育、家庭教育和社会教育的各个环节。不仅立足于高校自身，更立足于经济发展方式转变的现实需求；不仅基于创新创业教育本身，更要实现“课内课外相衔接，教育实践一体化”，着力促进全体学生创新创业素质的训练和提升。在此过程中，要推动高校与政府和企业的沟通、联系，探索建立校校、校企、校地、校所及国际合作的协同育人新机制，建立健全知识资本化、创新商业化的科学路径，积极促进和努力形成大学在新经济中的中心地位，形成大学—企业—政府“三螺旋”关系，积极吸引社会资源和国外优质教育资源投入创新创业人才培养，全面推动高校创新创业教育深入改革。

二、大学生创新创业教育的意义

1. 大学生创新创业教育是实现中国梦的源泉

近代以来，世界大国在实现强国梦的历史进程中，科技革命发挥了重要作用。中国历史发展错过了第一次、第二次科技革命和工业革命的高潮期，与西方发达国家差距越拉越大。中国发展抓住了第三次科技革命和工业革命的尾巴，力争我国信息技术和信息产业的发展水平进入世界先进行列。历史告诉我们，科技革命带动工业革命，是一个民族崛起、一个国家梦想成真的关键性先导力量。作为第一生产力的科技创新，是实现国家富强、民族振兴和人民幸福的决定性因素。因此，创新是实现中国梦的决定性基础力量。

以大学生为代表的青年人是科技创新的主力军，离开了大学生的创新，一个国家的高科技产业将不知何去何从。开展创新创业教育不仅仅是为了解决大学毕业生就业问题，也是深化高等教育改革的重要途径，更是为各行各业输送拥有创新精神和创业品质优秀人才的关键渠道。因此，从某种意义上说，大学生创新创业教育是实现中国梦的源泉。

2. 大学生创新创业教育是推动经济社会发展的动力

“21世纪是知识经济占国际经济主导地位的世纪。”创新是知识经济发展的强劲动力，创新人才成了各国竞争取胜的关键所在。创新、创业和中国的发展紧密相关。创业教育在缓解社会就业压力等方面的促进作用日益增强。国外的大学生创业教育起步比较早，比如美国，在20世纪最后的25年里，创业者和创新者已经极大地改变了美国经济的格局。当今美国很大一部分财富是由20世纪80年代的创业者创造的，而且大部分是在校或者已毕业的大学生。为什么会有这样的可喜情况？很重要的原因之一是美国的创新创业教育发展比较好。因为创新创业教育能够培养创业人才，促进高新技术产业化，带动国民经济迅速增长，促进知识产业化，为发展知识经济服务。

3. 大学生创新创业教育是培养高素质人才的重要途径

2015年，李克强总理在政府工作报告中明确提出要“大众创业、万众创新”。此后国家采取了多项举措，充分激发群众智慧和创造力，打造中国经济新引擎，希望通过鼓励“大众创业、万众创新”来带动创新驱动型经济。创新驱动型经济体现资源节约和环境友好的要求，是以知识和人才为依托，以创新为主要驱动力，以发展拥有自主知识产权的新技术和新产品为着力点，以创新产业为标志的经济。当前经济发展的种种迹象表明，世界正在经历一场变革，即将或正在跨入一个新的经济增长周期。这种新型经济的增长对高素质人才的需求不断增大，也为大学生创新创业教育带来巨大的挑战和机遇。解决这些问题首先要做的就是，全力发展符合创新时代背景的新型教育事业，以培养富有创新精神的优质人才。

大学生创新创业教育应率先承担起这个责任，将创新创业精神的培育和引导贯穿于教育教学全过程，目标在于培养高素质创新型人才，鼓励和引导大学生在新创意、新创造、新技术领域内创新创业，帮助大学生提升创新视野、创业能力、科学素养、领袖精神，优化创新创业环境。大学生创新创业教育并不仅限于培养大学生开公司、办企业，而是重在培养他们的创新思维和创业精神，提升大学生的专业知识、实践能力、领导水平等，而这些素质都是当代企业所急需的。

教育部原部长陈宝生在第三届中国“互联网＋”大学生创新创业大赛颁奖典礼暨闭幕式上指出，各地各高校和广大青年学生要将青春梦、创新创业梦与中国梦紧密结合，用创新创业成果为中华民族伟大复兴奉献青春力量；将思想政治教育与创新创业教育紧密结合，努力造就理想信念坚定、专业知识扎实、具有创新创业能力、德才兼备的有为人才；将创新创业教育改革与高等教育综合改革紧密结合，形成科学合理、灵活多样的教学管理制度新体系，全面提高人才培养能力；将中国探索与走向国际紧密结合，进一步提升我国教育的国际话语权、影响力和竞争力。

任务三　创新创业与人生发展

一、大学生创新创业类型分析

1. 概念创业

概念创业，是指凭借创意、点子、想法创业。创业不仅要有新颖的想法，同时还要具有可操作性，只有这样，才能抢占市场先机，并最终转化为财富。有那么一群梦想家，凭着敏锐的市场嗅觉和新奇的商业创意，从普通创业者摇身变成了日进斗金的创业家，第一家网络书店、第一个搜索引擎网站 Yahoo（雅虎）、第一个拍卖网站 eBay 等，这些成功案例使概念创业浮出水面，让越来越多的创业者意识到，一个一闪即逝的灵感，也能成为梦想开始的地方。概念创业适合本身没有很多资源的创业者。他们需要通过独特的创意来获得各种资源，包括资金、人才等。当然，概念创业者行动前最好多听听各方面的意见和建议，如成功的创业者、风险投资家、创业咨询机构等提供的宝贵经验和专业指导，往往能起到点石成金的作用。

2. 专业转化为创业

在这个信息时代，信息技术领域快速涌现出很多神话级的创业人物，如搜狐的张朝阳、雅虎的杨致远、腾讯的马化腾、网易的丁磊、美国社交网站 Facebook 的马克・扎克伯格等，他们都曾经是学校里面的佼佼者，学有所长、学有所用，最终以自己出众的专业能力创造了巨大的财富。技术功底深厚、学科成绩优秀的大学生在高科技领域，完全有可能将自己的专业所学转化为创业，并最终实现自己的人生价值。斯坦福大学的理学博士生拉里・佩奇和谢尔盖・布林正是运用他们精深的专业知识与技能对网站之间的关系进行精确分析，并以此为基础于 1998 年在一个朋友的车库里成立了谷歌公司。

案例

从黑龙江八一农垦大学出发，驱车一个半小时就到了林甸县四季青镇新民村，村路口一块“四季青镇新民村狮白鹅养殖示范基地”分外引人注目，这里就是黑龙江八一农垦大学动物科技学院副教授王秋菊服务了6年的地方。

种源是农业的“芯片”，一个品种的选育需要经历漫长的过程。黑龙江八一农垦大学团队培育的“狮白鹅”品种就是经过30余年的严苛育种培育而成。“狮白鹅”耐粗饲、好饲养，能全年繁殖生产，较目前市场白鹅种鹅产蛋数提高近一倍，补充了黑龙江省40年未有畜禽新品种的空白。不仅解决了畜禽品种“卡脖子”的问题，还为我国种业自主奠定了基础。

“狮白鹅”研发推广团队的王秋菊将“狮白鹅”及配套的“玉鹅种养”生态模式引入林甸县。组建技术服务小团队，定期进行技术讲座。带农户到鹅场考察，在肉鹅品种选择、雏鹅培育、科学养殖、疾病防控以及适时销售等方面给农户帮扶，确保雏鹅的成活率和成年鹅的达标出栏率（图1.4）。

图1.4　王秋菊为贫困户送鹅雏

6年来，王秋菊及其团队共指导林甸县5个镇8个村600多户农户养鹅20万只，建立了“四季青镇狮白鹅养殖基地”和“狮白鹅脱温鹅雏培育基地”，总计带动375个贫困户脱贫，还培养出7个养殖大户和9个地方技术员，林甸县也成了远近闻名的养鹅县。

王秋菊团队还通过行业交流以及指导大学生团队实践，成功地将“玉鹅种养”模式推广到全国12个省份62个县区、25个农场，带动3.7万人养鹅超3 000万只，农民累计增收超6亿元，有效助力了7个贫困县“摘帽”，7 300多个贫困户通过养鹅脱贫致富。

3. 移接商业模式进行创业

创新创业是我国未来数十年经济社会发展的主旋律之一，商业模式创新是其高端形态，也是改变产业竞争格局的重要力量。我们越来越发现决定企业成败最重要的因素不是技术，而是它的商业模式。2003年前后，创新并设计出好的商业模式，成了商业界关注的新焦点，商业模式创新开始引起人们普遍重视。商业模式创新被认为能带来战略性的竞争优势，同时也被认为是新时期企业应该具备的关键能力。众人周知，米老鼠、唐老鸭、白雪公主等卡通形象已成为迪士尼公司取之不尽的财源。广州东利行公司正是移植了迪士尼公司的创业思路和盈利模式。

4. 嫁接技术促成创业

创业成功者未必都是新领域中第一个“吃螃蟹”的人，有时他们的创业想法来自成熟领域，只是在某些方面进行了创新。如果你不是“点子王”，但你联想力丰富，善于举一反三，那么不妨试着把一个行业的原创概念复制到另一个行业。异业复制的好处是有范本可循，不必瞎摸索，但不同行业的经营模式能否“嫁接”得浑然天成，则是对创业者智慧的考验。

5. 开店创业

开店创业可以说是一种最为普遍的创业形式了。大学生开店，有一些天然的优势。第一，可充分利用高校的学生顾客资源，市场潜力不小。第二，由于熟悉同龄人的消费习惯，入门较为容易。第三，普遍思维活跃，利用互联网处理信息的能力较强，比较容易打开知名度。目前，开店分为实体店和网络商店。在传统的实体店中买家卖家直接交谈，买家可以马上获得购买的商品，而网店依靠图片、文字等简单的手段介绍商品。目前众多实体店由于存在税收管理费、店铺地点和面积、店员、资金投入等多重压力，因而受到时间自由、地点不限、投资成本低的网店的强烈冲击。众多资金比较缺乏的大学生，纷纷把创业目光投向了网店。

案例

2015年，电脑市场出现下滑迹象，整体市场逐渐被智能手机取代。杨树丹感到了行业危机的来临，决定放弃数码行业，转做其他行业。同年7至9月，他先后到广东、福建、浙江、江苏等地考察，发现一线和二线等发达城市的电子商务发展已经形成了十分成熟的市场体系，加上全国各地的农村快递网络逐渐完善，他认为在家做电商将来一定会有很大市场，便把精力转到电子商务上面。杨树丹的网店主要销售菏泽本地特产和室内家居产品。利用地域优势和成本优势大力发展本地特色产品。这样不但避免了和大品牌店铺直接竞争，而且让淘宝店铺更有特色性。

俗话说万事开头难，刚开始几个月网店一直都没有起色，他在网上搜索了一下，卖菏泽特产的商家并不多，说明特产品市场潜力挺大。问题到底出在哪里？随着郓城当地的电商氛围越来越浓厚，县商务局等主管部门每年都举行大量面向电商创业者的各类电商培训，经过这几年的不断学习积累，他的店铺迎来了飞速增长，随着业务量的增多、范围增广，杨树丹注册了电子商务公司，拥有了自己的商标和知识产权，并开通多个电商平台的销售渠道，包括淘宝、拼多多、蘑菇街、折800等。

2019年，郓城县全国电子商务进农村综合示范项目正式开展以来，杨树丹看到了发展农村电商、助力乡村振兴一个新的机会，依托于郓城县全国电子商务进农村综合示范项目，郓城县电子商务公共服务中心建设完成后，杨树丹马上向县电子商务公共服务中心提交了申请，将自己的公司入驻了郓城县电子商务公共服务中心，充分利用县电子商务公共服务中心的摄影棚、直播间、展厅等公共配套资源，将自己的电商业务更加丰富化，并将直播作为了自己电商业务拓展的重要工具，为自己在电商创业之路插上了一双腾飞的翅膀！

6. 加盟创业

特许经营或者说连锁加盟也是常见的大学生创业方式，具有明显的优势。从统计资料来看，前 5 年特许经营店的失败率较低。购买特许经营权后，特许企业会给予强大且全面的长期支持，如提供全国和地区性广告项目。成熟的运作体系，同时也减少了大学生创业之初的莽撞。

特许经营也有相对的优势。统计数据显示，在相同的经营领域，个人创业的成功率低于 20%，而加盟创业的成功率则高达 80%。对创业资源十分有限的大学生来说，可以选择已建立成熟系统的特许经营。它们经营时间长，特许企业多，市场份额大，市场地位稳固，相对而言，投资风险较低。运营时间在 5 年以上、拥有 10 家以上加盟店的成熟品牌是比较好的选择。

7. 养殖创业

案例

穆靖是名 90 后，2014 年大学毕业后走南闯北在外打工，2018 年返乡创业。经过一番考察论证，2019 年，他投资 8 万多元引进了 80 头巴马香猪。通过一年的努力，穆靖的“迷你猪”养殖事业已初现规模，如今有 180 头猪，主要销售呼市、东胜、包头等地。记者去他家时，他正给他的小猪仔饮水，从草场上回来的一群憨态可掬的小香猪十分惹人喜爱。

对市场洞察能力十分敏锐的穆靖秉着多元化发展养殖，2019 年他又投资了 4 万元购买了 45 只灰头鹅，经过一年多的饲养，灰头鹅养殖也初具规模，当地牧民家门口是牛羊成群，而他家门口是一群乳猪、一群灰头鹅成群，成了当地的一大亮点（图 1.5）。

图 1.5 养殖创业项目

养殖创业被认为是最为古老的创业方式，同时也曾经被认为是属于农民的事业。但随着科技的发展和信息的更新，良好的创意和先进的专业技术才是养殖创业的重要支柱。大学生群体返乡创业，不仅可以缓解人才流失问题，带动地区脱贫致富，同时也可推动更多资本、技术、信息等要素流动，为农牧业发展注入强劲动力，注入新生力量。

二、大学生创新创业现状分析

1. 国外大学生创新创业教育现状

创业和创业教育的研究始于国外，西方发达国家起步较早，理论成果和实践成果较多，美国是其中成果最为显著的国家。1977 年，美国杰弗里·A. 蒂蒙斯教授的《创业学》由欧文出版公司出版，成为创业研究领域开先河的权威之作，继杰弗里·A. 蒂蒙斯教授之后，有关创业的理论研究与实践研究备受关注并迅速发展。一方面创业课程被国外许多院校纳入教育计划之中，广泛开展。另一方面，关于创业理论和创业实践的研究层出不穷。如哈佛商学院的霍华德·斯蒂文森提出创业精神的概念。他认为创业精神就是“追求超越现有资源下的机遇”，并且指出要从“知识、能力、选择、态度”四个方面培育创业者。伦德斯特罗姆则从政府支出计划、政府融资等方面探讨创业政策问题。一些院校和研究机构不仅探讨创业的理论发展，更重视创业的现实实现。国际上特别是美国及欧洲国家的研究和实践已有很长一段时间，重视和支持大学生自主创业，已经形成了系统的创业保障体系。研究国外的成功经验和现有的保障体系，对于我们以后的研究和具体工作的开展都有很大的借鉴和学习意义。简单来看，他们的成功经验主要有以下四个方面：

（1）建立专业组织机构

英国政府专门设立了大学生创业促进委员会，明确要求院校要重视大学生企业家素质的培养，帮助毕业生转变就业观念，积极涌入自主创业的大流中。后来创业促进委员会发展为创业教育中心。韩国政府设立了专门的创业推动机构，其中，中小企业厅是典型的机构代表，开设有创业支持课程，帮助大学生建构创业服务的网络体系。美国政府也为大学生创业者提供了诸多支持和鼓励政策。从资金方面，提供了更多的资金支持和融资渠道，并且健全、完善了信用制度；从社会角度，给予大学生及时的社会援助等；小到具体操作层面，简化了繁杂的申请手续，为学生节约很多时间成本，使之创业更有效率地进行。

（2）完善创业教育体系

就美国来说，创业教育课程非常完备，涵盖了新创企业管理、融资、技术竞争优势管理、创业领导艺术等几十门课程。根据相关数据统计，美国已有近 2 000 所高等院校启动了创业学相关课程。美国院校一般实行学分制，只要修满学分即可拿到文凭。学校不规定学生在校时间，学生可以自由选择全日制上课或半日制上课。有正当理由如创业需求可以向学校申请休学。目前，美国创业教育贯穿于初中、高中、大学本科直到研究生的正规教育。正是创业学在美国的广泛认可和推广，致使 20 世纪 80 年代创业一代造就了当今美国巨大的国家整体财富。微软、英特尔等公司几乎都是大学生们的创新实践成果。

英国院校举办不定期的创业讲座、成功校友的经验交流、创业周巡讲等活动，通过个案引导激发学生的创业兴趣，提高创业意识，挖掘自身潜力，进行创业规划。各大学的职业指导中心和学校的产业孵化中心负责创业教育，师资来自成功企业家和学校产业孵化中心的管理人员。另外，英国的创业教育还与学生的创业实践相结合，政府设立专项的大学生创业基金，并将其发放到具体的企业。

（3）营造良好创业环境

近年来，美国颁布了包括《职业教育法》在内的多项关于创业教育与提供创业培训的法案。通过立法的形式，再结合政府拨款，调动各级政府以及个人机构的积极性，以开展对大学生各种形式的职业教育和创业培训。英国的《就业与培训法案》将年轻人的招聘服务改为职业服务，并明确指出：各地教育部门对为大学生提供就业指导服务负有很重要的职责。德国先后颁布和实施了《职业培训法》《就业支持法》等法律，政府通过这种方式鼓励劳动力市场的开发，以提高创业者能力。

（4）提供多元资金支持

美国的信用体制比较健全，政府允许大学生通过信用卡借贷来创业；英国政府则是通过提供种子计划或各种资助基金的方式为创业者提供支持；德国为创业者提供免费培训服务，并为有困难的学生提供补助，以财政拨付补助金的方式，帮助创业者渡过难关。

2. 我国大学生创新创业教育现状

相对国外创新创业教育，我国开始的时期虽然滞后，但发展速度很快。并且，我国的创新创业教育存在很多问题。

（1）国家高度重视创新创业教育

大学生是宝贵的人才资源，大学生创新创业是大众创业、万众创新的重要力量。近年来我国尤其重视创新创业教育。教育部强调：让千千万万大学生创新创业活力竞相迸发、充分释放。2015 年初教育部提出实行弹性学制，支持大学生休学创业。《国务院办公厅关于深化高等学校创新创业教育改革的实施意见》明确提出改革的总体目标，2015 年起全面深化创新创业教育改革。2017 年取得重要进展，形成科学先进、广泛认同、具有中国特色的创新创业教育理念，形成一批可复制、可推广的制度成果，普及创新创业教育，实现新一轮大学生创业引领计划预期目标。到 2020 年建立健全课堂教学、自主学习、结合实践、指导帮扶、文化引领融为一体的院校创新创业教育体系，人才培养质量显著提升，学生的创新精神、创业意识和创新创业能力明显增强，投身创业实践的学生显著增加。在学籍管理方面实施弹性学制，放宽学生修业年限，允许调整学业进程、保留学籍休学创新创业。

然而，我国创业政策的执行力并不强，有些地方政府和相关部门制定配套的政策实施办法的力度不够大，反应速度不够快，难免会影响帮助大学生自主创业的效果。此外，大学生自主创业是一个需要多方参与的全面建设过程，不仅需要政府和院校的积极参与，全社会各行各业的人员都应该提供支持。但目前银行、工商、风险投资基金等相关单位做出的相应扶持和帮助还有待于进一步提高。

（2）创新创业教育处于探索阶段

我国的创新创业教育起步较晚，还处在探索阶段，创新创业教育的开展主要是理论课程的开设。这种传统的教育方式并没有达到理想的预期目标，存在诸多问题。

①定位不够科学

有些人认为开展创业教育是因为就业困难，才需要鼓励毕业生创业，自己学校就业情况好，不需要开展创业教育。也有些人认为自主创业的毕业生是极少数，开展创业教育的需求和意义不大，因此没有积极性。很多院校创业教育处于“正规教育”之外的“业余教育”或“精英教育”。基础设施方面由于投入不足，无法满足教学需要，不少创业教育课成了教师演示课，教师只是在黑板上谈合同，跑市场，办企业。

②师资不够专业

创业教育对师资的创新意识、拓展能力要求较高，既要求具备相关学科的理论知识，更要求拥有一定的创业经验。然而，兼备这两种素质的教师还十分缺乏，能洞察学科前沿的专家型创业学者更是少之又少。部分院校的创业教育教师大多缺乏创业实战经验，甚至没有在企业的就业经历，对学生进行创业实践指导常常显得力不从心。部分院校虽然聘请了一批企业家担任客座教师，但多以讲座形式进行，内容上并没有形成体系。

③课程体系不够系统

有些院校基本上进行的是就业教育，仅仅限于信息的提供、政策法规的解释以及具体的应聘技巧等。很少有院校具有完整的创业教育课程体系，将创业教育纳入学校教学计划，有针对性地指导学生开展创业活动。已经开设创业教育课程的院校，课程数量也极其有限。据对部分以理工科为主的学校进行调研，开设创新管理类课程的学校约占 1/3，开设创业类教育课程的学校仅占 1/20，将二者结合的则更少。

④创业实践被误读

很多人认为学生的创业实践一定要上升到创办企业的高度，创业教育实践环节离不开资金、项目、场所等硬条件的支持。所以一些学校更愿意做短期内能够收到成效的功利性探索，而不愿对创业教育有过多的投入。

（3）大学生创业创新能力持续提升，民企仍是就业中坚力量

《中国大学生就业报告》首度发布于 2009 年，至 2020 年已是第 12 次年度报告。报告根据选取了 12.6 万本科生、14.8 万高职生为样本的 2019 届大学生毕业半年后培养质量的跟踪评价，以及对三年后（2016 届）和五年后（2014 届）大学毕业生的第二次、第三次跟踪评价，对大学生的就业状态和工作能力进行全国性研究。

①大学生升学比例持续上升，直接工作比例连续五年下降

升学对大学生就业起到分流与缓冲作用的同时，将持续为中国产业链稳定发展提供人才支撑。根据 2015—2019 届本科毕业生去向分布图，直接工作比例在过去五年中呈现逐年下降趋势，其中受雇工作连续五年下降，直接创业比例 2015 届和 2016 届持平，此后四年也呈下降趋势；升学比例整体上升，准备考研的毕业生比例在过去五年中逐年上升，国内读研比例从 2017 届开始连续三年上升，国外读研比例在 2017 年达到近五年顶峰，其他年份基本持平。

②教育成最热行业，民企仍是就业中坚力量

2019 届本科毕业生就业比例最大的行业类是教育业，就业比例 15.9%。具体来看，这一增长主要是由民办中小学、公办中小学教育机构需求拉动的，2019 届高职和本科就业比例分别为 7.6% 和 6.1%，较 2017 届增幅分别为 20.6%、7%。2019 届高职毕业生就业比例较大的行业类是建筑业，就业比例为 11.1%，其次是教育业，就业比例为 7.8%。与 2017 届相比，“教育业”就业的高职生比例增幅也较高，达到 20%。2019 届本科毕业生从事最多的职业类是中小学教育，就业比例为 10.1%，与 2017 届相比增幅为 6.3%。2019 届高职毕业生从事最多的职业类是“销售”，就业比例为 9.8%，与 2017 届相比增幅为 10.1%。中小学扩招及社会家庭对优质教育的需求不断释放，将加速教育行业对高质量人才需求的增长。2020 年，包括线上教辅在内的线上教育迎来发展机遇。民营企业发展关系国计民生，是支撑就业的中坚力量。2019 届本科毕业生在民营企业就业的比例最高，高达 53%。其次是国有企业、政府机构 / 科研或其他事业单位，均为 20%。高职毕业生在民营企业就业的比例最高，为 68%，其后是占 16% 的国有企业和 10% 的政府机构 / 科研或其他事业单位。

三、创业与创新型人才

1．创新与创业的关系

“创新”与“创业”经常一起提及，但是这是两个不同的概念，虽然创业活动必然会涉及创新，但是创新不一定就是创业，创业也不等同于创新。创新是一种革新，是在现有物质和精神的基础上引入新概念、新事物的过程，而创业是创造新事业的过程，是实现创新价值的过程。

（1）创新是创业的本质

创业起源于创新，创新是创业的本质和灵魂。影响创业的要素有很多，创业者、创业团队、各种资源等，只有创新是不够的，但是没有创新的创业活动一定是难以为继的。创业是一个不断革新的过程，创业者在创业的过程中需要保持创新精神，不断提出新方法和新思路，才能在市场的变化中一直存活下去，不断发展壮大，最终获得成功。创新可以说是影响创业最重要的因素。

（2）创业实现创新的价值

创意和创新本质上属于思维、观念、方法、模式等上层建筑，它并不能从根本上解决经济基础问题，唯有通过创业才能将创意和创新落到实处。所以，创业是实现创新价值的根本途径，它通过商业活动和市场化，将技术创新、制度创新、管理创新转变为现实生产力，创造出物质财富，推动经济发展，提高人们的生活水平。

（3）创业推动并深化创新

创业是实现创新价值的过程，创新成果通过创业者推向市场，在满足了市场需求的同时，仍在不断继续创新的过程，推动着新的产品或服务的出现。所以，这是一个上升发展的过程，一步步推动创新的进步，创建浓郁的创新氛围，从而可以提升整个国家的创新能力，提高社会生产力。

2. 创新型人才的素质要求

创新型人才，是指具有创新能力和创新精神的人才，是国家建设的中坚力量。知识经济时代对创新型人才的素质要求主要包括以下几个方面：

（1）品德高尚，德才兼备

太过于注重功名利禄，其目光必然短浅，更是缺乏为中华民族崛起之伟大事业而献身的信念，真正的有理想、有抱负，具有大无畏精神和开拓精神的人，才能开拓新的领域，承担起社会重任，创造更多的社会价值。

（2）坚韧不拔，敢于创新

创新是在现有物质和精神的基础上改进或创造新的事物，需要突破固有的旧思维，在这个过程中必然会遇到各种各样的困难与阻碍，如果缺乏坚定的意志，很容易就会轻言放弃。所以，勇于创新、坚韧不拔的品质对于创新型人才来说是必须具备的素质，不怕艰苦困难，不畏挫折失败，才能获得最终的成功，实现创新的目标。

（3）基础扎实，学识渊博

创新是对已有知识的发展和革新，如果缺乏必要的基础知识，那就失去了创新的基础。同时，创新需要突破常规，学识太过专一会影响思维的发散性。因此，创新型人才要同时保证自己知识结构的深度和广度，又专又博，才能不断开阔自己的眼界，更好地从事创新活动。

（4）见微知著，观察敏锐

科学发现和技术突破，都是创新的结果，从这个角度来讲，创新就是发现，而且是具有突破性的发现。因此，创新型人才必须具有敏锐的观察能力、深刻的洞察能力、见微知著的直觉能力和一触即发的灵感和顿悟，不断地将观察到的事物与已掌握的知识联系起来，发现事物之间的必然联系，及时地发现别人没有发现的东西，从而发现价值、创造价值。

（5）团结协作，共克难关

一个人的力量是有限的，团队会拥有更多的可能。创新活动在当今时代越来越表现出团队特征，对组织、协调、沟通等能力的要求更高。创新型人才必须有强烈的团队意识和合作精神，充分发挥团队在困难面前的作用，解决创新过程中遇到的难以攻克的关键性问题。

（6）追求真理，勇于实践

实践是检验真理的唯一标准，创新是思维和实践过程，不能违背客观规律，否则任何创新都是不存在的，更不能通过创业来实现其价值。创新型人才要勇于实践，掌握客观规律，按客观规律办事，创造更多的社会价值。

拓展训练

大学生创新创业现状问卷调查

1. 训练流程

（1）查找相关资料

大学生以 3 ~ 5 人为一组，通过百度、中国知网、搜狗等查找已有的相关文章，并按照下面的模板做详细的记录。

资料名称：________________

查找资料的目的：________________

主要内容：________________

你的看法：________________

（2）设计调查问卷

根据查找到的资料和文章，设计 8 ~ 10 道问卷调查题目，问卷调查语言要简单明了。

____

____

____

（3）实施问卷调研

当你在设计完调查问卷后，你会选择以下哪种方式展开实地调查？（在你所选择的方式后，画“√”。）

网上填写问卷（　　）　实地发放问卷（　　）

你选择这种问卷调查方式的理由是什么？

____

____

在发放和收集调查问卷的过程中，你认为应注意哪些问题？

____

____

（4）分析并汇报调查结果

大学生以小组为单位，通过对大学生创新创业现状进行讨论及分析，制作 PPT，并在小组内选出代表进行 PPT 讲解及汇报。在汇报结束后，同学们之间进行点评，并进行改正。

2. 训练思考

（1）你调研的目的是什么？

____

____

（2）通过此次问卷调查，你对创新创业又有了哪些全新的理解？

____

____

（3）对比问卷调查中的内容，你认为创新创业对未来人生发展有影响吗？为什么？

____

____

项目二

创新思维与创新成果

学习目标

- 理解创新意识的含义，树立创新意识。
- 理解创新精神的实质，培养创新精神。
- 认知创新思维，发展创新能力。
- 掌握创新成果转化模式。

案例导入

2021 年 6 月 21 日下午，由湖北省高等学校毕业生就业指导服务中心、湖北省科技厅成果转化与区域创新处指导，武昌理工学院主办的 2021 年湖北省大学生创新成果拍卖会在武昌理工学院图书馆六楼学术报告厅举行。全省 15 所高校共 42 件大学生创新成果参与拍卖，100 余家企业公司参与竞拍，最终，40 件作品竞拍成功，总拍卖成交金额 816018 元（图 2.1）。

图 2.1　大学生创新成果拍卖会现场

为迎接中国共产党成立 100 周年，充分发挥党建引领创新创业作用，激发广大青年学子的创新创业活力，在科技厅、教育厅指导下，特举办庆祝建党 100 周年暨“党建引领创新、激发青年活力”的大学生创新成果拍卖会。希望通过此次拍卖会，为建党 100

周年献礼，积极响应党中央提出的“大众创业，万众创新”的号召，弘扬大学生创新精神，展示湖北高校大学生创新成果，加强对湖北大学生创新成果的宣传推介，帮助高质量的大学生创新成果进行转化。

中国共产党的百年创业史，展现了共产党人对初心和使命的执着坚守，体现了共产党人艰苦奋斗、创新创业的精神特质，这是党留给广大投身创新创业青年学子的宝贵精神财富。中国共产党自成立之日起，就立下为中国人民谋幸福、为中华民族谋复兴的宏伟志向。广大青年学子应树牢“四个意识”，坚定“四个自信”，坚决做到“两个维护”，内化于心，外化于行，为实现中华民族伟大复兴的中国梦砥砺前行、努力奋斗。

随着湖北各高校大学生创新教育和引导工作不断深入，大学生创新教育成效日益显著，在各高校形成了一大批优秀的大学生创新成果，产生了良好的社会效益和人才效益。为了探索大学生创新成果转化的有效途径，科技厅、教育厅共同指导举办湖北省 2021 年大学生创新成果拍卖会，通过拍卖会这一举措，引导广大学生在创新中更加关注市场的需求，注重市场转化的可行性，使得大学生的创新成果可以更加有效地服务社会发展，为建设“富强湖北”“创新湖北”贡献力量。

任务一　创新意识和创新精神

一、创新意识概述

1. 创新意识的含义与价值

（1）创新意识的含义

创新意识是人们对创新与创新的价值性、重要性的一种认识水平以及由此形成的对待创新的态度，并以这种态度来规范和调整活动方向的精神态势。人们根据对创新的认识和生产生活的需要，引起创造新事物的观念和动机，并在创造活动中表现出意向、兴趣、愿望等。创新意识是一种思想观念和主观欲望，是唤醒和发挥人的创新潜能的前提。不仅是科学家等人群需要创新意识，每个人都需要创新意识，从而更好地解决问题，使自身和社会受益，同时更大程度地实现自我价值。它是人类意识活动的一种积极的、富有成果性的表现形式，是人们进行创造活动的出发点和内在动力，是创造性思维和创造力的前提。

心理学家马斯洛把创造性分为“特殊才能的创造性”和“自我实现的创造性”。“特殊才能的创造性”是指在某个领域有独特才华的人，如科学家、发明家、艺术家等所表现出来的创造性；而“自我实现的创造性”是指追求创新，实现人的价值，这是人人都具有的创造潜力。因此，我们要增强创新意识，认识到自身有创新的可能，从而进一步提升创新能力，取得创新成果。

（2）创新意识的价值

①创新意识是决定一个国家、民族创新能力最直接的精神力量

创新意识推动社会生产力的发展。科技的本质就是创新，科学技术的每一次进步都是通过创新实现的。科学技术的迅猛发展对人类社会各个方面都产生了深刻而广泛的影响。创新更新了人们的生产工具和生产技术，提高了劳动者的素质，开辟了更广阔的劳动对象，推动了社会生产力的发展。

②创新意识促成社会多种因素的变化，推动社会的全面进步

创新意识根源于社会生产方式，它的形成和发展必然进一步推动社会生产方式的进步，从而带动经济的飞速发展，促成上层建筑的进步。创新意识进一步推动人的思想解放，有利于人们形成开拓意识、领先意识等先进观念。创新意识会促进社会政治向更加民主、宽容的方向发展，这是创新发展需要的基本社会条件。这些条件反过来又促进创新意识的扩展，更有利于创新活动的进行。

③创新意识促成人才素质结构的变化，提升人的本质力量

创新实质上确定了一种新的人才标准，它代表人才素质变化的性质和方向，输出一种重要的信息：社会需要充满生机和活力的人、有开拓精神的人、有道德素质和现代科学文化素质的人。创新意识客观上引导人们朝这个目标提高自己的素质，使人的本质力量在更高的层次上得以确证。它激发人的主体性、能动性、创造性的进一步发挥，从而使人自身的内涵获得极大丰富和扩展。

2. 创新意识的特征

（1）创新意识是求新求变的意识

创新意识区别于其他意识的最典型特征是求新求变。创新意识是一种不安于现状的精益求精的意识，是一种面对未知问题而不无动于衷的尝试冲动，是不断探索、求新求异的兴趣和欲望。总之，创新意识是与墨守成规相对立的，是创造美好的新生事物的必要条件。

（2）创新意识是创新的起点

如果说创新是一种从思想到实践的变化过程，那么创新意识就是思想的起点，是人们进行创新活动的出发点。所以，创新意识是开展创造活动的先决条件，也是开发创新思维和创新能力的起点。很难想象，一个没有创新意识的人会持续开展创新活动，取得创造性成果。所以，培养创新能力首先要从培养创新意识着手。

（3）创新意识是各种心理因素构成的整体

创新意识是个体对创新的认识和态度，以及由此引发的情感和意志。创新意识包含好奇心、怀疑感、兴趣、动机、情感等，是多种心理因素共同组成的一种精神状态，是人类意识活动的一种积极的、富有开创性的表现形式。

（4）创新意识具有可塑性

创新意识是可以被塑造的。创新意识需要在生活和学习中逐步建立和发展，它可以通过学习和实践加以激发，也可以通过培养和锻炼加以巩固。大学生要充满好奇心、求知欲，力求掌握更多知识及其原理，深入探索未知的事物和新方法。同时要有质疑精神，保持思维的独立性和求真性。树立远大抱负和工作责任感，也是塑造创新意识的催化剂。

二、创新精神概述

创新精神

案例

“闻味”就能报警，福建美营自动化科技有限公司的“用于公共安全领域的危化气体检测装置”项目，能对易燃易爆危险气体分子进行实时检测分析，守护公共场所安全。

这套装置由危险油气体监测系统、一键报警系统、司机行为监控系统、司机酒驾监测系统、人脸识别系统组成。这套装置通过分析公共场所内气体的分子来识别危险油气体，当气体浓度达到报警阈值时，系统会自动报警。

这套装置还能对司机行为进行监测，判断司机在行车时有无不规范操作、犯困等行为，并通过司机的呼吸气体判断是否酒驾等。一旦发现异常，系统就会向监控中心发出报警。当司机或安保人员遇到危险时，可以启动该装置的一键报警功能，系统将自动录像、自动定位并通过人脸识别追踪目标人物（图 2.2）。

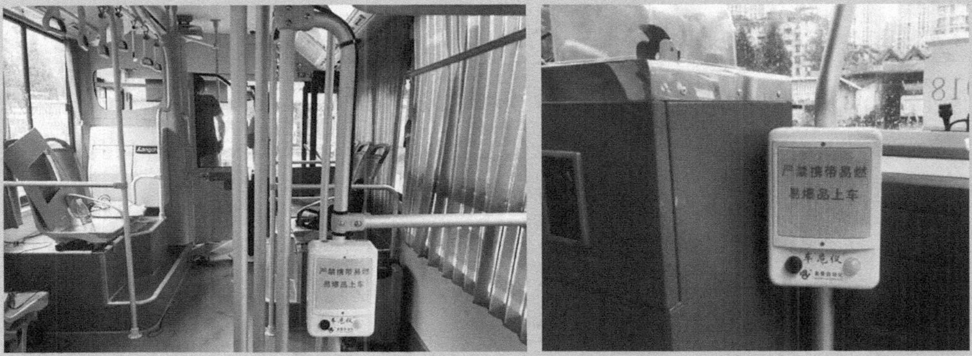

图 2.2　智能危化气体检测装置

目前，该装置已经在福州、青岛、南京、深圳、上海、天津、杭州等多地的部分公交线路上安装。

1. 创新精神的概念

创新精神属于科学精神和科学思想的范畴，创新精神是创新的灵魂和动力，指人的创新思想观念、思维和行为方式与习惯，是进行创新活动必须具备的一些心理特征，包括创新意识、创新性格、创新兴趣、创新胆量、创新决心，以及相关的思维活动。学界普遍认为，意识、精神活动是大脑活动的最高层次，思维则是大脑活动最高层里的一项核心内容。

2. 创新精神的实质

创新是个充满失败与挫折的过程，需要开发、培养人员的创造性和耐挫折性。创新精神的实质体现在六个方面：

（1）创新精神是一种意志自由的精神。创新，首先是敢想，其次更要有惊人的行动。

（2）创新精神是一种敢于冒险的精神。创新要敢批判、敢首创、敢挑战。

（3）创新精神是一种果敢顽强的精神。这需要敢实践，敢创新实践。施耐德以自己亲历的事实教育儿子“把帽子扔过墙去”。“面对一堵难以逾越的高墙，如果你迟疑不决，那就把帽子扔过去。这样你就会想方设法翻到另一面去，我就是这样来到芝加哥的。”

（4）创新精神是一种献身真理的精神。这是一种科学精神，敢忘我，无私无畏。

（5）创新精神是一种自我入迷的精神。自我入迷，就是能忘却境况，痴迷于自我的追求。

（6）创新精神是一种团队的诚信精神。这种诚信精神要求团队成员善于合作，争先淘汰自己。

3. 创新精神的培养

培养大学生的创新精神，主要应从培养独立精神、探索精神、批判精神和献身精神四个方面进行。

案例

毕业于南京铁道学院的诸云云和大多数人一样，在创业前就是一名平凡的学生，但不同的是他有一颗充满热情的创业心。在读书期间，他就处处寻找机会。一次在为雇主家做保洁工作时，他发现了雇主、保洁员和公司三方联络平台这样的传统家政服务模式存在着供求传达不通畅、不准确的问题。

“自己能否搭建起这样一个平台，能够满足这三方的联络需求？”这样的问题肯定有人想过，但为什么这一切没有发生太大改变呢？原因在于创新。谈到要搭建这样的平台，很多人的第一想法是创办一家公司，并且一定要比传统的家政公司更高效，但事实却是个人的力量很难达到突破传统公司模式的程度，兜兜转转又回到了老样子，而借助已有的先进的事物，搭上时代的快车才能突破窠臼，迎来真正的改变与进步。

意识到这一点的诸云云选择尝试在线服务，即搭建一个网站，让雇主、保洁员和公司在这里能够实时沟通，完成交易。这在当时的家政行业并不常见，也正因为这样，他在创业时遇到的竞争并不算太大，许多创新创业也都具有这样的优势。

但创新创业要求的不仅仅是一个“新”字，更需要的还有“业”字，即在创新的基础上，吸取借鉴已有的创业方法并且像个真正的创业者，敢于吃苦、敢于放下自己的脸面，为了自己的事业而努力打拼。在这样的过程中不仅自己的业务能力能够得到锻炼，还可以发现新的方向与机遇。诸云云在成立网站后并没有坐等客人找上门来，而是主动出击。他坚持自己跑客户、跑市场、做调研，在奔走中逐渐打开了市场，发现除了做家政服务外，还可以承担物业外包，物业外包可以带动家政服务发展，家政服务也能促进提高业主满意度，这就形成了良性循环，销售渠道也随之打开。后来他又以连锁经营的方式逐步扩大了自己的事业圈，成功也就变得水到渠成。

（1）培养独立精神

独立精神是指不以他人意志为转移而具有独立自主的思想和意识，在行为上表现为不随波逐流，不盲从依赖他人，当在现实中遇到问题和困难时，能够从自己的角度进行独立思考和判断，并在多种行为可能中做出有明确自主倾向的选择。

（2）培养探索精神

探索精神以求知为目的，以实践为方式，能引发人们不满足于已知领域从而对未知世界进行探索与摸索，结果往往带来新的发现。实践是探索精神的行为体现，也是检验探索结果的唯一标准。正是人类勇敢顽强、不屈不挠的无数次探索实践，才创造出了一个五彩缤纷、丰富多样的美丽世界。探索精神带领我们走向未知世界，走向真理。探索精神具有主动性和开放性特征，是实现创新的动力所在。

（3）培养批判精神

批判精神是一种独立的怀疑精神，是指对观念、事物以及人们的行为发出疑问，进行反思，并在此基础上寻求解决问题的合理途径。批判精神要求积极地对可以求证的结论进行思考求证，对无法求证的论据和结论始终持一定的怀疑态度，不轻易下结论。总的来说，批判精神是一种表现为行为倾向的人格特征，可以从以下三个方面来理解：一是批判性精神是一种人格特征；二是批判性精神与心理的情感及态度有关；三是批判性精神是批判性思维的内在动力。

（4）培养献身精神

献身精神是指把自己的全部精力、生命献给祖国与人民的事业，鞠躬尽瘁，死而后已。这是我们民族发展、科技进步过程中必不可少的一种精神，是创新精神中最具人性光辉的部分。南极科考、沙漠考古、冰山探险、太空飞行……人类文明的每一次飞跃都离不开勇敢者的献身精神。取得一项创新，不知要经过多长时间持之以恒的努力奋斗，不知要克服多少意想不到的艰难险阻，不知要经受多少次的挫折和失败的打击，因此，在创新的过程中，需要献身精神。没有冒险的勇气，没有献身的精神，人们的视野就得不到延伸，人的生活区域就得不到拓展。人一旦有了献身精神，就不畏艰险、勇往直前，去追求真理和个人价值，并对社会和他人做出贡献。

任务二　创新思维和创新能力

一、创新思维概述

创新思维

案例

王致和与臭豆腐

清朝康熙年间，安徽举人王致和进京赶考，屡试不中，为谋生路，在北京前门外延寿街开了一家豆腐坊。一年夏天，王致和急等着用钱，就让全家人拼命地多做豆腐。说也不巧，做得最多的那天，来买的人却最少。大热的天，眼看着豆腐就要变馊。王致和非常心疼，急得如同热锅上的蚂蚁一般，忽然他想到了盐，放点盐是不是能让豆腐保存久一些呢？他怀着侥幸心理，端出盐罐，往所有的豆腐上都撒了一些盐，为了去除馊味，还撒上一些花椒粉之类，然后把它们放入后堂。过了几天，店堂里飘逸着一股异样的气味，全家人都很奇怪。还是王致和机灵，他一下子想到发霉的豆腐，赶快到后堂一看：呀，白白的豆腐全变成一块块青方！他信手拿起一块，放到嘴里一尝：哎呀，我做了一辈子豆腐，还从来没有尝过这样美的味道！王致和喜出望外，立刻发动全家人，把全部青方搬出店外摆摊叫卖。摊头还挂起了幌子，上书“臭中有奇香的青方”。当时的老百姓从未见过这种豆腐，有的出于好奇之心，买几块回去；有的尝过之后，虽感臭气不雅，但觉味道尚佳。结果一传十，十传百，不到一上午，几屉臭豆腐售卖一空。

如今的“王致和”品牌被不断发扬光大，已成为老百姓爱吃的日常食品（图 2.3）。

图 2.3　“王致和”品牌

1. 创新思维的含义

创新思维，又称为创造性思维，是人类思维的高级形式，是人们可以在现有的科学认知基础上，创造出新成果，形成新的认知结构，并使认识达到一个新的水平，从而实现探索未知、创造新知。通俗来讲，创新思维是指发明或发现一种新方式用以处理某件事情或表达某种事物的思维过程。它是一个相对概念，是相对于常规思维而言的。它意味着开动脑筋、打破常规、用智慧解决问题。照相机发明者爱德华·兰德说：“一个人若能达到发明或思考对自己来说是新东西的程度，那么就可以说他完成了一项创造性行为。”教育学家杜威也说：“一个三岁的儿童发现他能用积木做什么事情，或者一个六岁的儿童发现他能够把五分钱和五分钱加起来成为什么结果，即使世界上人人知道这种事情，他也真是一个发明家。”

在20世纪前半叶，创新思维还被认为是天才专有的神秘天赋，到20世纪60年代后，人们才逐渐形成一种较实际的观点，认识到创新思维是每个正常人都拥有的思维形式。一个人只要他会选择不同的行走路线，他就已经会创新了。经验表明，善于运用创新思维，往往意味着实践上的成功，因而长期以来，一直有人试图总结创新思维的规律，探索其中的奥秘，发现科学的训练方法。尽管到目前为止，创新思维还并未完全形成一门概念明晰、体系完整的新学科，但与此相关的理论研究和社会实践一直在不停地进行，有些方面的研究已经取得了十分丰硕的成果。2008年，国务院发布《关于促进自主创新成果产业化的若干政策》，鼓励在市场经济条件下，营造良好的体制政策和法制环境，提高企业自主知识产权成果产业化能力，推动创新产业的发展。在此背景下，我国的各行各业都在推动创新能力提升，尤其是各个企业，在技术、销售、管理等方面取得了一定的创新成果，阿里巴巴公司就是这方面的典范。

其实，一个人的能力高低主要是思维能力在起作用，同样，构成创新能力的核心也是创新性思维能力。大家是否还能回忆起创新的过程分为哪两步？是的，分为想和做。这里的想实际上就是特指创新思维过程，而做则是指怎样把思维转化为行动和结果。大家都知道，要有好的结果，首先是想法要正确，正确的思想才能产生正确的结果。因此，创新能力的核心也是创新思维能力。

创新思维是在常规思维的基础上发展起来的，但它是思维活动中最积极、最有价值的形式，是思维的高级形式，是人类探索事物本质，获得新知识、新能力的有效手段。德国物理学家普朗克说：“思考可以构成一座桥，让我们通向新知识。”这里的“思考”，特指的就是创新思维。

2. 创新思维的本质特征

案例

翠鸟与超高速子弹头列车

翠鸟从空中一头扎入水中，不会溅起任何水花，这主要归功于它那特殊形状的喙。日本工程师们意识到，同样的形状可以解决日本超高速子弹头列车所面临的一个棘手的问题。此前，这种列车在驶离隧道时会产生音爆现象。列车在高速行驶中，前部“鼻子”形成的风墙不仅会产生巨大的噪声，而且还会减慢列

图2.4　超高速子弹头列车

车的速度。而根据翠鸟喙部形状设计的新型列车“鼻子”可以消除这些问题，帮助列车能效提高 20%（图 2.4）。

创新思维与一般思维相比，就是以新颖独创的方式方法来解决问题。创新思维以不断发展变化的动态社会为基础，不局限于某一种思维模式，是一种灵活多变的、富于探索性的、以不断变化的现实为标准的思维形式，和充满活力的年轻人一样，创新思维也追求个性。

（1）创新思维的求异性

创新思维的本质是求异、求新，具有前所未有的特征。创新思维本身就是一种求异性的思维方式。求异性又称为新颖性、原创性和突破性。所谓求异性，是指在认识过程中着力于发掘客观事物之间的差异性、现象与本质的不一致性、已有知识与客观实际相比而具有的局限性，等等，是对常见现象和人们已有的习以为常的认识持怀疑、分析、批判的态度，在怀疑、分析和批判中去探索符合实际的客观规律。换句话说，就是学会用“新眼光”去看待问题，突破思维的惯性。比如可以在原料、结构、性能、材料、外形、色彩、包装乃至加工方法上找到新的方法。一个好的创意会让人产生一种眼前一亮的感觉。这就源于创新思维的新奇，也就是求异性。如果老调重弹、平平淡淡，必然乏味。

（2）创新思维的突发性

案例

美国生物学家克·费什在波士顿的一家礼品店中，看到了一座座头鲸雕塑，让这位生物学家吃惊的是座头鲸雕塑的胸鳍。胸鳍是鱼鳍的一种，是鱼的游泳器官，相当于高等脊椎动物的前肢。大部分鲸鱼和其他鲸目动物的鳍肢，前缘都是平滑的，这种结构更符合空气动力学设计，因为物体表面越光滑，粒子摩擦会越小，越好通过。然而，这座头鲸的胸鳍却非常不同，其胸鳍长度达到 6 米，相当于身体长度的 1/3，在行进过程中发挥着至关重要的作用。在这座头鲸的胸鳍上长着一些叫作结节的特殊凸块，并不光滑，这是为什么呢？

研究者通过反复测试，发现座头鲸凹凸不平的胸鳍其实可以有效减小阻力，帮助水分子快速通过。原因就在于鱼鳍前缘的结节创造了低压区域，导致水或者空气流过这个低压区域时，形成许多小漩涡，这种小漩涡既能减小阻力，也能给座头鲸提供更多浮力。受此启发，研究者们发明了鲸鱼鳍叶片，运用于风力发动机。现在，虽然风力涡旋机遍布世界，为人类提供了源源不断的风能，但问题也不少。首先其生产效率并不高，而且还会制造噪声污染，鸟类也会成为旋转叶片的受害者。而新型风力涡轮机的涡旋叶片被改造成像座头鲸胸鳍一样隆起的结构，既能增加气流的流动效率，又能在强大的气流中更好地保持稳定性，减少噪声污染。

突发性，又称为偶然性、意外性、非逻辑性。创新思维总是表现为在时间上以一种突然降临的情景标志着某一种突破的获得，表现了一种非逻辑的特征，这是在长期量变基础上爆发出的质的突破。一般思维往往是逻辑思维，是在长期研究基础上顺理成章的结果，在时间上往往是顺延的。创造性成果的产生，是研究者长期观察、研究、思考的结果，是创新思维活动过程的产物。在这一过程中，往往存在着对于形成创造性成果有关键、决定作用的突发性思维的转折点。“山穷水尽”时突然看到“柳暗花明”。这种突发性和偶然性表现在：思想火花的爆发没有固定的时机，它的出现带有极大的随机性。

不管是突然悟到还是灵光一现，均表现了创新思维的这种突然降临的特征，都是在长时间思考基础上的一个突破。一种新思想，可以是在读书时由于某段精辟的论述而突然萌发；也可以是在乘车、漫步、看戏、参加体育比赛时由一句台词或一个偶然的动作得到启发而爆发出来的；还可以是在与人讨论问题时突然受到启发而产生的某种新鲜见解，等等。创意的迸发不分场合、地点和时间，任何事物和事件都会给你带来灵感，让你在思维领域产生突破。

（3）创新思维的敏捷性

创新思维的敏捷性是指在短时间内迅速调动思维能力，具备积极思维、周密考虑、准确判断的能力，还必须依赖于观察力，以及良好的注意力等优秀品质。没有对事物敏锐的洞察力和反应能力，很难从众多事物中发掘到“潜力股”，并找到创新的起点。创新思维的敏捷性这一特质有利于寻找创新的突破口和突变点，提升创新人格化能力和创新智力化能力在单位时间内对创新对象的感知程度。

（4）创新思维的专一性

所谓专一性，是指导引思维目标的确定性，是导引思维过程中已有概念、事物在显意识与潜意识两个层次的集中与凝聚的特征，而创新思维最重要的条件是研究的问题已经成为研究者的优势目标，即心理学上所说的“优势灶”。量变是质变的必要准备，质变是量变的必然结果，好创意的产生不是“三天打鱼，两天晒网”的结果，它需要专一的目标、持之以恒的思考、坚持不懈的努力。人们要进行创新思维，就要有专一性和确定性，创新思维心理学实验证明：当人的活动具有专一目标时，效率高；而当“一心二用”时，效率会大大降低。专一的目标越鲜明、越强烈，思维活动就越易集中，聚集于一个突破点上，产生聚焦突破效果就越明显。

二、创新能力概述

案例

超级工程——港珠澳大桥

2018 年 10 月 24 日，中国建设史上里程最长、投资最多、施工难度最大的跨海桥梁项目正式通车。港珠澳大桥是中国境内一座连接中国香港、广东珠海和中国澳门的桥隧工程，位于中国广东省珠江口伶仃洋区域内，因其超大的建筑规模、空前的施工难度以及顶尖的建造技术而闻名世界，被外媒誉为“新世界七大奇迹”。港珠澳大桥全长 55 千米，其中主桥 29.6 千米、中国香港口岸至珠澳口岸 41.6 千米；桥面为双向六车道高速公路，设计速度 100 千米 / 小时（图 2.5）。

图 2.5　港珠澳大桥

港珠澳大桥的路线经过了伶仃洋海域中最繁忙的主航道，同时该处临近香港国际机场，航空领域的建筑物高度限定使得该区域无法实现大跨径、高塔结构物。所以，隧道成为唯一可行的方案，这就构成了港珠澳大桥的桥岛隧相结合的建设方式。但中国工程师并不懂得这种工程的核心技术，遇到这方面的难题时，首先想到的是邀请已经轻车就熟的荷兰专业公司来指导海底隧道的修建，但谁知道，他们竟然狮子大开口要 1.5 亿欧元的咨询费，转换成人民币可是高达 15 亿元。面对这种天价，我们根本就没有足够的经费预算支付给他们，于是，我们只好拿出最大的诚意去和荷兰方面交涉，提到按照实际情况我们只能给出 3 亿人民币，但是荷兰公司听到这个数目之后，语带轻蔑地说要给我们唱一首祈祷歌。就这样，在我国没有经验、外国也不能给出任何帮助且方案唯一的情况下，海底隧道怎么建，成了阻碍大桥建设的最大难题，最后我们无路可走，复杂的工程和巨大的压力考验着中国工程师的智慧。最终港珠澳大桥岛隧工程总工程师林鸣迎难而上，自主攻关，反复研究实验，带领三千多名建设者挑战交通工程界的“珠穆朗玛峰”，海底隧道技术终于被我们突破了，时至今日珠港澳大桥全面完成，珠港澳大桥可以说是完全靠着自己的力量建设的跨海大桥，是国人的骄傲，我们的国家已经不再是“落后就要挨打”的那个弱国了，我们现在掌握的核心技术就是我们的底气。

“超级工程”背后有“超级创新”。港珠澳大桥建设难度极大，新材料、新工艺、新设备、新技术层出不穷，仅专利就达 400 项之多，填补了多个领域的空白，造出了世界上最难、最长、最深的海底公路沉管隧道，世界最大规模钢桥段建造、世界最长海底隧道的生产浮运安装、两大人工岛的快速成岛等技术，创下多项世界纪录。可以毫不夸张地说，为世界桥梁和海底隧道工程技术提供了新知识与新样本，港珠澳大桥开启了中国超级桥梁建设时代，港珠澳大桥见证了中国已迈向了“桥梁强国”。实践告诉我们，自力更生是中华民族伫立于世界民族之林的奋斗基点，自主创新是我们攀登世界科技高峰的必由之路。

能力是人们完成某种活动的具体方式，以及顺利地、成功地完成某种活动所必需的个性心理特征。创新能力是在前人发现或发明的基础上通过自身的努力创造性地提出新的发现、发明或改进革新方案的能力。创新是一种变革，包括从产生新思想到产生新事物再到将新事物推向社会受益的系列变革活动。这些新思想、新事物可以是对某些发明产生商业化应用的新思想及其新事物，也可以是根据社会实践产生的发明创造设想及其发明创造以及进一步施行的商业化运作的活动。创新能力主要包括动手能力或操作能力以及熟练掌握和运用创新技法的能力、创新成果的表达能力等。

1. 创新能力的特性

（1）可塑性

创新能力不是天才的专利，正如前文提到的，人人是创新之人，天天是创新之时，处处是创新之地。无论你身体是否健康，年龄多大，从事什么职业，都不会影响你的创新。创新能力并不是与生俱来的，也不是固定不变的，它是可以通过教育、训练、实践被不断激发培养的。人类创新能力的形成首先要遵循遗传规律。遗传素质是人类创新能力的物质基础，我们承认它，但不把它当作唯一。环境是人的创新能力形成和提高的重要条件，环境优劣影响着个体创新能力发展的速度和水平。人是社会的人，人的创新实践并不是在“真空”中进行的，必然受到环境的影响。我们平时可以多参加讨论，“独学无友，孤陋寡闻”，与同学们一起讨论争辩，可以互相启发，容易出现灵感，获得创新成效。同时可以发挥潜意识的作用，在思考问题时放松自己，使自己进入轻松的状态，这样有助于提高创新能力。

（2）综合性

创新能力是在创新过程中所体现出来的各方面能力的合成，其中创新思维是创新能力的核心。创新思维需要一个人具备自我创新、预测角色、应变、处理信息、组织协调和语言沟通表达能力。创新能力是这些能力的综合，每个人在这些能力的发展上存在差异，也正因为如此，才产生了各行各业的创造性人才。

（3）倍增性

大量实践证明，开发和提升人的创新能力可以创造出比传统经济时代超出多倍的效益。经济学家龚建华指出：“在知识经济时代，进行管理或进行经营分析的时候，1+1 不一定等于 2，其结果可能是 0、−10、−100、−1 000……−10 000，或是 10、100、1 000、10 000，甚至更大，产生的是除或乘的效应。这是由于其投入的成本包括了一种特殊的成本因素，这就是创新或者说是智慧。技术上的革新固然重要，但其获利不会增加很多，如果在产品品种、市场拓展等方面进行创新，则可以获得高附加值的回报。知识经济的动力就来源于此。那种传统的成本 + 利润 = 价格的理论已经站不住脚了。与传统经济的理论不同之处在于新理论的经营成本包括了一种特殊的内容，这就是创新和智能成果的成本，它与技术和管理成本不一样，它是技术和管理的发展和创新，是所有投入中最有价值和附加值最高的部分。”

中国香港船王包玉刚先生在谈他的成功之道时说：“仅靠经营船运是赚不了大钱的，因为当今世界船运业竞争激烈，利润十分少。我是靠灵活的脑子，想出很多新点子，如用经营所得的利润或银行所贷的款来买船，用船抵押贷款，再将船出租还贷，用出租的租金还贷或抵押贷款购船，而且收购有发展潜力的项目，如香港九龙。”从这个一般的经营者发展到世界级的船王的案例来看，我们可以得出一个结论：在知识经济时代，不是仅有资金就能获得成功，更重要的是创新意识和智能。这一点就是知识经济社会经商的成功秘诀所在。

2. 创新能力的来源

创新思维之父、世界创新大师爱德华·德·波诺认为：创新能力意味着产生某种过去并不存在的东西，创新能力的结果有其独特、稀有的一面，这种特殊能力有着较为广泛的来源，具体讲包括无知、经验、动机、完善性、错误、机会、偶然、风格和被迫创新等。

（1）“无知”有助于创新

我们都希望自己广识博闻，并且在长大之后也不可能对自己的领域一无所知，那么如何运用无知来产生创造力呢？爱德华·德·波诺提出了一个解决办法，即只读完刚好足够让人对新事物产生感觉的资料，然后停下来自己思考，当产生了一些想法时，再深入阅读，并随时停下来回顾自己的想法，进而产生新的想法，这样个人就有提高创造力的机会。

（2）经验基础上的创新

与无知的创造相反，源自经验的创造力风险更低、更加可靠，因为它建立在过去成功的基础之上，重复着昔日的胜利，但并没有真正新颖的东西，只是能够根据经验，对可能的效果进行预料。

（3）动机所产生的创新

愿意花费时间和精力来思考更好的做事方法的人更可能产生创新性的成果，在其他人都满足于既有的解决方案时，有的人会去寻找更多的替换方案。这类人有着强烈的好奇心和探索欲望，乐于尝试新事物并不断寻求新的方法。随着投入的增多，他们很可能会有新鲜的、创造性的想法作为回报。简单来说，许多被视为创新天赋的东西本质上就是创新的动机，大多数被视为具有创造性的人的创造力就来源于此。

（4）完善性的创新

完善所产生的创新类似于摄影师的创造，摄影师拿着相机到处取景，直到某个特殊的景色或物体引起了他的注意，通过选择角度、布局、照明等，摄影师将拍摄对象转换为照片，这里被拍摄的物体并不是摄影师创造的，但经过艺术修饰的照片是摄影师创造力的产物。与此类似，运用完善性手法进行创新的人并不自己产生新的想法，他早就认识到了某个想法的潜力，经过完善、发展并付诸实施，使这个想法得以实现。事实上，许多依靠新想法取得创新的人，实际上是从别人那里借用了想法的原始模型，通过创新改造的努力，实现了这个想法。

（5）错误、机会和偶然诱发的创新

错误、机会和偶然常常会激发新的想法。哥伦布开始只准备向西航行到印度群岛，因为他使用了源于托勒密对地球圆周错误的测量方法。如果他使用了正确的测量方法，那么他永远也不会起航，因为通过正确测量，他会知道船队不可能携带足够的给养到达目的地。医学上的许多进步都是错误产生的结果，第一种抗生素的发现是因为亚历山大·弗莱明注意到，皮氏培养皿中的污物消灭了细菌，这样才产生了青霉素。免疫过程是由巴斯德发现的，他的助手犯了个错误，给小鸡注射了剂量过于微小的霍乱细菌，如此微小的剂量似乎使它们足以抵抗其后注射的更大剂量霍乱细菌的侵害。这些事件似乎都是错误的，它们之所以导致创新的产生，是因为这类事件使人们突破大众认为合理的界限，在这个既定的界限中，人们总在公认的经验总结和理论推导中转圈，以至于难以产生开创性的思维。另外，一些疯狂、偶然的事件也是创新的来源之一，其原因与错误所产生的创新类似，在此不再赘述。

（6）风格

风格也是创新的一个明显来源，坚持某种风格可以产生一系列的新事物，它们带有相同的新式风格，但严格说来，这种有共同风格的产品，除去风格带来的创新意义以外，并没有更多的创新。

（7）被迫创新

压力、梦想常常促使人不断创新，在现实生活和工作中被迫创新是非常常见的。“人都是逼出来的。”“一个人，如果不逼自己一把，永远不知道自己有多优秀。”“每一个人都有潜能，一个人的成长，必须通过磨炼。”“有时候，必须对自己狠一次，否则永远也活不出自己。”上面所说的指的就是被迫完成某些事情，完成的结果远远超出自己原有的水平，这里体现的就是被迫创新。

任务三　创新成果的保护与转化

案例

福建汉特云智能科技有限公司自主研发的服务机器人“笨小宝”、清扫消杀机器人“笨小卫”、垃圾分类机器人“笨小类”、物流配送机器人“笨小递”等已投入试运营（图 2.6）。

“福州的生活垃圾实行定时定点分类投放，一些早出晚归的上班族可能会错过倒垃圾的时间。”江晓鹏说，“在这种情况下，市民可通过手机 App 预约‘笨小类’上门收垃圾。根据用户需求，它会准备好相应的分类垃圾桶，如果你不知道垃圾该放在哪个垃圾桶，可以直接和它对话询问。”

图 2.6　公司自主研发的机器人

服务机器人“笨小递”则主要应用于大堂类型的室内场景，它具备人脸识别功能，可以为访客提供问询、讲解、智能语音交互、引路导航等服务（图 2.7）。

图 2.7　室内机器人

清扫消杀机器人“笨小卫”主要用于室外场景，在自动清扫的同时，它还能执行振尘、喷洒消毒水等工作。

一、创新成果的保护

1. 创新成果的含义

“成果”字面上的意思为收获到的果实，常用于指学习、工作或事业方面的成效、成绩和成就。创新成果指在结构、功能、原理、性质、方法、过程等方面取得的第一次的、显著性的变化成效、成绩和成就。我们在这里谈论的创新成果，主要是指推入市场取得商业成效的创新成果。

2. 创新成果保护法律

案例

2009 年 6 月，数龙公司及盛大公司、蓝沙公司（三公司为关联公司）取得了网络游戏《龙之谷》在中国大陆的运营、发行等相关权利。2012 年 5 月 8 日，蓝沙公司授权米粒公司以该游戏为蓝本拍摄三部电影，授权期限至 2015 年 8 月。2014 年 7 月，米粒公司拍摄的第一部电影《龙之谷：破晓骑兵》上映。2015 年 6 月，盛大公司介绍了第二部大电影《龙之谷：精灵王座》。同年7月，数龙公司邀请米粒公司参加同年8月举行的《龙之谷》五周年纪念活动。2016年2月24日，数龙公司官宣米粒公司的授权期限已到期，不再具有利用《龙之谷》游戏相关元素进行使用的权利。2012年11月，米粒公司对美术作品"莉雅"形象进行了著作权登记。米粒公司在宣传推广涉案电影时均使用了莉雅等作品元素形象。因此，就米粒公司宣传推广涉案电影过程中使用"龙之谷"标识等行为，数龙公司向一审法院提起了诉讼。

一审法院判决米粒公司立即停止对数龙公司的著作权侵权行为并对数龙公司进行赔偿。二审法院驳回上诉，维持原判。

一审法院认为，本案争议焦点在于：米粒公司是否有权使用《龙之谷》游戏相关要素；数龙公司是否享有涉案作品著作权；米粒公司是否实施了侵犯数龙公司著作权的行为。首先，依据授权合同，米粒公司在授权期限即2015年8月之前有权使用《龙之谷》游戏相关要素。2015年7月，数龙公司邀请米粒公司参加同年8月举行的《龙之谷》五周年纪念活动。米粒公司作为被许可方有理由相信，数龙公司以其实际行动默许了涉案电影延期发行的事实。2015年11月，蓝沙公司发送律师函明确表示终止与米粒公司的合作关系。所以至少在2015年11月米粒公司收到蓝沙公司律师函后，米粒公司已无权使用《龙之谷》游戏相关要素拍摄和宣传推广涉案电影；其次《龙之谷》游戏中的角色或场景结构复杂、造型独特，具有很高的独创性和艺术价值，能够作为美术作品予以保护。数龙公司作为《龙之谷》游戏的运营方和版权所有人，享有该作品著作权；米粒公司在合同终止后仍然用该游戏元素在各大平台进行宣传，侵犯数龙公司游戏元素著作权的主观故意非常明显，构成对这些元素复制权、改编权、摄制权、信息网络传播权、放映权的侵犯。

（资料来源：https://www.sohu.com/a/318673748_726435）

我国已建立了与创新相关的较为完整的法律制度，能为创新成果的保护、转化等提供合理的法律框架。在制度构建方面，从基本法律到相关法律再到行政法规、部门规章、相关政策等，已经构成了一个相对完整的法律体系。《中华人民共和国宪法》中多处涉及创新发展的规定，《中华人民共和国著作权法》明确了作品的保护手段，《中华人民共和国专利法》为保护发明创造提供了最主要的法律手段，它们与《中华人民共和国商标法》等一道构筑了我国的知识产权保护制度，明确了知识产权的归属，为创新成果保护、转化等奠定了良好的产权基础。本书介绍与大学生创新成果保护息息相关的著作权法、专利法和商标权保护法。

（1）著作权法

著作权法是调整权利主体之间、权利主体和他人之间由于著作权和邻接权的归属、行使、转让、许可或合理使用等原因而发生的民事法律关系的法律规范总和。

①著作权的主体

著作权的主体包括两大类：一类是自然人，另一类是法人或其他组织。《著作权法》

规定，创作作品的公民是作者，著作权属于作者。这里所称的公民指的是自然人，就是通过自己的脑力劳动创作作品的自然人。《著作权法》还规定，由法人或者其他组织主持，代表法人或者其他组织意志创作，并由法人或者其他组织承担责任的作品，法人或者其他组织视为作者。属于这种情况的作品在法律上被称为法人作品。

②著作权的客体

著作权客体指的是著作权法律关系的载体——受著作权法保护的作品。《著作权法实施条例》第 2 条规定：著作权法所称作品，是指文学、艺术和科学领域内具有独创性并能以某种有形形式复制的智力成果。

③著作权的归属

著作权的归属是指基于作品产生的著作权应当归谁所有的问题。《著作权法》第 11 条规定：著作权属于作者，本法另有规定的除外。创作作品的公民是作者。由法人或者其他组织主持，代表法人或者其他组织意志创作，并由法人或者其他组织承担责任的作品，法人或者其他组织视为作者。

④著作权的内容

著作权的内容包括人身权和财产权两个部分。我国《著作权法》规定：著作人身权包括发表权、署名权、修改权、保护作品完整权；著作财产权包括复制权、发行权、出租权、展览权、表演权、放映权、广播权、信息网络传播权、摄制权、改编权、翻译权、汇编权，以及应当由著作权人享有的其他权利。

⑤著作权的保护

著作权侵权行为的基本类型有：承担民事责任的侵权行为、承担行政责任的侵权行为、承担刑事责任的侵权行为。

知识链接

受著作权法保护的作品

《著作权法实施条例》第 4 条对 13 类作品进行了定义：

文字作品，是指小说、诗词、散文、论文等以文字形式表现的作品；

口述作品，是指即兴的演说、授课、法庭辩论等以口头语言形式表现的作品；

音乐作品，是指歌曲、交响乐等能够演唱或者演奏的带词或者不带词的作品；

戏剧作品，是指话剧、歌剧、地方戏等供舞台演出的作品；

曲艺作品，是指相声、快书、大鼓、评书等以说唱为主要形式表演的作品；

舞蹈作品，是指通过连续的动作、姿势、表情等表现思想情感的作品；

杂技艺术作品，是指杂技、魔术、马戏等通过形体动作和技巧表现的作品；

美术作品，是指绘画、书法、雕塑等以线条、色彩或者其他方式构成的有审美意义的平面或者立体的造型艺术作品；

建筑作品，是指以建筑物或者构筑物形式表现的有审美意义的作品；

摄影作品，是指借助器械在感光材料或者其他介质上记录客观物体形象的艺术作品；

电影作品和以类似摄制电影的方法创作的作品，是指摄制在一定介质上，由一系列有伴音或者无伴音的画面组成，并且借助适当装置放映或者以其他方式传播的作品；

图形作品，是指为施工、生产绘制的工程设计图、产品设计图，以及反映地理现象、说明事物原理或者结构的地图、示意图等作品；

模型作品，是指为展示、试验或者观测等用途，根据物体的形状和结构，按照一定比例制成的立体作品。

（2）专利法

专利法是确认发明人或设计人对其发明创造享有专利权，规定专利权人的权利和义务的法律规范的总称。

①专利权的主体

专利权的主体，即专利权人，是指依法享有专利权并承担与此相应的义务的人。当有多个人就相同的发明创造申请专利时，专利权应该授予谁，通常有两种解决的原则：先发明原则和先申请原则。先发明原则，是指当有多个人就相同的发明创造申请专利时，专利权授予先完成发明的人。先申请原则是以提出申请时间的先后为准，即谁先提出申请，专利权就授予谁。包括我国在内的绝大多数国家都实行先申请原则。

②专利权的客体

专利权客体，也称专利法保护的对象，是指能取得专利权，可以受专利法保护的发明创造。我国《专利法》第 2 条规定：“本法所称的发明创造是指发明、实用新型和外观设计。”因此，专利权的客体应该是发明、实用新型、外观设计。

《专利法》所称发明是指对产品、方法或者其改进所提出的新的技术方案。发明分为产品发明和方法发明两大类型。产品发明包括所有由人创造出来的物品，方法发明包括所有利用自然规律通过发明创造产生的方法。方法发明又可以分成制造方法和操作使用方法两种类型。

授予专利权的发明和实用新型，应当具备新颖性、创造性和实用性。新颖性是指在申请日以前没有同样的发明或者实用新型在国内外出版物上公开发表过，在国内公开使用过，或者以其他方式为公众所知，也没有同样的发明或者实用新型由他人向国务院专利行政部门提出过申请并且记载在申请日以后公布的专利申请文件中。创造性是指同申请日以前已有的技术相比，该发明具有突出的实质性特点和显著的进步，该实用新型具有实质性特点和进步。实用性是指该发明能够制造或者使用，并且能够产生积极效果。外观设计专利只涉及产品的形状、图案或者其结合以及色彩与形状、图案的结合，富有美感并适于工业应用的新设计，就可以申请外观设计专利。授权条件包括：新颖性，创造性，不得与他人在先权利相冲突。

③专利权的取得

专利权并不是伴随发明创造的完成而自动产生的，需要申请人按照专利法规定的程序和手续向国家知识产权局专利局提出申请，经国家知识产权局专利局审查，认为符合专利法规定才能授予专利权。如果申请人不向国家知识产权局专利局提出申请，无论发明创造如何重要，如何有经济效益都不能授予专利权。

因此，取得专利权的第一个条件是申请人就其发明创造向国家知识产权局专利局提起专利申请，即如果发明创造的企业或个人没有进行申请，则其发明创造将不受专利法的保护，也就不能取得专利权；取得专利权的第二个条件是国家知识产权局专利局在收到申请人的专利申请后，对其申请的发明创造依据相关法律进行审查，若符合相关法律的规定，则授予申请人专利权，即只有经过审查，符合法律规定的专利申请才可以取得专利权。

④专利权的内容

我国《专利法》第 11 条规定："发明和实用新型专利权被授予后，除本法另有规定的以外，任何单位或者个人未经专利权人许可，都不得实施其专利，即不得为生产经营目的制造、使用、许诺销售、销售、进口其专利产品，或者使用其专利方法以及使用、许诺销售、销售、进口依照该专利方法直接获得的产品。"

许可实施权是指专利权人通过实施许可合同的方式，许可他人实施其专利并收取专利使用费的权利。

⑤专利权的期限

发明专利权的期限是 20 年，实用新型专利权和外观设计专利权的保护期限是 10 年。保护期限均自申请日起计算。

⑥专利权的保护

专利保护是指在专利权被授予后，未经专利权人的同意，不得对发明进行商业性制造、使用、许诺销售、销售或者进口，在专利权受到侵害后，专利权人通过协商、请求专利行政部门干预或诉讼的方法保护专利权的行为。

（3）商标权保护

①商标权的主体

商标权主体又叫商标权人，是指依法享有商标权的自然人、法人或者其他组织，包括商标权的原始主体和继受主体。商标权的原始主体是指商标注册人，继受主体是指依法通过注册商标的转让或者移转取得商标权的自然人、法人或者其他组织。

②商标权的客体

商标是商品的生产者、经营者在商品或者服务上采用的，用于区别商品或服务来源的，由文字、图形、字母、数字、三维标志、声音、颜色或上述要素的组合构成的，具有显著特征的标志。经国家核准注册的商标为注册商标，受法律保护。

③商标权的取得

在国际上，商标权的原始取得大体上采用以下三种方法：商标注册在先取得原则；商标使用在先取得原则；混合原则，兼顾注册在先和使用在先取得原则。我国采取的是商标注册在先取得原则。

④商标权的内容

商标权的内容涵盖专用权、禁止权、许可权、转让权、续展权等。

⑤商标权的保护

按照商标侵权行为表现的不同，侵权行为可分为：假冒注册商标行为，销售侵犯商标权的商品，伪造、擅自制造他人注册商标标识或者销售伪造、擅自制造的注册商标标识的行为，反向假冒行为，给他人的注册商标专用权造成其他损害的几种不同类型。

二、创新成果的转化

1. 创新成果转化的含义

创新成果转化，指创新成果知识产权人，通过自己使用、许可使用、转让、特许经营等方式行使创新成果知识产权的财产权利，实现创新成果知识产权的经济价值。创新成果知识产权的转化，既为权利人实现其财产权利提供了渠道，又让社会大众分享创新成果的效用，从而实现了激励创造、鼓励传播、促进社会进步的目的。就创新成果而言，单纯的创新不是目的，单纯的保护也不是目的，在当今世界发展浪潮中，经济竞争正在从有形的竞争转化为无形的竞争，其中的知识含量已经愈发成为决胜的关键。创新成果的取得和保护的最终目的就是让所创造出的智力成果转化为经济价值和市场效益。

2. 创新成果转化模式

（1）自主创业

自主创业即自己使用，自主开发，是指个人、科研院所、大专院校、企业等创新者的创新成果在内部进行的一种成果转化模式。其特点是创新成果的成果源与吸收体融为一体，将市场交易内部化，消除了中间环节，转化交易成本较低，转化效率较高。对于朝气蓬勃的大学生而言，通过自身的创业，把青年人奇思妙想的创新思维转化为商品和利润，显得更为重要和紧迫。2015 年首届中国“互联网 +”大学生创新创业大赛总决赛举行时，李克强总理曾批示：“大学生是实施创新驱动发展战略和推进大众创业、万众创新的主力军。”据统计，2019 年全国高校毕业生规模达到了 834 万人，再创历史新高。毕业人数破 800 万，对于我国这样一个人口大国来说，是非常严峻的就业压力。创业，不再是少数人的专利，而成为多数人的选择。

（2）许可使用

创新成果的许可使用，是指产权人授权他人在一定时期和范围内，以一定的方式行使创新成果的使用权并获得相应报酬的行为。“许可是在不转让财产所有权的条件下让渡财产中的权利”，这包含了以下几点含义：创新成果产权中的人身权利不得许可使用；许可使用不导致产权所有权的主体发生变化；许可使用不得超出许可人自身所拥有的权限；被许可人不得超出合同约定范围行使权利。著作权、专利实施和商标都可以进行许可使用。

案例

吴刚，浙江师范大学职业技术教育学院数控专业大三学生，已申请技术专利40多项，目前审查通过18项。

“实在不好意思，我只想用专利技术入股，不想卖掉。如果你们不接受，我会考虑找其他公司合作。”面对北京某公司的“甜言蜜语”，吴刚又一次委婉谢绝。这已经是吴刚第*N*次拒绝对方了，尽管对方提出的8万元收购价十分诱人，不过这个在大二就靠专利年收入近百万的“专利哥”，还是把持得很牢。

在老师和同学们眼中，吴刚对科研近乎痴狂。大二时，他就向国家知识产权局递交了40多项专利申请，目前已经审查通过18项。吴刚说，由于开始不懂“行情”，最贵的专利才卖了3万多元，便宜的8 000元就卖掉了。

除了自己发明专利，吴刚还在淘宝上开了店，卖的不是商品，而是服务，专门代别人写专利。“这是一个知识产权的时代，国家越来越重视保护知识产权。个人、企业等申请专利的越来越多，我的生意才越来越好。”吴刚说，他不只局限在自己熟悉的数控、机械领域，还和全国其他领域的知识产权代理事务所合作，进行业务共享。

（3）产权转让

创新成果的转让，指创新成果产权所有人依法将其享有的创新成果的产权中的财产权利全部或部分转让给他人的行为，包括著作权转让、专利权转让、注册商标转让等。当前，许多创新成果正是以转让获取利益为主要目的。有偿转让创新成果，是实现其经济价值的主要途径之一。

①著作权转让

著作权转让是指著作权人依法将其享有的著作财产权的全部或者部分转移给他人的行为。通过著作权转让，受让人成为该作品全部或者部分财产权的权利人，转让人丧失相应权利。

②专利权转让

专利权转让指专利权人依法将其专利权转移给他人的法律行为。转让人有权依照合同收取转让金；受让人有权受让该项专利权，成为新的权利主体。

③商标转让

商标转让是指商标权人依法将其注册商标专用权转移给他人的法律行为。商标权人为转让人，接受注册商标专用权的一方为受让人。

拓展训练

认知创新

1. 训练流程

阅读下列材料，分析问题。

大疆汪滔：技术青年创造无人机神话

圆框眼镜、小胡子、鸭舌帽，汪滔貌不惊人。但正是这个80后，带领大疆从只有几个人的创客团队，成长为一家有4 000多名员工、客户遍布全球100多个国家、估值超过100亿美元的高科技公司。汪滔儿时的梦想是创造一个飞行机器人，而现在他成了世界上最大消费级无人机制造商的CEO。

2006年，汪滔在攻读研究生的同时，与两位同学一起创立大疆，并招募了几位成员，研发生产直升机飞行控制系统。李泽湘也成为大疆的早期投资者，一度持有公司10%的股份。汪滔在创立大疆初期的主要工作是技术研发，他在本科毕业设计成果的基础上继续开发飞控系统，公司最初只有五六个人，在深圳一间民宅里办公。

2008年，大疆研发出第一款较为成熟的直升机飞控系统XP3.1，随即在市场上售卖这套系统。

2012年年末，大疆推出了一款包含飞行控制系统、四旋翼机体以及遥控装备的微型一体机——精灵（Phantom），只需要简单调试就能轻松驾驭，在机身上架设摄像机之后即可进行航拍。如今，大疆的领先技术和产品已被广泛应用于航拍、遥感测绘、森林防火、电力巡线、搜索及救援、影视广告等工业及商业。汪滔说，很多人是“用7分的商术对自己的3分产品进行包装，把精心包装的东西在社交圈、媒体圈中宣扬”，而大疆则是“7分技术，3分商术”。汪滔希望通过大疆对产品的精益求精，让中国制造贴上高质量、高品位的标签。

分析与讨论

（1）当初大疆创新是怎么开始的？

（2）你对无人机行业未来的看法如何？

2. 训练思考

（1）你认为大学生应该怎样培养自己的创新精神和创新能力？

____

____

（2）结合实际，制订自我创新精神和创新能力提升的计划。

____

____

项目三

创新方法与创新技巧

学习目标

- 掌握与运用一般创新方法。
- 认知与理解创新技巧。

案例导入

在第六届中国国际“互联网+”大学生创新创业大赛总决赛冠军争夺赛中，来自厦门大学的“西人马：中国MEMS芯片行业领军者”项目荣获大赛亚军。“西人马”项目由厦门大学航空航天学院2016届博士生聂泳忠负责，该项目致力于民用、航空、能源、医疗、交通及工业设备的控制与检测，打造“端—边—管—云—用”的一体化解决方案（图3.1）。

图3.1 第六届中国国际“互联网+”大学生创新创业大赛总决赛冠军争夺赛

西人马（FATRI）就是聂泳忠创立的一家具备芯片和传感器材料合成、设计、制造、封装和测试全方位能力的芯片IDM公司。

立足于感知与人工智能的核心技术，包括先进材料技术、先进芯片技术、先进传感器技术及人工智能算法技术等领域，西人马通过持续、大幅度的投入，每年以几百项专利的速度快速递增，弥补了我国国产高端压力芯片的空白。

项目团队精于各种振动和冲击类加速度、速度传感器、压力传感器、位移传感器、IMU、激光雷达、量子传感器及以上各类传感器的测试校准系统的研发，并率先在国际上提出利用多层复合高温层状材料通过热曲线耦合补偿温漂的理论，从而使得高温传感器温漂从 ±18%，实现了 ±1.5% 以内。

2020 年新冠感染疫情暴发后，市场对测温计的需求出现爆发式增长，但国内能够生产测温计中的核心原件“红外测温传感器”的公司屈指可数。加之芯片研发流程复杂，工艺更是难点中的难点。为了攻克难关，聂泳忠带领团队夜以继日地搞研发，经过几十次的修改优化，最终突破了研发瓶颈，迎来新曙光。产品量产交付后，经过国内多家知名厂商测试，其精度、响应率、探测率均属国内一流水平，充分验证了卓越的产品性能和西人马公司强劲的科研实力。

带着“敬畏生命，感动自己，感动客户”的信条，聂泳忠撑着“乐舟”，破风斩浪，在深耕科研领域获得无数赞誉的同时，也在创新的快车道上享受着科研的乐趣。“此次比赛的重要意义除了精彩的赛事外，还激发了年轻人创新创业的极大热情。希望通过团队的经历，引领和鼓励年轻人为国家承担起复兴的重任，感谢国家、母校、母院提供的平台、指导、支持和保障。”聂泳忠说。

（资料来源：https://www.mbachina.com/html/xmu/202011/271074.html 内容有删改）

任务一　创新方法

创新方法是创造学家收集大量成功的创造和创新的实例后，研究其获得成功的思路和过程，经过归纳、分析总结，找出的一些带有普遍规律性的原理、方法和技巧。它们可以供人们学习、借鉴和效仿。

一、智力激励法

亚历克斯·奥斯本（Alex Faickney Osborn）是美国的创新技法之父。他在 1941 年出版的《思考的方法》一书中，提出了世界上第一个创新发明技法“智力激励法”，在 1941 年出版的世界上第一部创新学专著《创造性想象》中，提出了奥斯本检核表法。

1. 智力激励法的概念

智力激励法又叫头脑风暴法或 BS 法，是指一组人员通过召开特殊的专题会议形式，对某一特定问题，与会成员之间互相交流、互相启迪、相互激励、相互修正、相互补充、集思广益，从而达到产生大量新设想的集体性发散技法，这是世界上最早付诸实践的创新技法。智力激励法是一种在较短时间内，在现有条件下，激发和调动创新能力、凝聚集体智慧的一种有效手段。“激励”有两方面含义：一是给予与会者的大脑较多的信息刺激，促进与会者的大脑把已有知识和所得信息围绕着要解决的问题重新安排，形成多种新的组合，从而产生大量的新设想。二是造成一种鼓励与会者大胆思维和提出新设想的氛围，提高与会者的创新积极性。

智力激励法是奥斯本在20世纪30年代创立的。最初用在广告的创意设计上，很快在美国得到推广，在产品开发、技术革新、企业管理、教育、科技、军事、生活等许多方面得到广泛的应用。日本人也相继效法，使企业的发明创新与合理化建议活动硕果累累。日本创造学家志村文彦运用智力激励法，使日本电气公司一年内获得38项专利，降低成本210亿日元。

智力激励法提出的依据是，水击产生涟漪，石击产生火花。在思维领域中，一加一大于二、大于三。俗话说：“三个臭皮匠，顶个诸葛亮。”“一人独思，不如二人同想；二人同想，不如三人共议。”倘若你有一种思想，我也有一种思想，我们彼此交换这种思想，那么我们每人有两种思想。一个人的智慧是有限的，而思想与思想的碰撞，会激发新的思想，智慧的碰撞好比催化剂，它会引发大脑思维的连锁反应。集体的智慧无穷无尽，集体的大脑是智慧库、思想库，可以催生大量的设想、发明和创新。

案例

1952年，华盛顿发生了1 000千米电话线因下暴风雪形成树挂，使通信设备中断的严重事故。为了迅速恢复通信，美国电信公司召开会议，以期通过集体智慧找出解决方案。参加会议的都是不同专业的技术人员，在宣布会议的原则和目的后，大家便七嘴八舌地议论开来。有人提议沿通信线路加装线路加温装置以消融积雪，这是常规的想法，但因耗电而花钱很多。有人则提议安装振荡器，抖掉线路上的积雪。有人幽默地提出：“最简便的莫过于用大扫帚沿线清扫一回。”有人则马上接过话题：“那得把上帝雇来喽。”这些怪念头和俏皮话，却激励了一位参加者的思想火花：“我们开一架直升机不就行了吗？飞机的速度和风力足以迅速地吹掉电话线上的积雪。”顿时又引起其他与会者的联想，有关用飞机除雪的主意一下子又多了七八条。不到1小时，与会的10名技术人员共提出90多条新设想。会后公司组织专家对设想进行分类论证。最后电信公司采纳了“用直升机扇雪”，借用空军直升机，依靠飞机高速旋转螺旋桨的垂直气流将电线上的积雪迅速扇落。一个难以解决的问题，在思想碰撞中得到了巧妙地解决。

2. 智力激励法的特点及适用范围

智力激励法的主要特点在于能够在短时间内最大限度地挖掘人们的潜能，能够无拘无束地表达自己关于某问题的意见和提案，让各种思想火花自由碰撞，好像掀起一场头脑风暴，一些有价值的新观点和新创意可能在“风暴”中产生。

（1）信心激励，连锁反应

在智力激励会上，任何一个人提出的设想都构成对其他人的信息刺激，达到填补知识空缺、互相诱发激励的作用。研究表明，在集体讨论时，成年人的“自由联想”可以提高65% ~ 93%。

（2）无拘无束，热情感染

在智力激励会上，人人自由发言、互相影响、互相感染，能激发人的热情，好像由集体点燃了火种，新的思想火花会迅速打破那种囿于困难、思想僵化迟钝、对问题束手无策的窘境，能够造成一种鼓励与会者大胆思维提出新设想的气氛，极大促进与会者的创新积极性，获得心理学家所称的“心理安全”和“心理自由”。

（3）竞争意识，活跃思维

在智力激励会上，每个人都想提出更多更好的主意，无意中便形成了竞争。心理学实验证明，在有竞争意识的情况下，人的心理活动效率可增强 50% 或更多。

智力激励法通过信息交流，产生思想共振，进而激发创新性思维，能在短期内得到创造性的成果。获取的信息量大，考虑的预测因素多，提供的方案也比较全面和广泛。

但其缺点是专家会议，易受权威的影响，不利于充分发表意见。面对面的讨论，容易随大流。口头表达，易受表达能力的影响，实施的成本（时间、费用）较高。

目前在世界范围内，智力激励法是应用最广泛、最普及的创新技法。这一技法能够在社会、经济、管理、教育、新闻、科技、军事、生活等很多方面提供有效服务。诚如奥斯本所说：“只要遵循智力激励法的规则，几乎可以解决各方面的问题。”

3. 智力激励法的实施原则

（1）自由畅想原则

该原则的核心是求新、求奇、求异。规定此原则的目的，一是让与会者敞开思想，不受任何传统思维和常规逻辑的束缚，克服心理惯性和思维惰性的影响，尽量跳出已知事物和熟悉思路的圈子，无拘无束、畅所欲言，不考虑自己的思路是否“离经叛道”，也不顾忌自己的设想是否“荒唐可笑”，使思想始终保持自由驰骋的状态；二是让与会者充分发挥想象力，使思路做大幅度的回转跳跃，通过多向、侧向、逆向思维和联想、幻想、想象等形式，从广阔的学科领域寻找新颖的创新方案。

（2）延迟评判原则

该原则的要点是限制在畅想和讨论问题阶段过早地进行批评和评判。规定此原则的目的，是克服“判断”对创新思维的抑制作用，保证其他原则的贯彻执行以形成良好的激励气氛。创新设想的提出有一个不断诱发、不断深化和不断完善的过程，常常是有些设想在开始提出时，杂乱无章、自相矛盾，似乎没有什么用处，但它们却蕴藏着极好的创意和极高的价值，如过早地评价，则可能会使其在萌芽阶段就被扼杀掉。

发明者胆怯嗫嚅的自谦之言，与会者讽刺挖苦的否定之言，发言者夸大其词的自诩之语和与会者漫无边际的吹捧之语，都是智力激励法的大忌。因此，像“这根本行不通”“这个想法已经过时了”“您的想法太妙了”“这个设想真绝了”“我水平有限，想法不一定行得通”“我提一个不成熟的设想”之类的捧杀句和扼杀句，均应避免。除了有声语言的评判外，诸如面部表情、动作姿态等无声语言的否定评判，也应避免。

（3）以量求质原则

该原则的关键是“质量递进效应”。此原则即鼓励与会者尽可能多地提出设想，各种设想不分好坏一律记录下来，在大量的设想中选择出质量较高的设想。奥斯本认为理想结论的获得常常是一个逐渐逼近的过程。通常，最初的设想往往并非最佳。有人曾用实验证明，一批设想的后半部分的价值要比前半部分高 78%。另据统计，一个在相同时间内比别人多提出两倍设想的人，最后产生有实用价值的设想的可能性比别人高 10 倍。因此，智力激励法强调与会者要在规定时间内，加快思维的流畅性、灵活性和求异性，尽可能地提出有一定水平的新设想，作为获得质量好、价值高的创新设想的保证。

（4）综合改善原则

规定此原则的目的是要求与会者勤于、乐于并善于在别人的基础上，对各种设想进行综合及改善，从而形成更有价值的设想。

智力激励会上的大量设想不是经过深思熟虑后才提出的，因此有考虑不周、运筹不详之处，很难立刻就显示出实用价值。所以每个与会者要仔细倾听他人的发言，注意在别人的启发下及时修改自己不完善的设想，或将自己的想法与他人的想法综合、取长补短，再提出更完美的创意或方案。

上述四项原则各有侧重、相辅相成。第一条原则突出求异创新，这是智力激励法的宗旨。第二条原则要求思维轻松、气氛活跃，这是激发创新的保证。第三条原则追求创新设想的数量，这是获得高质量创新设想的条件。第四条原则强调相互启发、相互补充和相互完善，这是智力激励法能否成功的标准。

4. 智力激励法的组织形式

开会是一种集思广益的办法，但并不是所有形式的会议都能达到让人敞开思想，畅所欲言的效果。奥斯本的贡献在于找到了一种能有效实现信息刺激和信息增值的操作规范。智力激励法的组织形式，包括确定会议的主持人、参加人、记录员和会场布置等。

（1）选择会议主持人

合适的主持人对智力激励法的成功有很大作用，因此，他应具备以下条件：

①熟悉智力激励法的基本原理和操作过程，有一定组织能力。

②对会议所要解决的问题有比较明确的理解，能在会议中做启示诱导。

③能坚持会议“实施原则”，以赏识激励的词句语气和微笑点头的行为语言，鼓励与

会者多出设想，促使会议形成自由畅想的融洽气氛，充分诱导与会者积极思考，提出大胆的、独特的设想，调动与会者的积极性。

④能灵活处理会议中出现的各种情况，保证会议顺利进行。

（2）确定参加会议人选

尽量选择对会议议题有丰富实践经验的人参加，并选拔几名在提出设想方面才能出众者作为激励会的核心，然后再视情况配备其他与会人员。

①智力激励会的人数以 5 ～ 15 人为宜。人数过多，会增加对问题理解的分歧，使思维目标分散，激励效果降低，也无法保证与会者都有充分发言的机会；而人数过少，知识面过分狭窄，达不到不同专业知识的互补，同时也容易造成冷场，从而影响智力激励的效果。

②人员的专业构成要合理。保证大多数与会者都是对会议议题熟悉的行家，但又并非局限于同一专业，要注意与会者知识结构的全面多样性。另外，也要有少数外行参加以突破专业思考的局限。当然，这里所说的外行是对本议题可能知之不多，但在其所从事的领域中却是知之甚多的人。

③同一次智力激励会，具体参加者应尽可能注意到等级的同一性，即知识水准、职务、资历级别等大致相近。

（3）配备记录员

智力激励会要配备 1 ～ 2 名记录员，对会议中提出的所有方案、设想，不管是奇特还是平庸，都一视同仁，依照发言顺序，标号记录在大家都能看到的黑板上。发言内容过长时，仅记录要点即可。同时，最好配以录音、录像等。

（4）会场地点和布置

会场地点可以是一间安静、温度适宜、光线柔和的会议室，也可以是户外，如草地上、树荫下，最好不在办公室举行。由于记录员要将点子记录于全体都能看到的黑板上，故座位的安排以“凹”字形为佳。

5. 智力激励法的实施步骤

（1）准备阶段

确定会议主题，组建会议小组，通知与会者会议内容、时间、地点。

①确定会议主题。

由问题提出者和会议主持人共同分析研究，确定本次会议的主题。主题要明确、具体，不能模棱两可；要解决的问题不能太大，对复杂问题要分解成小问题逐一讨论。

②组建会议小组。

根据主题内容组建会议小组。

③通知与会者会议内容、时间、地点。

会议通知一般提前三天下达给与会者，通知最好附上备忘录，注明会议的主题和涉及的具体内容、会议的时间、地点等，并列出几个希望与会者进行发散的问题和思路。

（2）热身活动

为使与会者尽快进入“角色”，避免冷场活跃气氛，会前可做一些智力游戏、讲幽默小故事、做简单的发散思维练习等活动。热身活动也可以是体力的，只要能使与会者尽快忘却自己的工作和私事，把精力集中到会议上来，形成热烈、轻松的气氛就行。

（3）明确问题

首先由会议主持人向与会者介绍会议实施原则。介绍问题时要简明扼要，只提供与问题有关的必要信息，不要将背景材料介绍得过多，尤其不要把自己的初步设想都全盘托出，避免束缚大家的思路。对于外行来说，所需要的只是对问题实质的深入浅出的通俗解释。

讨论中主持人重新叙述问题是开好会议的关键。为了使与会者加深对问题实质的理解，使问题的重要方面不致被遗漏，鼓励与会者从多方面、多角度去审视问题，启发多种解题思路，主持人重新叙述问题，对问题的每一方面都用“怎样……”的语句来表述。

（4）自由畅谈

这是智力激励会最重要的环节。该阶段的要点是千方百计营造出一种高度激励的气氛，使与会者能突破心理障碍和思维约束，让思维自由驰骋、浮想联翩，借助于每个与会者之间的思维共振、知识互补、信息刺激和情绪鼓励，提出大量有价值的创造性设想。自由畅谈阶段的时间由主持人灵活掌握，一般不超过一小时。对所要解决的问题，通常都会提出 30 条以上的设想，由此即可转入下一步的工作。

（5）加工整理

会后组织专人对会上提出的设想进行分类整理、加工完善，并在畅谈会的第二天，由主持人或秘书以电话或面谈的方式收集与会者在会后产生的新设想。这是不可忽视的一步，因为通过会后休息，人们的思路往往会有新的转变或发展，有可能产生新的有价值的设想。奥斯本曾引证，某次会议第一天提出了百余条设想，第二天又增补了 20 多条设想，其中有 4 条设想比第一天提出的所有设想都更有实用价值。

（6）评价和发展

这是对各种创意和设想的优选阶段。为便于筛选和评价，最好先拟订一些评价指标，如这一设想是否可行、结构是否简单、工艺能否实施、做法是否合理、费用是否节省、经济回报率是否较大等。具体拟定哪些指标，要根据问题本身的性质和解决问题的要求来决定。

参与评价和发展设想的人员，可以是设想的提出者，最好是对问题本身负有责任的人。人数应该为奇数，经验证明以五人最佳。在美国，这一工作多委托专家或问题提出人来处理；在日本，多是召开第二次会议，由设想提出人自己做集体评议，以省去对设想作说明的麻烦。

对筛选评价出来的设想，必须逐一进行推敲斟酌、分析比较、发展完善，才能做到优中选优。人们既能以一个方案为主，吸收采纳其他方案的长处形成新的设想，又能以两个或多个方案并行，聚集合并各自的优点组合成新的方案。

二、奥斯本检核表法

1. 奥斯本检核表法概述

奥斯本检核表法

奥斯本检核表法以该技法的发明者奥斯本命名，又称为设问检查法、稽核问题法、检核目录法、分项检查法等。在《创造性想象》一书中，奥斯本提出了75个促进想象的问题。后来由于其优点，美国麻省理工学院从75个问题中选出九项，编制成带有九个设问的“检核表”，作为一种独立的方法提出来，运用这个表去提出问题，寻求有价值的创新性设想的方法，就是奥斯本检核表法。

奥斯本检核表法是一种简单易学的创新技法，能起到多、快、好、省地进行创新发明的作用，还可以因地制宜，根据不同的需求确定检核内容，几乎适用于任何类型与场合的创新活动。由于它突出的效果，被称为“创新技法之母”。人们运用这种技法，产生了很多杰出的创意以及大量的发明创造。很多创新技法是从表3.1的检核表法中得到启发演变出来的。

该技法引导主体在创新过程中对照：有无其他用途、能否借用、能否改变、能否扩大、能否缩小、能否代用、能否调整、能否颠倒、能否组合等9个方面的问题进行思考，以便启迪思路、开拓思维想象的空间、促进人们产生新设想、新方案。检核表法的九个问题，就好像有九个人从九个角度帮助你思考。你可以把九个思考点都试一试，也可以从中挑选一两条集中精力深思，使人们突破了不愿提问或不善提问的心理障碍，在进行逐项检核时，强迫人们扩展思维，突破旧的思维框架，开拓创新的思路，从而有利于提高创新的成功率。

表3.1 奥斯本检核表

序号	检核项目	含义
1	能否他用	现有的事物有无其他用途；保持不变能否扩大用途；稍加改进有无其他用途
2	能否借用	能否引用其他创新思想；能否模仿别的东西；能否从其他领域、产品、方案中引入新的元素、材料、造型、原理、工艺、思路
3	能否改变	现有事物能否做些改变？如颜色、声音、味道、形状、式样、花色、品种、意义、制造方法；改变后效果如何
4	能否扩大	现有事物能否扩大应用范围；能否增加使用功能；能否添加零部件；增加长度、厚度、强度、寿命、频率、速度、数量、价值等
5	能否缩小	现有事物能否体积变小、长度变短、重量变轻、厚度变薄；能否减少、缩小或省略某些部分；能否浓缩化、微型化
6	能否代用	现有事物能否用其他材料、元件、原理、结构、工艺、动力、设备、方法、符号、声音来代替
7	能否调整	现有事物能否调整排列顺序、位置、时间、速度、计划、型号；内部元件可否交换
8	能否颠倒	现有事物能否从里外、正反、上下、左右、前后、横竖、主次、正负、因果等相反的角度颠倒过来用
9	能否组合	现有事物能否进行原理组合、材料组合、结构组合、形状组合、功能组合、方法组合

2. 奥斯本检核表法实施过程

（1）运用奥斯本检核表法进行创新活动的实施步骤如下：

根据创新对象明确需要解决的问题。

根据需要解决的问题，参照表中列出的问题，运用丰富想象力，强制性地一个个核对讨论，写出新设想。

对新设想进行筛选，将最有价值和创新性的设想筛选出来。

奥斯本检核表法的实施过程要注意以下几点：

①要联系实际一条一条地进行检核，不要有遗漏。

②要多检核几遍，效果会更好，或许会更准确地选择出所需创新、发明的方面。

③在检核每项内容时，要尽可能地发挥自己的想象力和联想力，产生更多的创造性设想。进行检索思考时，可以将每大类问题作为一种单独的创新方法来运用。

④检核方式可根据需要，一人检核或者三至八人共同检核。集体检核可以互相激励，产生头脑风暴，从而更有希望创新。

（2）奥斯本检核表法的九个检核项目示例如下：

①能否他用。

案例

治疗急性坏死性胰腺炎时，病人在手术后半月到一月内还得将手术切口敞开，以便随时清洗不断产生的坏死组织和腹腔渗出液，这样不仅病人很痛苦，且容易感染，手术成功率低。1989 年 1 月，安徽省立医院外科主任医师李乃刚和徐斌，成功地为胰腺手术病人装上拉链，手术成功率大大提高。

能否他用是指现有的发明有无其他用途，包括稍做改革可以扩大的用途。例如，灯泡除了照明外，可以用于烤箱；雨伞除了防雨外，可以用作装饰伞、广告伞和饭菜罩；电熨斗改造一下可以用于烙饼；曲别针可以剔牙；旧报纸可以当坐垫；电吹风可用于烘干衣服、被褥等。

②能否借用。

能否借用是指能否引入其他创新设想，能否模仿，能否从其他领域、产品、方案中引入新的元素、材料、造型、原理、工艺、思路等。例如，泌尿科医生引入微爆破技术，消除肾结石，免去患者开膛破肚的手术之苦；山西一位建筑工人借用能够烧穿钢板的电弧来给水泥板打洞，既快又好，也没有震耳的噪声；台灯引入无级调光功能成为调光台灯（图 3.2）。

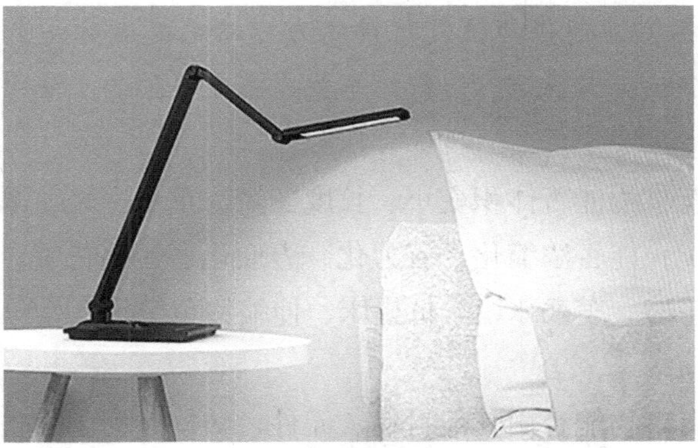

图 3.2　调光台灯

③能否改变。

能否改变是指现有事物能否做些改变？如结构、形状、式样、颜色、声音、味道、花色、音响、品种、制造方法等。例如，洗衣机结构从单桶到双桶；漏斗下端从圆形改成方形，灌入液体更流畅；原味瓜子改变为辣味、怪味、奶油味等。如海尔全瀑布洗衣机采用立体洗涤，能有效地溶解洗衣粉、清除污渍，提高洗净比 30% 以上。“神龙”洗衣机采用的是仿生模拟手搓洗涤方式，在其内桶中央有一搓洗棒，可做 300° 以内的往复摆动，形成上下翻转的水流，使领口、袖口处也可洗得干干净净。

④能否扩大。

能否扩大是指现有事物可否扩大适用范围；能否增加使用功能；能否添加其他部件；能否延长它的使用寿命，增加长度、宽度、厚度、强度、频率、速度、数量、价值等。例如，两层玻璃中间增加一层透明的薄膜，可以制成一种防震、防碎或防弹的安全玻璃；在牙膏中掺入某种药物，可制成防酸、脱敏、止血、抗龋齿等治疗保健牙膏；煤气中添加臭气非常强烈的“乙硫醇”，可以有效地判断煤气是否泄露；把帽檐扩大，就创造出“帽伞”；杯子增加一层变成双层杯子；瑞士钟表匠制造出世界上最大的手表（重 20 吨、直径 16 米多，表带长 142 米）挂在法兰克福市银行的外墙上，方便了市民，也成为人们观光游览的重要名胜。

⑤能否缩小。

案例

车载冰箱就是指可以在汽车上携带的冷藏柜。车载冰箱是近年来国际市场上流行的新一代制冷、冷藏器具。英得尔在意大利发明了世界上第一台车载冰箱，成为移动制冷技术的开创者与领导者，产品被广泛应用于汽车、游艇、医疗等多个领域。此后专注研究车载冰箱 50 年，一向以高品质和高科技而为人所知。产品采用德国制冷

图 3.3　车载冰箱

技术，制冷可达 −18 ℃，超强的抗震防抖能力可以完美应对太空中的失重问题。不仅仅在科研和航天领域大放异彩，英得尔车载冰箱在人们的生活中也扮演着越来越重要的角色（图 3.3）。

能否缩小是指现有事物能否体积变小、长度变短、重量变轻、厚度变薄以及拆分或省略某些部分（简单化）；能否浓缩化、省力化、方便化、短路化等。例如，袖珍收音机、迷你复印机、便携式轮椅、车载冰箱、折叠床、伸缩钓鱼竿等。

⑥能否替代。

能否替代是指现有事物能否用其他材料、元件、结构、力、设备、方法、符号、声音等代替。例如，“曹冲称象”因为没有能称几千斤重的大象的秤，就用同样重量的石头来代替大象。英国人发明的碳素纤维自行车，它不需要传统的三脚架，重量更轻，通过模子制成的整体型车架结构无焊点，因而强度更高。用纸代布生产的领带、内裤、卫生巾、枕巾、衬领和结婚礼服等一次性消费品，造型别致、色彩鲜艳、价格低廉，令旅游者大为赞赏。以塑代木、以铝代铜、以光纤代替电缆、用陶瓷代替金属将成为技术发展的大趋势。

⑦能否调整。

能否调整是指现有事物能否变换顺序、位置、时间、速度、计划、型号、内部元件等。如变换家具使其与房间里的家用电器等相协调。原来的汽车喇叭按钮装在方向盘的轴心上，每次按喇叭得把手移到轴心处，既不方便又不安全，后来有人将喇叭按钮改装在方向盘的下半个圆周上，只要在该区域任意处轻按就行，深受司机欢迎。

⑧能否颠倒。

能否颠倒是指现有的事物能否从里外、上下、左右、前后、横竖、主次、正负、因果等相反的角度颠倒过来用。例如，皮革里外反过来，成为翻毛制品。火箭是向空中发射的，但是人们要了解地下的情况，将火箭改为向地下发射，就发明了一种探地火箭。建筑物的彩灯不再是安装在表面，而是安装在内层，向上、向外照射，能够更好地照射出高大建筑物的轮廓。从生发灵到脱毛灵，便于羊、鸭、兔等的脱毛。从耐穿、耐用的衣服、物品到廉价、卫生的一次性衣服、筷、饭盒等。

⑨能否组合。

能否组合是指现有事物能否进行原理组合、方案组合、材料组合、形状组合、功能组合、方法组合等。例如：超声波焊接法、超声波理疗法；把各种类型的机床结合成一部组合机床；把收音机和录音机组合，把照相机和闪光灯组合等。

3. 检核表法的应用

自从奥斯本检核表法问世后，在美国和其他国家的企业为了提高生产效率，开发新产品，降低生产成本，对奥斯本检核表法进行改造，针对各自领域，制作出各种各样的检核目录，并把这些方法发给职工，以激发职工的创新能力，取得了巨大成效。

（1）通用汽车公司的检核目录

①为了提高工作效率，能不能利用其他适合的机械？

②现在使用的设备有无改进的余地？

③改变滑板、传递装置等搬运设备的位置或顺序，是否改善操作？

④为了同时进行各种操作，能不能利用某些特殊的工具或夹具？

⑤改变操作顺序能提高零部件的质量吗？

⑥能不能用更便宜的材料代替目前的材料？

⑦改变一下材料的切割方法，能不能更经济地利用材料？

⑧能不能使操作安全些？

⑨能不能除掉无用的形式？

⑩现在的操作能不能更简化？

（2）企业开发新产品的检核目录

①开发什么产品？为什么开发此产品？

②被用在什么地方？

③何时使用？谁来使用？

④起什么作用？

⑤成本多大？

⑥市场规模多大？

⑦竞争形式如何？

⑧产品生产周期多长？

⑨生产能力怎样？

⑩盈利程度如何？

（3）降低成本的检核目录

①能否节约原材料？最好既不改变工序，又能节约。

②在生产操作中有没有由于它的存在而带来麻烦？

③能否回收和最有效地利用不合格的原材料与操作中产生的废品，能否变成其他种类具有商业价值的产品？

④生产产品所有的零件能否用市场上销售的标准件，并将它编入本公司的生产工序？

⑤采用自动化和手工操作相比利弊如何？从长远来看又如何？

⑥产品及工艺过程中所用的材料能否用更物美价廉的材料来代替？能否把金属换成塑料？

⑦产品设计能否简化？产品工艺要求和结构工艺性是否合理？是否有不必要加工的地方？

⑧生产组织和工艺流程是否合理？能否使生产组织和工艺流程更简化？

⑨零部件是外加工合适，还是外购合适，还是自制合适？要充分考虑工厂的环境条件，要有定量分析判断，不要只凭常识判断。

⑩产品的系列化程度如何？当前出现的新技术，本厂产品及其生产过程能否采用？采用后将如何？

（4）商品价格的检核目录

①该产品适销对路吗？

②价格是否偏高？

③有没有别的产品可取而代之？它能一直保持领先地位吗？

④该产品有没有多余的部件？是否可以减去某些零部件而又不影响产品的功能？

⑤功能和零件可以合并吗？什么样的外观最好？

⑥可以批量生产大众化的产品吗？怎样才能增加安全性能？

⑦用你自己的钱，你是否会购买这一产品？是否会因为它价格过高而忍痛割爱呢？

⑧非得具有目前这种样式吗？能否弄得更气派些？

⑨造得更大些怎么样？更高些、更长些、更宽些、更矮些呢？价格提高一点怎样？

⑩怎样才能使之更易于使用？怎样才能投消费者之所好？

三、组合思考法

组合思考法是一种通过不同原理、不同技术、不同方法、不同产品和不同现象的组合，产生发明创新成果的创新技法。当今社会人们天天要与组合现象打交道。比如，生产企业里有班组人员的优化组合；科学领域里有不同学科的交叉组合；就连人们的饮食起居里也有诸如套餐套菜、组合音响、组合家具等组合产物。由组合求发展、以组合促创新，已成为当今世界科技进步和社会发展的一种基本形式。

1. 组合思考法的特征

（1）创新性

组合并非仅仅是现象的简单罗列，也并非是事物的一味机械叠加。组合的结果是复杂的，组合的可能性是无穷的。人为的组合可以形成新思想、新方法、新点子或新产品，从这个意义上说，组合就是创新。晶体管发明者之一的美国发明家肖克莱说：“所谓创新，就是把以前独立的发明组合起来。”磁半导体发明者、日本科学家菊池诚也讲：“我认为发明有两条路：第一条是全新的发明，第二条是把已知其原理的事实进行组合。”

利用组合的方法是人们进行发明创新的重要工具和方法，它不仅是利用已有技术实现技术突破的有效方法，而且是为新技术、新工艺、新材料、新结构的推广应用寻找途径的重要方法。

（2）普遍性

组合不要求具备专业的理论基础，便于广大群众学习与应用，易于普及，“只要你愿意组合，就一定会有创新。”从简单的日常生活用品到复杂的科学技术成果；从普通的学习工作方法到高深的专业技术理论，都可以根据具体情况做不同层次、不同程度的组合创造。

组合思考法是人们按一定的功能需要，选择成熟的技术或现存的产品加以组合，并没有在原理上有多大突破，不需要高深的专业理论知识和娴熟的工作技巧，可以为普通人所掌握、所应用。组合既可以是产品或事物的近亲结合，也可以是技术或方法的渊源杂交，还可以是现象或理论跨越时空的联姻。比如，法国著名作家大仲马把美丽而神秘的基督山悬崖和一个错综复杂的复仇案件艺术性地组合在一起，写出脍炙人口的名著《基督山伯爵》。

（3）时代性

案例

自行车 + 电机 + 蓄电池 = 电动自行车

从 1995 年清华大学研制的第一台轻型电动车出世开始，到现在的五花八门的林林总总，已过近二十多年。然而这二十多年中，却记载了一个产业成长的神话，也记录了一个从无到有，再发展成为目前全世界最大的轻型电动车产业的历程（图 3.4）。

从第一辆个人的专利制造到第一辆被公安部门正式认证并允许生产的电动车开始，这一个只属于中国的新产业迈开了前进的脚步，在短短的数十载内，已经成就了让全世界仰慕的产业规模。电动自行车的初级阶段也被称作是电动自行车的早期实验性生产阶段，从时间上讲，也就是 1995 年到 1999 年。这个阶段主要是对电动自行车的四大件，电机、电池、充电器和控制器的关键技术摸索研究。在研发生产方面，主要是以生产企业自发的汇集信息、跟踪技术、组织市场观察、小批量的市场试用投放，也使得电动自行车开始进入了消费者的视野，并被他们逐步地认可到接受。从技术层面上来讲，早期的电动自行车，新电池充电一次只能行驶大约 30 公里，电池寿命短，爬坡能力差，容易磨损，而且电机也都是有刷无齿电机。但是，正是由于这个时期的积累，才为如今的这个产业化的规模在人才、技术和产品研发等方面做好了奠基。

图 3.4　电动自行车

发明创新分为两类：一类是原理突破型创新，是指由于发现了新的自然规律，人们找到了以科学原理物化为技术原理的方法而做出的发明创新。例如，内燃机代替蒸汽机，晶体管代替真空管等均属此类。另一类是技术组合型创新，是指利用已有的成熟技术，通过合理的组合而产生的新技术、新方法和新成果。例如，诺贝尔生理学或医学奖获得者豪斯菲尔德发明的 CT 扫描仪，是通过把 X 射线照相装置和电子计算机进行组合，而这两项技术本身都是成熟的技术，并没有什么原理上的突破。但这两项技术组合在一起后，便可诊断出脑内疾病和体内癌变，这一特殊功能却是原来两项技术单独所没有的，因而CT扫描仪被誉为20世纪医学界最重大的发明成果之一。

2. 组合思考法的形式

（1）同类组合

同类组合指两个或两个以上同一类型、相同事物的组合，形成一个新的事物。参与组合的对象在组合前后基本原理和结构一般没有根本、实质性的变化。其产物往往具有组合的对称性或一致性的趋向。同类组合有以下形式。

①同一事物不做改动的直接组合，产生新的意义或功能。例如，将两只钢笔、两块手表装在一只精巧礼品盒中，便成了象征友谊与爱情的“情侣笔”“情侣表”。类似的还有鸳鸯火锅、子母电话、双色圆珠笔、双向拉链、鸡尾酒、双排订书机、多缸发动机、双头液化气灶、双层文具盒、三面电风扇、双头绣花针、3 000个易拉罐组合在一起的汽车、1000只空玻璃瓶组合在一起的埃菲尔铁塔等（图3.5）。

图3.5 鸳鸯火锅

②两个相同的事物组合时，有一个事物需要稍做改变或者增加其他辅助设备，产生新的意义或功能。例如，多人自行车、多头插座等。

创新目的在于保持事物原有功能或意义的前提下，通过数量的增加，来弥补功能的不足，或获取更新的功能或意义，而这种新功能或者新意义是原有事物单独存在时所缺乏的。

（2）异类组合

异类组合指两种或两种以上不同领域的设想组合，或不同功能物品的组合，形成一个新的事物。参与异类组合的对象从意义、原理、构造、成分、功能等任一方面或多方面互相渗透，整体变化显著。

（3）重组组合

重组组合是指将原有技术系统中各结构要素进行分解，再按新的目的重新安排，改变事物各组成部分之间的相互关系，以获得新的性能或功能的组合方法。它是异类组合的一种特殊形式。以重组作为手段，可以更有效地挖掘发挥现有技术的潜力，形成 1+1>2 的效果。例如，变形金刚玩具则由若干可动零件组成，通过人们的“剪辑”重组，便可时而金刚、封而汽车、时而飞机或恐龙。螺旋桨飞机的一般结构是机头装螺旋桨，机尾装稳定翼。但美国著名的飞机设计专家卡利格卡图则根据空气浮力和空气推动原理，将飞机螺旋桨放于机尾，而把稳定翼放在机头。经过这样重组后的新型飞机具有尖端悬浮系统和更合理的流线型机体等特点。

（4）共享与补代组合

①共享组合。

共享组合指把不同的或相同的事物共享同一原理、同一装置的组合。例如，螺钉旋具在日常生活和生产中运用得非常广泛，为了适应不同的物品和机械上不同的螺钉型号，螺钉旋具头也有所不同，有“一”字形、“十”字形的，有大号、中号、小号的。虽然型号和样式不相同，但是螺钉旋具的柄是一样的，从节约原则出发，我们把螺钉旋具的头部和柄分开制造，再把柄部制成空心的，一个螺钉旋具柄可以配许多不同型号、不同规格的螺钉旋具头部。这样相同的部分共用一套，既降低成本，功能又没有减少。

②补代组合。

补代组合指通过对某一事物的要素进行摒弃、补充和替代而形成的组合，形成一种在性能上更为先进、新颖、实用的新事物。例如，拨号式电话改为键盘式、银行卡代替存折等。

（5）综合

综合指为了完成重大课题，在已有某个单独的学科、原理、知识、方法、技术不能解决时，把与之相关的学科、原理、方法、技术进行重新组织和安排的组合方法。综合不是单个因素的简单机械的积累或叠加，而是要发生质的飞跃；不是一般的组合，它所涉及的范围更大，程度更为复杂。例如，爱因斯坦综合了物理、数学知识提出相对论；影视艺术就是综合美术、音乐、舞蹈、文学、戏剧、摄影的艺术手法而形成的。

3. 常用的组合方法

（1）主体附加法

主体附加法是指在保留主体性质不变的情况下，在某一产品上，加上其他附加物（产品、技术、成分等），以改善或扩大其功能的创新技法，也称为内插式组合法。例如，最初洗衣机只是代替人的搓洗功能，以后增加了甩干、喷淋装置，使其有了漂洗和晾晒功能；电风扇增加了摇头、定时、变换风量等装置后才成为今天的样子；老人用的手杖中插入电筒、警铃、按摩器等后，就成了多功能拐杖；在自行车上安装里程表、挡雨罩、折叠货物架、小孩座椅等，使之用途更广。主体附加法是一种常用的简便的组合创新技法，可以使原有的产品性能更好、功能更强，见表 3.2 所示。

表 3.2　主体附加法举例

序号	主体	附加物	附加后的名称	改进效果
1	奶瓶	温度计	带温度计的奶瓶	防止烫伤婴儿、卫生
2	菜篮	弹簧秤	带秤的菜篮	方便计量、及时维护权益
3	卡车	吊装设备	带吊装设施的卡车	省时、省力
4	食品	微量元素	含微量元素的食品	补充人体所需微量元素、增强体质
5	水泵	自行车	自行车式水泵	不用动力、适合家用
6	冰箱	电子钟	计时冰箱	增加了计时功能
7	汤勺	温度计	温度勺	防止烫伤婴儿、卫生
8	皮鞋	磁片	磁穴保健皮鞋	增加了保健功能
9	地毯	指南针	带指南针的地毯	解决了教徒跪拜方向问题
10	手绢	香料	香味手绢	消除疲劳、强身健心
ll	自行车	里程表	能计算里程的自行车	适用健身需要、富有个性
12	蜂窝煤	引火剂	易点燃蜂窝煤	使用方便
13	电风扇	遥控器	遥控电风扇	使用方便
14	矿泉水	碘元素	含碘矿泉水	预防碘缺乏病
15	圆珠笔	微型收音机	微型收音笔	增加记录功能
16	橘子罐头	钥匙	好开橘子罐头	好吃又好开
17	洗衣机	甩干、喷淋装置	全自动洗衣机	省时、省力、方便
18	笔记本	记事本、地图、电话号码、列车时刻表、日历	万用手册	能满足多种需求

（2）二元坐标法

二元坐标法是指借助平面直角坐标系，在两条数轴上都标上不同的事物，按序轮番进行强制性两两相交，然后选出有价值、有意义的组合物的创新技法。作为二元坐标法的坐标元素所代表的事物，可以是具体的人造产品，如衣服、床、灯具、机枪、蛋糕、汽车之类；也可以是一些概念术语，如锥形、旋转、变色、空心、闪光、卧式、运动等。通过“拉郎配”式的组合联想，可以突破习惯观念，克服惰性意识，促使标新立异。二元坐标法形式简洁，简单实用，运用时不受任何限制，适宜于个人或集体的创新活动。

二元坐标法实施步骤是：

①列出联想元素。列举联想元素可以随心所欲，无任何限制条件，但联想元素最好取名词、形容词、动词等。现以扇子、日历、玻璃为例进行创新。

②在坐标系两条数轴上标注组合元素，绘制坐标图，如图 3.6 所示。

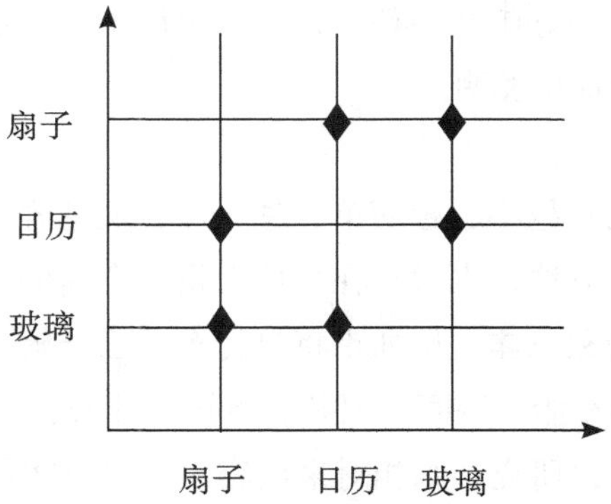

图 3.6 标上组合元素

③强制性两两相交，列出相交点（组合点），本例中通过强制性两两相交后，形成九个相交点，依次是："扇子玻璃""扇子日历""扇子扇子""日历玻璃""日历日历""日历扇子""玻璃玻璃""玻璃日历"和"玻璃扇子"。

④对组合点进行价值判断，找出有价值、有意义的组合物，看看哪些是已有的发明，哪些是无意义的，哪些是有疑问的，哪些是有创新意义的。本例中有一定价值与意义的组合有六个：扇子玻璃，即做扇子的专用玻璃；玻璃扇子，即玻璃做的扇子；扇子日历，即扇子形状的日历；日历扇子，即带日历的扇子；日历玻璃，即做日历的玻璃；玻璃日历，即玻璃做的日历。实际上，另外三种同物组合也有一定的价值与意义：扇子扇子——组合扇，大扇子套小扇子，不同材质的扇子组合在一起，扇出的风不同，能够适合不同的需求；日历日历——组合日历，多个日历组合在一起；玻璃玻璃——双层玻璃、多层玻璃。

⑤对有价值、有意义的组合进行可行性分析，可行性分析须从有无类似的事物，若有，看它们之间有何不同，可以从原理、结构、性能、制造工艺、材料、用途、能源、价格、寿命、经济效益等方面对比分析。发明革新或合理化建议在被成功采纳后，要分析它对社会的价值和进步意义。完成发明和革新需要涉及哪些方面的知识和技术，有哪些技术关键，如原理、结构和工艺等。对于产品的发明和革新，要考虑当地实现的生产条件和技术水平是否适用。确定近期和长期的研究课题。

经此可行性分析，组合进一步深化，创新的对象逐渐明确，对不可行的发明和革新要果断摈弃，对可行而自己无力承担的课题要忍痛割爱，或寻找合作伙伴。

四、列举分析法

列举分析法是借助某一具体事物的特定对象，如特点、优缺点等，从逻辑上进行分析并将其本质内容全面罗列出来，再针对列出的项目提出改进方法的一种创新技法。主要有特性列举法、缺点列举法和希望点列举法等三种。

1. 特性列举法

特性列举法也称属性列举法，是一种通过对创新对象的特性进行分析，并且一一列举出来，然后逐项探讨能否以更好的特性替代，最后提出革新的创新技法。该技法是由美国布拉斯加大学教授 R · 克拉福德发明。

（1）特性列举法原理

一般说来，要解决的问题越小、越简单、越具体，就越容易获得成功。例如要改革自行车，即使采用群体激智的方法，也很难在总体上得出全新的设想，因为自行车牵涉的面很广，设计者难于把握全局和总体。但如果将自行车适当分解，使其功能条理化和结构层次化，形成若干部分，比如车胎、钢圈、辐条、飞轮、链条、齿盘、车身、把手、刹闸等，然后再有层次、有重点地加以研究，则相对来说容易取得发明创新的成果。

克拉福德把一般事物的特性分为以下三部分。

①名词特性部分。

指采用名词来表达的特性，如事物的整体、部分、结构、所用的材料、制造方法等。

②形容词特性部分。

指采用形容词来表达的特性，如大小、颜色、形状、图案、明亮程度、冷热、软硬、虚实等。

③动词性部分。

指采用动词来表达的特性，主要指事物的主要功能及辅助性、附属性功能，包括在使用时所涉及的所有动作。

（2）运用特性列举法的一般步骤

①选择一个目标比较明确的发明或创新课题。课题宜小不宜大，如果是一个比较大的课题，最好也分成若干小课题进行。例如，“试制便携盆，方便出差旅游的人使用”的课题，就可以从“便携”与“盆”两个方面分别列举。确定课题后，应分析了解事物现状，熟悉其基本结构、工作原理及使用场合等。

②详细列举出创新对象名词特性、形容词特性和动词特性。例如，把一台机器分解成一个个零件，每个零件功能如何、特性怎样、与整体的关系如何都列举出来，列成表。

③提出具有独特性的方案。从需要出发，分析产品的各个特性，对比其他产品，寻求功能与特性的替代与更新完善，提出具有独特性的方案。

④提出产品设想。对各种方案进行评价和讨论，将新增特性与原有特性进行综合，提出产品设想。

案例

开水壶的改进

开水壶是几十年的老产品，人们司空见惯，习以为常，初看之下，很难发现有什么值得改进的地方，我们不妨按特性列举法对开水壶的特性进行分析，提出创新设想。

（1）确定研究对象：一把开水壶。

（2）进行特性分析。

①名词特性部分：整体——开水壶；部分——壶嘴、壶柄、壶盖、壶身、壶底、排气孔；材料——铝、铁、铜、搪瓷、不锈钢；制造方法——冲压、轧制、焊接。

②形容词特性部分：大小——加大型、大型、中型、小型、特小型；形状——圆柱形、椭圆柱形、半球形；颜色——黄色、白色、灰色、银色、彩色。

③动词特性部分：功能——装水、烧水、保温、卫生。

（3）从各个特性出发，通过提问诱发出问题，进行特性变换，提出创新设想。从名词特性可以提出：壶嘴是否太长？壶柄是否能改用塑料？壶盖是否能一次冲压成型？壶身是焊接的好还是冲压的好？壶底能否加厚，使之经久耐烧？排气孔冒出的热气太烫手，能否移到别处？是否还可以使用更廉价的材料等。从形容词特性可以提出：怎样使造型更美观？怎样使壶的重量减轻？什么形状的壶加热更快等。从动词特性可以提出：怎样倒水更轻便？怎样使壶更平稳？怎样烧水节省能源等。

（4）提出创新方案：生产一种鸣笛壶。蒸汽口设在壶口，水烧开后会自动鸣笛。盖上壶盖后就没有气孔，蒸汽不经过手柄，提壶时就不会烫手。水壶外壳也可以改成倒过来的冲压成型，焊上壶底，外形美观，既省去壶盖，水开了又会自动鸣笛，还可节省能源。

从只有装水、倒水两种功能，发展到具有气动出水的功能；从形容词特性——“美观”来改变它的造型、色泽，使它不仅具有实用价值，而且还具有装饰美化作用。

2. 缺点列举法

缺点列举法就是通过发现、发掘现有事物的不方便、不美观、不实用、不省料、不轻巧、不便宜、不安全、不省力等各种缺点和不足，把它的具体缺点一一列举出来，然后针对这些缺点，确定创新目标，有的放矢地设想改革方案的创新技法。缺点列举法不仅可以用于革新某项具体产品，解决属于“物”一类的硬技术问题，而且可以用于企、事业单位的经营管理中，解决属于“事”一类的软技术问题。

（1）缺点列举法的原理

任何事物都不可能是十全十美的，世上也没有一件事物是不能改变的。只要我们注意观察，总能找出事物的不足或缺点。缺点列举法就是通过找出事物的缺点和不足，克服缺点，利用缺点，变弊为利。但是人们由于惯性思维或惰性思维的缘故，对于看惯了的或用惯了的东西，往往很难发现它们的缺点，也很少去寻找它们的缺点，因而无形中便会“凑合”和“将就”以维持现状，甚至用“理所当然”和“本该如此”的态度加以对待，于是安于现状、无所用心，失去了创新的欲望和发明的机会。缺点列举法反其道而行之，它鼓励人们有意识地对产品“吹毛求疵”，故意去找毛病，去怀疑、去挑刺、去找碴，通过挑毛病找灵感，寻找解决问题的最佳方案。缺点列举法的特点是直接从社会需要的功能、审美、经济等角度出发，研究对象的缺陷，提出改进方案，简便易行。比如针对原来的手表功能单一、适用面窄的缺点，人们发明了日历表、天文表、自动表、登山表、潜水表、宇航表，使手表实现了功能多元化（图 3.7）；针对原来的炒锅煎炒菜肴时容易糊锅的缺点，人们改用特氟龙材料做锅体，发明了漂亮轻巧的不粘锅。科学史上利用缺点列举法来激发创新发明的例子，数不胜数。

图 3.7　登山表

（2）缺点列举法的实施步骤

①找缺点。

尽量列举各种事物的缺点，需要时可以事先广泛调研，征求意见。

②找原因。

将缺点加以归类整理，找出有改进价值的缺点即突破口，并分析产生缺点的原因。

③找方法。

针对列出的每一条缺点逐条分析，“对症下药”，提出改进或创新方案，还可以和检核表法综合应用达到创新的目的。

其中第一步找缺点是关键。列举缺点并不是一件容易的事，因为每一种事物的设计，最初也总是考虑到种种可能的缺点而设法避免的。列举事物的显性缺点也许不难，但是要找到那些隐性的、不易被人察觉而造成不良后果的缺点并不简单，这些缺点往往就是创新价值之所在。因此，对一种事物的缺点进行列举，首先要对该事物的特点、功用、性能等持“吹毛求疵”的态度，敢于质疑。

（3）缺点列举法的实施方式

①会议法。

召开由 5 ~ 10 人参加的缺点列举会，与会者围绕需要改革的某项主题，尽量列举出各种缺点，越细越好，再由专人将列举出的缺点记录在卡片上，并编上序号；然后从中挑选出主要缺点，仔细分析、认真研究，制定出切实可行的改革方案。出席会议的对象应为该产品的使用者、经营者、生产者、管理人员及设计者，会议时间控制在1至2小时之内。会议讨论的问题宜小不宜大。如果是大的课题，也要将其“化大为小、化整为零”，分解成若干小课题，再分别进行探索。

②用户调查法。

使用缺点列举法改进产品时，可以与征求用户意见结合起来，通过销售、售后服务、专门调查、走访等渠道，广泛征集使用过这些产品的人的意见，同时，还应事先设计好调查表，以便引导和分类统计。

③对照比较法。

首先确定有可比性的参照物，把同类的多种产品集中在一起，包括名牌产品，就各种技术参数、性能、功能、质量、价格、外观、包装等进行分析比较，从而找出自身的缺点，取各家之优点设计出超过同类产品具有竞争力的新型产品。对设计产品，应与国内外先进技术标准相比较，发现设计中的缺点，及早改进设计，确保产品的技术先进性。用这种方法开发新产品起点高，步子大，容易成功。

3. 希望点列举法

希望点列举法是指通过把希望新的事物具有的属性一一列举出来，以寻找新的创新目标的创新技法。列举新的希望点就是发现和揭示有待创新的方向或目标。将希望点化为明确的创新课题并提出完成课题的途径，是希望点列举法的基本内容，只要能想出满足希望要求的新点子、新创意和新方法，就意味着新的创新的诞生。

案例

可降解的塑料

塑料曾以结实耐用、易成型、成本低、耐腐蚀等优点，成为人们喜爱的材料。然而，它一旦废弃，便成为不易腐烂的环境污染物。在自然条件下，塑料分解起码需要一百年的时间。有效地控制和消除塑料这个“白色污染”源，是人类共同的“希望”。科学家们经过多年的研究，终于发明出可降解的塑料。构成塑料的分子链长度是决定塑料强度的关键，分子链一旦断裂，塑料也就变得易碎和易化解了。

当塑料中掺入3%左右的添加剂（以淀粉为主）后，分子链的长度就会变短，废弃后由细菌进行生物化解，最后变成对环境无害的水和二氧化碳。塑料的分解速度取决于添加剂的数量。目前，可降解塑料的寿命可控制在2个月至6年的时间范围内。

（1）希望点列举法的实施步骤

①激发和收集人们对世界的各种希望。

在列举希望点时先不要考虑技术上、工艺上的可行性，也不要太拘束于社会价值和经济价值。当把所有希望点列出了以后，再综合考虑希望点的可行性和经济性等。

提出“希望”，一是向社会、大众了解他们的希望是什么。比如，随着市场经济的发展，人们希望有迅速传递信息的工具，于是发明了“传呼机”、手机等现代通信工具；二是发现现有事物的缺点，提出自己的希望。其具体途径有三种：全面分析人类的基本需求，包括生理需求、安全需求、社交需求、自尊需求、自我实现需求、生产和科研需求等；注意特殊群体的需求和希望，例如，盲人、聋哑人、残疾人、孤寡老人、住院病人、精神病人、左撇子和有特殊嗜好的人等；善于发现潜在的需求。

②仔细研究人们的希望和事物的缺点，以形成具有科学性和可能性的“希望点”。

在确定创新的希望时，不能像科学幻想那样脱离现实太远，一要注意可能性，提希望点时要瞻前顾后，“瞻前”是指所想到的希望点是否已有前例，“顾后”是指所选题目是否与当时的技术水平相适应，能否有完成的可能性。二要注意科学性，提希望点要符合自然规律，超越自然规律的任何设想，都是要落空的。自古以来有许多人希望自己长生不老，还有些人以“长生不老药”作为发明的研究课题。这种违反自然的“希望”是不能成功的。

③以“希望点”为依据，创造新产品、改造现有事物以满足人们的希望。

（2）希望点列举法的实施方式

①会议法。

召开由 5 ~ 10 人参加的希望点列举会，会前由会议主持人选择一件需要革新的事物作为主题，随后发动与会者围绕这一主题，列举出各种改革的希望点。为了激发与会者产生更多的改革希望，可将个人提出的希望用小卡片写出，公布在小黑板上，并在与会者之间传阅，这样可以在与会者中产生连锁反应。会议一般举行 1 ~ 2 小时，产生 50 ~ 100 个希望点即可结束。会后再将提出的希望进行整理，从中选出目前可能实现的若干希望创新点进行研究，制定出具体的革新方案。

②书面收集法。

按事先拟定的目标，设计一种卡片，发动用户和本单位的职工，请他们提供各种想法。

③访问谈话法。

派人直接走访用户或商店等，倾听各类希望性的建议与设想。由以上方法收集各种意见和希望，再进行分析研究，制订可行方案。

五、逆向思考法

逆向思考法又称“反向求索法”。它是从现有事物原理机制的反面、构成要素的反面或功能结构的反面去思考、求索以进行发明创新的创新技法。

1. 逆向思考法的原理

逆向思考法源于创造工程里的逆反原理，它遵循着原型——反向思考——创造的发明模式。实际上，“思维倒转”或“思维反向”就是将思维的主、客体易位，从相反的角度去考虑它们之间的相互关系和相互作用，并引发出新思想、新技术或新方案。例如，在20世纪50年代以前，建筑结构一直是利用墙壁来支撑屋体并遮风避雨，基于这种考虑，建筑师们只得将下部墙体做厚，以便承受整个建筑物的重量，从而使有效建筑面积减少。后来建筑师们反转思路，提出应该用建筑物去支撑墙壁，结果墙体减薄，有效建筑面积增加，并产生出新的建筑结构和新的建筑方式。在某些情况下，通过逆向思维，人们可以有目的、有意识地利用外界干扰以产生新的用途，激光陀螺仪就是一个典型例子。在激光陀螺仪中，噪音被认为是一种干扰信号，人们总是尽可能加以抑制，但效果一直不好，后来经过仔细研究，发现噪音场与地磁场有密切联系，于是科学家将思路反转，不但不去抑制噪音信号，反而放大强化它，并转而利用它来测量大地磁场，由此开辟了激光陀螺仪应用的新领域。

2. 逆向思考法的类型

（1）反转型逆向思考法

反转型逆向思考法是指从现有事物的反面进行思考，使思维的功能和作用发生转化，激励并启发设计者的创新思维，以达到发明创新的目的。事实上，任何事物都存在着正反两个方面，它们之间有着密切的联系，可以相互转化并相互促进。如我们在欣赏风景照片时，看到的是正片，这使人们感到更为真实可信；但对于医生诊断病情来讲，使用X光照片的负片则较为适宜，因为它使得病灶部分更为清晰可辨。又如人类计时总是习惯从1开始：1、2、3……这似乎是天经地义的。但在火箭发射、原子弹引爆前，却采用倒计时，这是因为采用倒计时的发射程序简单明了、清楚准确，突出表现了火箭发射、原子弹引爆时间的逐渐减少，以便人们产生发射就要开始的节奏感和紧迫感，是一种科学的计时方法。

（2）转换型逆向思考法

人们在创新工程中，遇到久攻不克的难题时，不妨把研究对象的重点转换一下，调整研究问题的角度，往往能打开新的思路。司马光砸缸救落水人和曹冲称象，采用的都是转换型逆向思考法。

六、缺点逆用法

缺点逆用法又称“将错就错法”，是指在创新过程中，利用事物的缺点，将错就错的创新技法。该技法利用事物的缺点来启发人们的创新思维，使人们从事物的错误、失败、缺陷与不足中找到创新的途径，进而推动创新的发展。

案例

我国陶瓷艺术名扬四海，在巧夺天工的陶瓷制品中，各种装饰釉更是精彩纷呈，其中有一种叫作裂纹釉的彩釉格外与众不同。这种釉的表面布满裂纹，其裂纹粗细不

一、长短有别、疏密相间、曲直掺杂。有的像水波、有的像云霞、有的像龟裂、有的像蟹爪，各具形态的裂纹在古朴庄重的瓷器表面形成一种别具风味的装饰效果，古往今来的收藏家们都以能收藏裂纹釉精品为自豪。但人们想象不到的是，裂纹釉的发明也是缺点利用法的产物。从科学常识可知，釉面之所以产生裂纹，是因为瓷器在烧制过程中，釉彩的膨胀系数大于胚胎的膨胀系数，故在加热烘烤的情况下，釉面产生较大的表面张力，从而使釉面开裂，形成许多细小裂纹。釉面产生裂纹本是一种缺陷，是釉彩配方不合理所致，但当某些瓷器制品的釉面裂纹比较特殊、比较匀称、比较清晰时，也可构成美感。于是人们得到启发，将错就错、利用缺点去有意识地造成釉面裂纹，并使之符合人们的艺术审美观。经过无数能工巧匠的不断改进，裂纹釉的彩釉配方和烧制技术日臻完善，终于创造出了独树一帜的艺术珍品，为世界文化宝库增添了一枝奇葩。

1. 缺点逆用法的原理

任何事物都有两重性，缺点和问题也有两面性，既有不利的一面，也有有利的一面。古语云“塞翁失马，焉知非福”。只要我们善于发现事物的缺点，巧妙地利用事物的缺点，寻找化弊为利的途径，就会产生新的创新发明，达到化腐朽为神奇、出奇制胜的效果。例如，利用生活垃圾制造沼气；在工业垃圾中提炼稀有金属；天津毛纺厂生产的一种呢料，因原料成分的不同，着色不一，常常出现白点，销路始终难以打开，后来，设计人员灵机一动，来了个缺点逆用，变消灭白点为扩大白点，制作出一种雪花呢新产品，投放市场后，掀起了一股不小的销售旋风。

2. 缺点逆用法的实施步骤

（1）发现事物可以利用的缺点

发现事物的缺点并不难，而发现可以利用的缺点就很难。因为人们对缺点本身有极度排斥的心理，往往不从深处考虑其可以利用的方面，容易错失化害为利的机会。所以人们在运用该技法时，要深入发现并充分认识事物可以利用的缺点。

（2）分析缺点，找到缺点背后所隐藏的原理或特性

抽象出这种被定义为缺点的现象后面所隐藏的实质性东西，找出其可以利用的方面，为寻求利用缺点的途径和方法提供科学依据。

（3）研究利用缺点的方法

根据缺点表现形式背后的原理和可以利用的方面，寻找利用缺点的途径和驾驭缺点的方法，提出创新构思，以此作为创新的突破口。

七、综摄法

1. 综摄法概述

综摄法

案例

用绷带和钢管子造冰管子输油

日本南极探险队第一次准备在南极过冬，当时南极越冬队队员设法用运输船把汽油运到越冬基地。由于准备工作不充分，在实地操作中发现输油管的长度根本不够，又找不出另外备用和可以替代使用的管，再从日本去运，那时间需要近两个月。怎么办？这下子把所有队员给难住了。大家你看看我，我看看你，毫无办法。这时候，队长突然提出了一个很奇特的设想，他说："我们用水来做管子吧。"冰在南极是最丰富的东西，但问题的关键是怎样使冰变成管状，而且在中途不会断裂呢？很多人还是"丈二和尚摸不着头脑"。队长又说："咱们不是有医疗用的绷带吗？就把它缠在已有的钢管上，上面淋上水，让它结冰，然后拔出钢管，这不就成了冰管子了吗，再把它们一截一截接起来，要多长就有多长。"在队长的整体构思中，首先是找出冰管代替输油管，其次是将绷带的功能由包扎伤口转为包缠钢管。

综摄法又称类比思考法、提喻法，是指以已知的事物做媒介，将毫无关联的、不相同的知识要素综合起来，摄取各种事物的长处，把它们综合起来，产生解决未知问题的新设想、新产品的创新技法。其特点是有目的、有选择地摄取已知各种新产品的长处，从而创造出新的产品。

综摄法是由美国麻省理工学院教授威廉·戈登于1944年首创的一种从已知推向未知的一种创新技法。戈登发现，当人们看到一件外部事物时，往往会得到启发思考的暗示，即类比思考，而这种思考的方法和知识没有多大联系，反而是与日常生活中的各种事物有密切关系。人类的许多发明创新以及文学作品都是日常生活的事物启发的灵感。这种事物从自然界的高山流水、飞禽走兽，到各种社会现象，甚至各种神话、传说、幻想、电视等比比皆是，范围极为广泛。戈登由此想到，可以利用现有事物来启发思考、激发灵感解决问题，这一方法便被称为综摄法。

综摄法作为一种创新性思维方法在解决新产品开发、已有产品的改进设计、广告创意以及解决某些社会问题等方面已得到了广泛使用。此方法还适用于各类员工的激励、思维创新的培训，综摄法既可用于管理者个人，更适用于管理创新群体。用于个人时，往往偏重于产品的技术改进，提高市场营销效率等方面，而事关企业的战略决策，大幅度的制度创新等主要是以群体的方式进行为主。

2. 综摄法的思考原则

（1）变陌生为熟悉

这是综摄法的第一步，即准备阶段。所谓“变陌生为熟悉”，是指对不熟悉的事物要有意识地视作熟悉，用熟悉的、已有的事物和知识进行对比研究。新的发明创新是现在没有的东西，人们对它是不熟悉的，人们非常熟悉现有的东西。在发明创造不熟悉的新东西的时候，可以借用现有的知识来进行分析研究，启发出新的思想来，这就是异质同化。例如，在脱粒机发明以前，谁也没有见过这种机械，要发明这样一种机械，就可以从现有的知识或熟悉的事物进行分析人手。脱粒机实际上是一种使物体分离（将稻谷和稻草分开）的机械，可以使稻谷分离的方法很多，比如，用雨伞尖顶撞稻穗，把稻谷从稻禾上脱落下来。根据这一设想，人们终于发明出一种带尖刺的滚筒状脱粒机。又如，在计算机领域的“病毒”“黑客”等就是运用人们比较熟悉的语言，描述一般人不熟悉的计算机网络中很专业的事物或现象。

（2）变熟悉为陌生

这是综摄法的第二步。所谓“变熟悉为陌生”，是指对熟悉的事物要有意识地视作不熟悉，用不熟悉的态度来观察分析，并运用新的知识理论或从新的角度进行研究，使看得习惯了的东西变成看来新鲜的东西，把熟悉的事物变成陌生的事物，从而启发新的创造设想，这就叫作同质异化。例如，将人们所熟悉的热水瓶用不熟悉的态度来重新分析、思考、研究，改变它的热动力，可以设计出气压热水瓶、电热水瓶；将瓶口缩小、体积改成茶杯大小，就成了保暖杯。又如，拉杆天线本来是用在收音机上的，人们比较熟悉它，但用不熟悉的态度重新分析它，将它换个新位置去应用，便出现了可伸缩的教鞭、照相机的伸缩三脚架、可伸缩的旅行手杖等新产品。

戈登认为，为了摆脱旧框框的束缚，开阔思路，在探索新的设想时，要有一段时间暂时抛开原来想要解决的问题，从陌生的角度去思考，通过联想、类比探索得到启发后再回到原问题上来，得到解决原问题的方法。在操作技巧上，综摄法在具体实施上述两项原则时，可以采用四种类比的方法，来实现“变陌生为熟悉”和“变熟悉为陌生”。这四种类比的方法是：亲身类比、直接类比、象征类比和幻想类比。

3. 综摄法的实施过程及实施要点

（1）实施过程

在小组集体创新时，要求由不同知识背景、不同气质的人组成小组，相互启发，集体公关。小组一般由主持人 1 人，各不同学科成员 5 至 7 人组成。成员特点以跨学科、跨领域为好，这样可以实现联想、类比的广泛交叉渗透。

戈登把实施综摄法的全过程分为九个阶段：①问题的给定；②变陌生为熟悉；③问题的理解；④操作机制；⑤变熟悉为陌生；⑥心理状态，即关于问题的理解达到卷入、超脱、延迟、思索等心理状态；⑦把心理状态与问题结合起来，即把最贴切的类比与理解的问题做比较；⑧观点，即得到新见解、新观点；⑨答案或研究任务，即观点付诸实践或变为进一步研究的题目。

（2）实施要点

①专家或问题拥有者在描述问题情况时，不应该描述每一个复杂的细节，只需对问题本身及背景做简短说明。讨论时最好开始先不公布议题，到有人涉及时再提出来，以有利于与会者灵感的相互激发。

②在确定问题的目标阶段，人们应尽量从各种不同的角度审视问题情境，这样就会沿最为适当的方向寻找解决方案。

③专家应对小组做出的对问题的再界定做出反思，并从中选择两到三个最能反映问题情境的定义。这种方法不追求设想的数量，重在设想的质量和可行性。

④使用综摄法时，不应拒绝那些不完善的想法，而是要仔细研究这些想法，并尽力将其转为更加切合实际的解决办法。

⑤在综摄法应用过程中，假如开发出的设想不够，工作组人员就应暂时转移“阵地”，从而触发更多新的方案，并打破他们心理上的束缚。

以上介绍了几种常用的创新技法，此外，还有联想法、类比法和原型启发法等。要开展创新活动、取得创新效果，不是靠死记硬背或机械运用若干创新技法就能奏效，关键在于要有意识、有目的地灵活运用它们，特别是要能因时、因地、因人、因事制宜地运用。要真正认识、理解并掌握各种创新技法的技术原理和运用要点，这样才会对开发自己的创新能力有所帮助。

知识链接

创新方法的作用

创新方法基于思维心理学的基础，指导人们克服常态的思维定式，开发人们的思维能力，提高人们的联想能力和想象能力，激发人们思维的敏感性、独立性、灵活性、流畅性和连续性，是发展创新智力的有效方法。创新方法是创新的重要手段，是进行创新活动的有效智能性工具，可以拓展思路，更好地开发智力、智慧，实现创新。人们在实践过程中运用创新方法能够省时、省力解决问题，可以直接产生创新成果，还可以提高创造力和创新成果的实现率。

1. 促进高效解决问题

人类在征服自然、改造自然的过程中遵循着一定的客观规律，创新方法就是对人类解决问题、实现创新的共性方法的高度总结和概括，运用创新方法可以使解决问题的方案更科学，可以少走弯路，更高效地解决问题。

2. 推动培养创新思维

思维惯性是决定创新能力的关键因素，思维模式不同带来的结果也就各不相同。每个人都有一种思维惯性，习惯将思维方式局限在已知的、常规的解决方案上，从而阻碍新方案的产生。通过学习创新方法，人们可以掌握各种创新思维的特征和规律，打破固有的思维模式，学会用“新的眼光”去发现问题和解决问题，敢于否定、质疑和超越常规去思考、实践，养成创新思维的习惯，形成变通性思维。

3. 科学指导创新实践

在不同时期、不同领域里出现的创新问题以及为了解决这些问题所使用的创新原理与方法是有规律的。通过学习创新方法，人们可以根据实践活动的具体情况，科学地运用创新方法中实用和适用的创新原理，在实际工作中实现创新，少走弯路，尽快、尽早地剔除那些复杂而效率不高的解决方案，找出更高效的解决方案，使实践活动的方案更具方向性、有序性和可操作性。

任务二 创新技巧

一、颠覆常识

案例

袁隆平刚开始研究杂交水稻时，有一位资深的老教授对此不屑一顾，说：“水稻没有杂交优势，这是常识，你难道不懂吗？别再浪费时间和精力去做这种没有意义的事了。”袁隆平对此没有过多地理会，全力投入实验，最终培育出产量翻了几番的籼型水稻。假使袁隆平当初听信教授，也迷信常识，那么，还会有籼型水稻的诞生，还会有“杂交水稻之父”的美称吗？答案是否定的。

常识一般是指日常知识、众所周知的知识、约定俗成的无须证明的知识，或者本能的学习和判断能力等。常识阻碍创新。常识在日常生活中具有非常重要的作用，可以帮助人们对事情或问题进行初步判断。但它也会束缚思维，让思维陷入僵化，不利于创新。因此，为了更好地创新，人们应勇于颠覆常识。颠覆常识的技巧如表 3.3 所示。

1. 常识对创新的阻碍

（1）权威误导

常识一般是指已经约定俗成被大家认可的知识，因而具有一定的权威性。人们在接受和认可这些常识时，一般不会进行过多的思考或质疑，从而限制了创新。

（2）经验误导

常识也是日常经验的积累，而且这些经验曾经给人们帮助。因此，人们会信任常识，轻易不会质疑常识。

（3）习惯误导

常识形成后，人们会习惯性地运用常识来解答某一问题，因此容易陷入惯性思维。

2. 颠覆常识的误区

（1）全盘否定常识

人们也许会认为颠覆常识就是全面否定常识，但颠覆常识其实是跳出常识的束缚，选择新的角度和方式来审视问题。

（2）反方向寻找

人们也可能会认为，颠覆常识就是沿着与常识相悖的方向寻找灵感和顿悟。

表 3.3　颠覆常识的技巧

序号	技巧	说明
1	不急于认同	不盲从常识，先经过思考再选择是否认同
2	辩证思考	从正反两面思考某一事物，不片面定性
3	左右脑并用	左右脑结合使用，不仅使用一种思维
4	回到原点	回到事物本身进行思考，不用经验思考
5	不盲从他人	有自己的独立思考意识，不盲从他人

二、消除偏见

案例

关羽一直对刘备的养子刘封有偏见。

在败走麦城之前，如果刘封能及时发兵救援，关羽可能就不会兵败被杀。但由于刘封一直对他有偏见的关羽不满，所以才拒绝发兵，最终导致关羽父子丧命。这应该可以被称作“偏见导致失败”。

可以毫不夸张地说：在关羽的失败原因中，“对刘封的偏见”占了不小的比例。

偏见一般是指人们由于一贯的错误认识或受事物表面现象蒙蔽、只看到事物的一面所引起的对事物的片面认识。人们想要创新，就应学会消除对事物所持的偏见。只有这样才能正确认识事物，全面评价事物；也才能更好地掌握事物特性，获得灵感。

1. 偏见的形成

（1）受个体经验左右

人们常常倾向于用以往的经验和态度去看待某事物，形成刻板印象和认识，且难以改变。

（2）受个体人格和心理影响

如傲慢自大、固执己见、具有权威主义倾向的人容易对事物产生偏见。

（3）受“首因效应”影响

人们容易对事物产生先入为主的判断，通过“第一印象”最先输入的信息对以后的认知会产生深刻影响。

（4）受个人利益左右

人们以个人利益为出发点，对有利于自己的人或事持友好态度；反之，则持不友好态度。

2. 消除偏见

（1）多角思考

看待事物不能只看事物的一面，要全面思考。

（2）换位思考

站在不同的立场思考事物，抛弃自我中心主义。

（3）反向思考

从事物的反面思考，立体化地把握事物。

（4）归零思考

清除对事物的原本认识，重新定位事物。

三、挑战权威

案例

在伽利略之前，古希腊的亚里士多德认为，物体下落的快慢是不一样的，它的下落速度和它的重量成正比，物体越重，下落的速度越快。比如说，10 千克重的物体，下落的速度要比 1 千克重的物体快 10 倍。1 900 多年以来，人们一直把这个学说当成不可怀疑的真理。年轻的伽利略根据自己的经验推理，大胆地对亚里士多德的学说提出了疑问。经过深思熟虑，他决定亲自动手做一次实验，他选择比萨斜塔作实验场。

那是 1590 年的一天，他带了两个大小一样但重量不等的铁球，一个重一些，是实心的，另一个轻一些，是空心的。伽利略站在比萨斜塔上面，望着塔下。塔下面站满了来观看的人，大家议论纷纷。有人讽刺说：“这个小伙子的神经一定是有病了！亚里士多德的理论是不会有错的！”但伽利略毫不理会。

实验开始了，伽利略两手各拿一个铁球，大声喊道：“下面的人们，你们看清楚，铁球就要落下去了。”说完，他把两手同时张开，人们看到，两个铁球平行下落，几乎同时落到了地面上，所有的人都目瞪口呆了。

伽利略的试验，揭开了落体运动的秘密，推翻了亚里士多德的学说。这个实验在物理学的发展史上具有划时代的重要意义。伽利略不迷信权威的独立人格和执着追求真理的精神值得我们学习。

权威一般指人们自愿服从和支持的权力，也指使人信服的力量和威望。它在某些情况下是正确的，但它不等于真理，人们可以尊重权威，但不可以迷信权威。“长江后浪推前浪”，人们想要创新，就必须有敢于挑战权威的勇气和信心，只有这样才能不断除旧革新。

1. 不敢挑战权威的原因

（1）权威力量强大

权威具有很普遍、很强大的基础，一般难以动摇。

（2）盲目信奉权威

认为权威是真理，是不可挑战和动摇的。

（3）害怕挑战失败

害怕挑战失败后引来麻烦和嘲笑。

2. 挑战权威

（1）敢于质疑

古人云：“小疑则小进，大疑则大进。”质疑是发现问题、挑战权威的第一步。

（2）相信创新的力量

相信创新终究能够战胜已经落后的权威，能够改变人们对权威的迷信。

（3）相信小人物也能创新

不要被拥有权威的代表人物吓倒，要相信小人物也有能力改变一切。

（4）实践出真知

想要创新，人们就必须在基于事实的基础上，付出努力和汗水，在实践中检验创新的力量。

四、打破规则

案例

乌鸦喝水

一只乌鸦口渴了，他在低空盘旋着找水喝。找了很久，他才发现不远处有一个水瓶，便高兴地飞了过去，稳稳地停在水瓶口，准备痛快地喝水了。可是，水瓶里的水太少了，瓶口又小，瓶颈又长，乌鸦的嘴无论如何也够不着水。这可怎么办呢？

乌鸦想，把水瓶撞倒，就可以喝到水了。于是，他从高空往下冲，猛烈撞击水瓶。可是水瓶太重了，乌鸦用尽全身的力气，水瓶仍然纹丝不动。乌鸦一气之下，从不远处叼来一块石子，朝着水瓶砸下去。他本想把水瓶砸坏之后饮水，没想到石子不偏不倚，“扑通”一声正好落进了水瓶里。乌鸦飞下去，看到水瓶一点儿都没破。细心的乌鸦发现，石子沉入瓶底，里面的水好像比原来高了一些。“有办法了，这下我能喝到水了。”乌鸦非常高兴，他“哇哇”大叫着开始行动起来。他叼来许多石子，把它们一块一块地投到水瓶里。随着石子的增多，水瓶里的水也一点儿一点儿地慢慢向上升……

终于，水瓶里的水快升到瓶口了，而乌鸦总算可以喝到水了。他站在水瓶口，喝着甘甜可口的水，心里是那么痛快、舒畅（图 3.4）。

图 3.4　乌鸦喝水

规则给人们提供了一定的依据，能够指导人们的思想和行为，但它在一定程度上也束缚了人们的思想和行动。

“规则是用来打破的。”当一种规则不适应新事物的发展时，我们要勇于打破规则，创立新规则。打破规则的方法如表 3.4 所示。

表 3.4　打破规则的方法

序号	方法	具体解释
1	转换视角	从不同的立场出发，往往能得出不同的结论和规则；想要打破规则，便要学会转换视角，从不同的角度来评判规则
2	突破传统	敢于质疑传统规则的适用性和效用性
3	挑战权威	要敢于向权威挑战，不能盲信权威，要培养独立思考的意识
4	关注变化	密切关注行业的新动态，学会抓取具有变革意义的信息，并和旧信息、旧规则相比较
5	接受新思想	积极接受新思想，有新思想作为理论武器，才能看清旧规则的局限性
6	寻找新点子	打破权威需要新点子，有了“立”才能“破”，有了新想法才能批判旧规则
7	突破行业限制	想要打破规则还需突破行业限制，站在新高度看待旧规则
8	不排斥外行	很多规则都是被外行人打破的； 要学会从外行人身上汲取新想法、新观点

五、否定自我

否定自我是指人们勇于承认自己的不足，不满足已有的成绩，并勇于挑战自己的优势、敢于自我突破，最终实现自我超越。否定自我是一种方法和手段，也是一股动力、一次人生的跳跃。它能帮助人们突破固有的思维习惯，从而获得新点子和新方法，继而实现创新。

1. 否定自我的特点

（1）否定自我不是自卑

否定自我是不满足已有优势，自主寻找自身的弱点和局限，并非觉得自己一无是处。

（2）否定的目的是发展

否定的目的是实现更好的发展，通过否定自己让自己进入新的阶段或境界。

（3）否定的实质是扬弃

否定自我不是全盘否定自己，而是既变革又继承，既克服缺点又保留优势。

2. 否定自我的方法

（1）自我诊断

全面分析自己，并进行自我评价和自我鉴定，可借助一定的工具，如九型人格分析、星座分析、血型分析等。

（2）对比他人

以他人为参照物，对照自己身上的优劣势，并借鉴他人的好的思维方法。

（3）听取意见

寻求他人的意见，以便更客观地看待自己。

拓展训练

训练一　智力激励法练习

1. 训练流程

（1）教师事先准备一个学生中共性的问题，拟好会议内容提纲（也可以请学生做这项工作）发给学生（例如，如何提高学生餐厅伙食性价比，使得价格公道还好吃？城市交通拥堵如何解决？如何提高学生的社会公德？）。

（2）将学生分成若干组（八到十人一组），选一名主持人，一名记录员。

（3）按照智力激励法的原则召开会议。

（4）会后整理各种设想，如未到达目的则再次召开会议。

2. 训练思考

智力激励法的特点及适用范围有哪些？

____

____

训练二　奥斯本检核表法练习

1. 训练流程

（1）教师对奥斯本检核表法进行简述。

（2）运用奥斯本检核表法对手电筒进行新设想，可参考表 3.5 的内容。

表 3.5　介绍手电筒这一典型产品

	手电筒
形状	
材质	

续表

	手电筒
特性	
价格	
功能	
使用方法	
……	

（3）根据手电筒原有属性以及自身所需解决的问题，运用奥斯本检核表法中列出的9个问题，运用丰富的想象力，强制性地进行思考，推导出手电筒的其他用途，可参考表3.6的内容。

表 3.6　运用奥斯本检核表法推导

序号	检核项目	引出的发明
1	能否他用	
2	能否借用	
3	能否改变	
4	能否扩大	
5	能否缩小	
6	能否替代	
7	能否调整	
8	能否颠倒	
9	能否组合	

（4）学生讨论，提出改进方案。

通过对手电筒的用处进行大胆的想象和推导，结合实际需求，从这几个用途中筛选出3～4个最有价值或是最具有可行性的设想，提出更全面、具体的方案，使手电筒发挥出更大的价值。

2. 训练思考

（1）你认为在运用奥斯本检核表法时的注意事项有哪些?

____

____

（2）通过以上训练，你收获了什么?

____

____

项目四

认知创业与创业能力

学习目标

- 认知创业活动，进行创业环境分析。
- 培养创业意识，构建创业心理品质。

案例导入

植物组织培养技术，是利用植物的根、茎、叶、皮层等，在无菌和适宜的人工培养基及温度等条件下，形成完整植株的过程，主要应用于中草药、花卉、林木和无性繁殖作物的种苗克隆。

“目前，一些植物的组培技术还停留在实验室阶段，未能实现种苗的规模化生产。而一些已实现规模化栽培的植物，后端产业链缺失。”福建海默农业科技发展有限公司总经理吴宇函介绍，该公司推出的“组培产业学院——国内植物组培产业化方案引领者”项目，就是要让更多的植物组培苗从实验室走向市场，形成产业化。

该项目建立起了一体化平台，利用现有组培行业知名专家资源建立起专家智库。依托专家优势，一方面，面向农户及企业提供培养基配方研发、种苗售卖、专利售卖等服务；另一方面，针对不同企业的需求，提供相应的技术支持及音频视频指导课程等后端指导服务。

公司还将通过引进药、妆、食等多个领域的深加工资源，来弥补组培产业链后端深加工方面的空白，实现组培行业产业链一体化。

目前，该公司已经攻克了鄂西红豆树、三尖杉等10多个珍稀植物繁育问题，并在福清建设了5亩研发基地，研发各类种苗产业化技术并开展从业人员培训。

任务一　认知创业

一、认知创业活动

1. 创业类型分析

创业活动涉及各行各业，创业者的创业动机千差万别，创业项目和领域多种多样，创业的类型也因此呈现多样化，可以从不同角度做出分类，如表 4.1 所示。

表 4.1　创业的类型

分类标准	创业类型
创业动机	生存型创业 机会型创业
创业起点	创建新企业 企业内部创业
创业者数量	独立创业 合伙创业
创业项目性质	传统技能型创业 高新技术型创业 知识服务型创业
创业方向（风险）	依附型创业 尾随型创业 独创型创业 对抗型创业
创新内容	基于产品创新的创业 基于营销模式创新的创业 基于组织管理体系创新的创业

（1）生存型创业和机会型创业

基于创业者创业动机的不同，创业可分为生存型创业与机会型创业。

生存型创业，是指创业者为了生计而相对被动进行的创业。其主要特征为：创业者受生活所迫，物质资源贫乏，在现有市场中捕捉机会，从事低成本、低门槛、低风险、低利润的创业。譬如，我国改革开放初期的创业者以及下岗职工的创业行为大都属于这种类型；机会型创业，是指创业者为了追求商业机会，谋求更多发展而从事的创业活动。例如，李彦宏创办百度就是典型的机会型创业。他舍弃在美国的高薪岗位，毅然回国创业，其主要原因是他发现和把握了互联网搜索引擎存在的巨大商机，同时，自己期望实现人生的更大发展。

（2）创建新企业和企业内部创业

基于创业起点的不同，创业可分为创建新企业和企业内部创业。

创建新企业是指创业者或团体从无到有地创建全新的企业组织。这个过程充满机遇，但风险和难度也很大；企业内部创业是指在已有公司或企业内进行创新创业的过程。例如，企业流程再造。正是通过二次、三次乃至连续不断地创新创业，企业的生命周期才能不断地在循环中延伸。

（3）独立创业和合伙创业

基于创业者数量的不同，创业可分为独立创业和合伙创业。

独立创业是指创业者独立创办自己的企业。其特点在于产权归创业者个人所有，企业由创业者自由掌控，决策迅速，但创业者要独自承担风险，创业资源整合比较困难，并且受个人才能限制；合伙创业是指与他人共同创办企业，其优势劣势正好与独立创业相反。

（4）传统技能型、高新技术型和知识服务型创业

基于创业项目性质的不同，创业可分为传统技能型、高新技术型和知识服务型创业。

传统技能型创业是指使用传统技术、工艺的创业项目，比如生产饮料、中药、工艺美术品、服装与食品加工等（图 4.1）。这些独特的传统技能项目在市场上表现出经久不衰的竞争力；高新技术型创业是指知识密集度高，带有前沿性、研究开发性质的新技术、新产品创业项目；知识服务型创业是指为人们提供知识、信息的创业项目。当今社会，各类知识性咨询服务机构不断细化和增加，这类项目大都投资少、见效快、市场前景广阔。

图 4.1 传统技能型企业

（5）依附型、尾随型、独创型和对抗型创业

基于创业方向或风险的不同，创业可分为依附型、尾随型、独创型和对抗型创业。

依附型创业可以是依附于大企业或其产业链而生存，在产业链中确定自己的角色，为大企业提供配套服务，也可以是特许经营权的使用。如利用某些品牌效应和成熟的经营管理模式进行创业。尾随型创业指模仿他人所开办的企业和经营项目。一般是行业内已经有许多同类企业，创业者尾随他人，学着别人做。独创型创业是指提供的产品和服务能够填补市场空白，大到商品完全独创，小到商品的某个技术独创。对抗型创业是指进入其他企业已形成垄断地位的某个市场，与之对抗较量。如针对 20 世纪 90 年代初外商在中国市场上大量销售合成饲料的局面，希望集团建立了西南最大的饲料研究所，定位于与外国饲料

争市场，最终取得了成功。

（6）基于产品创新的创业、基于营销模式创新的创业和基于组织管理体系创新的创业

基于创新内容的不同，创业可分为基于产品创新的创业、基于营销模式创新的创业和基于组织管理体系创新的创业。

基于产品创新的创业是指基于技术创新或工艺创新的成果，产生了新的消费者群体，从而导致创业行为的发生；基于营销模式创新的创业是指采取了一种有别于其他厂商的市场营销模式，因而可能给消费者带来更高的满足感；基于组织管理体系创新的创业是指采取一种有别于其他厂商的企业组织管理体系，因而能更有效地实现产品的商业化和产业化。

2. 创业的过程

创业是一个长期的过程，包括创业者从产生创业想法到创建新企业或开创新事业并获取回报的过程，涉及识别机会、组建团队、寻求融资等活动。创业过程可以按时间顺序划分为四个阶段：机会识别、资源整合、创办新企业、新企业生存和成长，具体可参考表 4.2 的内容。

表 4.2 创业过程的四个阶段

第一阶段 机会识别	第二阶段 资源整合	第三阶段 创办新企业	第四阶段 新企业生存与成长
产生创业动机 识别创业机会 评估机会的风险与回报 行业发展与市场竞争 ……	组建创业团队 撰写创业计划 进行创业融资 ……	按法定程序创办企业 选择合适的商业模式 确定组织形式 产品或服务 ……	企业文化建设 组织与人力资源管理 产品或服务发展计划 技术、营销、财务等计划 战略管理 危机管理 ……

（1）机会识别

识别创业机会是创业过程的起点，是非常核心的一个环节。创业者一般都具有强烈的创业动机，这动机无论是自发产生的还是由于看到商机、受到潜在收益的诱惑才产生的，都会推动创业者去发现和识别创业机会。但是，仅仅发现创业机会并不是真正成功的第一步，创业者还应当考虑创业机会的实际价值、可能存在的风险与回报，以及采取什么形式或途径才能使机会变成实际价值等问题，多交流、多观察、多获取、多思考、多分析，最终才能抓住创业机会。

（2）资源整合

整合资源是创业者开发机会的重要手段。一般情况下，创业者可以直接控制的可用资源很少，创业几乎都会经历白手起家、从无到有的过程，所以创业者要善于尝试依靠盘活别人掌握的资源来帮助和实现自己的创业起步。

（3）创办新企业

新企业的创建是创业者的创业行为最为直接的标志。创业者要按照法定程序创办企业，选择合适的商业模式和组织形式，提供满足市场需求的产品和服务，确定适合于产品或服

务的营销模式等内容。值得注意的是，许多创业者在创业初期迫于生存的压力，以及对未来缺乏准确预期，往往容易忽视这部分工作，结果给以后的发展留下了隐患。

（4）新企业生存和成长

创业者识别机会、整合资源、创建新企业的目的是实现自己的创业目标。因此，创业者必须面对挑战，采取有效措施，加强企业管理，逐步把企业做活、做好、做大、做强。

3. 创业功能概述

案例

2018 年 8 月，这是让杨光珍记忆犹新的日子。这或许就是命运的安排，经过同学的再三推荐，她开始考虑走发展农业和养殖这条路。只身一人来到那个拥有 6 000 亩地，海拔 1 200 米的山头。开始了她的创业生涯。

想把农业产业做好，就不能走传统农业的道路，而是要利用现代技术，发展生态农业。白天拉建筑材料盖猪舍，晚上就学习养殖的知识，通过不断学习，现在她的生态养殖主要是种植牧草，还有野生苎麻，收回来打青饲料，高温发酵好之后，喂养猪、鸡，喂养猪、鸡产生的粪便，就拿来种植果蔬和牧草，形成一个生态循环系统。

“闻道有先后，术业有专攻”，既然选择了这条路杨光珍决定就要把它走好，只有不断地向前人学习总结经验才有进步的空间，才不会辜负那些帮助过自己的人。现在的她跑遍全国各地学习知识与技术，引进新技术扩大销售市场，回来要带动当地村民和大学生创业团队一起共同致富，实现人生理想和目标。

创业可以填补市场空白，满足消费者多样化的需求，从而推动消费结构升级，促进市场的繁荣，是经济发展的原动力，主要具有以下几个方面的功能：

（1）帮助创业者实现人生价值

随着社会进步发展，智力已经成为比土地、资金、劳动更有意义的关键性生产要素，知识、技术和管理已成为重要的生产要素并参与增值和分配。当前宽松的创业环境更是助力创业热潮，拥有创业构想就可以选择自主创业。创业为每个人提供了一个实现梦想的新路径，给了每个人发展的机会和增加个人财富的可能性，对许许多多梦想着开创自己事业的人而言，创业不但是一种充分实现自我的机会，更是发掘个人潜能的舞台。

（2）增强企业竞争力，吸引优秀人才

当今世界，科技发展日新月异，市场变革十分迅速，企业要么选择走创新之路，要么就停滞不前被社会淘汰，鼓励内部创业是企业的最佳选择。在企业内部鼓励创业可以实现优化组织结构、节约成本、发展新的产品或服务、提高市场占有率等目标，最终能提高企业竞争力。最重要的是，在创业热潮之下，一些优秀的员工会选择离开企业自己创办公司从而获得更多的收益，企业时刻面临人才流失、新添竞争对手的严峻挑战，所以在企业内部鼓励创业，可以通过实现优秀员工的价值来增强其归属感，为企业留住人才、吸引人才。

（3）调节社会资源配置

创业企业要能够生存并获得持续发展，必须具备一定的竞争力。从行业发展来看，创业企业的成功将会影响行业已有的经营格局，加剧行业经营的竞争，形成优胜劣汰局面，激发市场的活力。创业有利于资源向经营良好、效率更高的企业流动，促使社会资源合理配置，产生更高的社会效益。

（4）缓解就业压力

作为世界第一人口大国，我国有着庞大的就业人群。目前我国主要面临着农村剩余劳动力的转移就业、就业的结构性矛盾突出、大学生就业难等问题。

创业不仅可以解决创业者的就业问题，同时新企业的创办还能为社会提供更多的就业机会，可以有效缓解就业压力。

值得注意的是，一个大学生的创业成功，往往可以带动几个甚至一批大学生或社会待业人员的就业。形成大学生创业的良好氛围，鼓励和支持创业将有利于缓解大学毕业生的就业压力。

（5）促进科技进步和市场繁荣

随着知识经济时代的到来，大量科研成果转化型企业诞生，将新技术、新产品、新工艺、新方法带入市场。创业可以促进科学技术的进步，推动经济结构调整升级。创办科研成果转化型的创业企业，可以较快促进社会科技进步，促进我国整体科技水平提高和综合国力提升。

二、创业环境分析

创业环境

创业环境包括宏观环境和微观环境。宏观环境又叫总体环境，是指那些给企业造成市场机会或环境威胁的主要社会力量，内容包括政治、经济、社会、技术、自然和法律等因素。微观环境是指企业的顾客、竞争者、营销渠道和有关公众等对企业营销活动有直接影响的各种因素。

1. 宏观环境分析

（1）政府政策支持

现在一些地方政府解决这一问题的通常方法是专项资金扶持和贴息贷款。通过这种途径在短期内扶持多数创业人，政府为大学生自主创业提供各方面的保障，主要可以采用经济、行政以及法律的手段。如：简化不必要程序，建立创业教育培训中心，免费为大学生提供项目风险评估和指导，尽快落实国家相关针对大学生创业的税收减免的优惠政策，大学生创办的企业被认定为青年就业见习基地的，可享受有关补贴等。

（2）创业培训

政府部门除在资金上支持大学生创业外，还通过学校等教育机构对大学生进行创业培训。培训内容包括申请贷款程序，创业者应具备的心理素质，基本的金融知识等。通过系列培训，使创业大学生能坚持理想，贯彻计划，取得最终的成功。学校环境方面，如学校政策鼓励支持，形成创业的文化，在学校建立配套科技园，加强创业教育，通过创业实践或比赛等多种形式，培养大学生创业能力。同时向大学生适度开放校内市场，以利于大学生创业实践，搭建创业服务平台。

（3）文化和社会规范

文化和社会规范是重要的创业环境要素。在我国的文化和社会规范中，鼓励人们通过个人努力取得成功，也鼓励创造和创新的精神，更鼓励通过诚实劳动致富，让创业者勇敢地承担和面对创业中的各种风险。这为建立新时代的创业文化奠定了坚实的基础。

2. 微观环境分析

（1）创业流程分析

①制订计划书。

比如，要在市区开一个卖牛仔裤的店，开店之前要制订一份计划书，要将各个环节相互联系构成一个完整的内部环境，各个环节的分工是否科学，协作是否和谐，目标是否一致，都会影响创业方案的实施。

②确定顾客群。

顾客群的不同直接影响产品的定位。比如，牛仔裤的主要客户人群非常广泛，不论男女，那么目标就是让每一个顾客都可以找到自己喜欢的牛仔裤。

③店址的选定。

要根据商圈的成熟度、客流质量、消费的便利性等确定店址。

④选货以及进货。

选货要掌握当地市场行情：出现哪些新品种，销售趋势如何，存量多少，价格涨势如何，购买力状况如何？进货时，首先到市场上转一转、看一看、比一比、问一问、算一算、想一想，之后再着手落实进货。少量试销，然后再适量进货。因为是新店开张，所以款式一定要多，给顾客的选择余地大。

⑤供应商。

供应商是指为企业及其竞争者提供生产经营所需资源的企业或个人，包括提供原材料、设备、能源、劳务和其他用品等。因为大学生的资金比较匮乏，没有很大的进货量，所以供应商的选择应当适合自己的店面大小。

⑥产品价格定位。

要根据成本和市场情况，制订合适的价格。

（2）创业条件

①家庭条件。

家庭是创业者早期接受启蒙教育和健康成长的摇篮。每个创业者的家庭条件都因人而异，无论家庭条件好还是家庭条件差一些，对创业者来说都存在可以利用的有利因素。有的家庭条件相对好一些，可帮助创业者结识对其创业有利的重要人脉。也有的家庭是继承并在不断从事或扩大家庭传统的创业项目，多年的经营，为创业者提供了大量的经营项目和经营经验，加之生产或经营技术的传统垄断性，使创业者在创业活动中往往容易成功。还有一些创业者家庭条件一般，但这并没有影响创业者的自信心及其创业活动，反而磨炼了意志，通过自身的艰苦努力而逐步实现了自己的理想和抱负。

②人际条件。

人具有社会属性和自然属性，其社会属性主要通过人的社会行为体现出来，具体表现在个体的人在衣食住行等方面都不可能脱离这个社会群体，总要直接或间接地与他人发生联系。这样，创业者总在自己的生活范围内逐步形成一个相对稳定的关系网络，这对于创业者来说，是一笔不可多得的财富。同时，作为创业者还要学会充分利用和调动这些有利因素，使其能最大限度地为创业活动提供援助。

③自身素质条件。

创业者的自身素质条件决定了创业者的创业活动性质和经营范围，也决定了创业者最终能否获得成功。创业者自身素质应包括其文化素质、身体素质和心理素质等智力因素和非智力因素。

（3）大学生创业优势

①接受新鲜事物快，甚至是潮流的引领者。

②思维普遍活跃，不管敢不敢干，至少是敢想。

③自信心较足，对认准的事情有激情去做。

④年纪轻，精力旺盛。

（4）大学生创业劣势

①缺乏社会经验和职业经历，尤其缺乏人际关系和商业网络。

②缺乏真正有商业前景的创业项目，许多创业点子经不起市场的考验。

③缺乏商业信用，在校大学生信用档案与社会没有接轨，导致融资借贷困难重重。

④心理承受能力差，遇到挫折轻易放弃，有的大学生在前期听到创业艰难，没有尝试就轻易放弃了。

（5）大学生创业机遇

现在国家政策都鼓励大学生创业，学校注重培养大学生的创业技能，社会承认大学生创业，家庭也开始给予大学生一些创业的资金，大学生创业的环境在逐渐改善。

（6）大学生创业威胁

人才竞争越来越激烈，大学生毕业走向社会的社会压力越来越大。虽然自己创业，但是市场竞争激烈，资金压力也很大。

知识链接

创业环境的作用

创业环境是一个非常重要的创业条件，在个人创业过程中起着不可忽视的作用，甚至在某些情况下发挥着决定性的作用。

1. 创业环境对创业资源利用的作用

创业资源具有不平等性，有限的资源随着外部环境的不断调整，在不同国家和区域间自行流动。创业过程实质上就是创业者发现创业资源、整合并利用创业资源开展一系列创业活动的过程。初创企业的环境优劣，创业者能否获取必需的创业资源、风险的大小、获取资源的途径等都对创业的成败产生很大影响。

2. 创业环境对创业机会把握的作用

创业活动的开展源于创业机会的产生。创业者在创业之前首先要善于从环境中发现和捕捉创业机会，从识别机会的过程来看，创业者对政治、经济、文化、技术等方面环境分析之后，才能根据现状，分析变化趋势，对所处的具体创业环境进行详细的调查分析，这样才能准确把握创业机会。当前，国家和社会各个层面都积极鼓励和支持创业活动的开展，创业者越来越得到社会的认可和肯定，创业环境极大地鼓舞了国民的创业热情。

3. 创业环境对创业能力培养的作用

创业能力可以划分为创业意愿和创业技能，它们和创业机会一起共同组成创业过程的三个关键要素。创业意愿指促使潜在创业者创办新企业的个人动机。有研究表明，创业环境对大学生创业意向有显著的正向影响，需要都会对创业意图的形成产生重要影响。同时创业环境对大学生创业技能也有显著的正向影响。

4. 创业环境对创业项目选址的作用

创业环境的不确定性决定了创业项目选择的难度，其中创业环境构成因素的多少、复杂程度以及变动的频率都会影响创业项目选择的难度。潜在的创业者首先要深入分析有利于创业者更好发展的环境变动趋势，发现适合自身需要，且符合当前时代发展潮流的项目。

5. 创业环境对创业战略的作用

创业环境对创业战略的选择有重大影响，创业者通常先对企业环境进行分析，并根据环境分析结果进行创业战略的制定和选择，当创业战略不能够高度适配创业环境，创业活动开展受阻的时候，需要根据环境的发展及时调整创业战略。

任务二 创业能力

一、培养创业意识

案例

一小片叶子，只要有阳光和水，就能生根发芽，这就是生命力顽强的多肉植物。韩颖的创业史就像多肉一样向阳而生，一路“打怪升级”，闯出了自己的一片天。

韩颖，青海民族大学2021届法学专业本科毕业生，在校期间创立“仙萌”多肉品牌，用两年多的时间将家里的多肉花园发展成为四五座大棚、十几万株多肉、年利润六七十万元的“多肉王国”。

读高中时，韩颖就是一位多肉爱好者，在家里和宿舍都养了很多多肉。起初，韩颖在网上购买多肉，但是折损率很高，而当地线下售卖的多肉价格几乎是网上购买的十倍。

大一的时候，韩颖加入了青海民族大学的创业者协会，了解了很多创新创业的案例和国家对大学生创业的支持政策，创业的念头萌发。

“青海日照长、紫外线强烈、气候干燥、昼夜温差大，非常适合多肉植物生长。”韩颖把创业目光锁定在了自己的爱好——多肉植物上。大一暑假，她考察了云南、山东等地的多肉大棚，批发了一批成品多肉到青海，由于品类多、价格低，很快销售一空。为了能自主培育多肉幼苗，韩颖上课之余就泡在种植基地。平整土地、打夯、铺沙、铺地布、配制有机土壤、调节水的酸碱度、架设滴灌喷头……高原的阳光把她晒得很黑，时尚女孩在大棚里成了在泥土中打滚的女孩。

大棚步入正轨后，韩颖积极带动附近农户种植多肉，还解决了两名残疾人的就业问题。现在多肉大棚除了批发和零售多肉外，韩颖还开发了多肉代养等服务，已经有固定员工负责培育和销售多肉。

谈及未来发展，韩颖正在规划多肉博物馆，成立多肉种植合作社，把“多肉王国”越做越大。

1. 创业意识的内涵

（1）创业意识的概念

创业意识是指人们从事创业活动的强大内驱动力，是创业活动中起动力作用的个性因素，是创业者素质系统中的驱动系统。

（2）创业意识的要素

①创业需要。

创业需要指创业者对现有条件的不满足，并由此产生的最新的要求、愿望和意识，是创业实践活动赖以展开的最初诱因和最初动力。但仅有创业需要，不一定有创业行为，想入非非者大有人在，只有创业需要上升为创业动机时，创业行为才有可能发生。

②创业动机。

创业动机指推动创业者从事创业实践活动的内部动因。创业动机是一种成就动机，是竭力追求获得最佳效果和优异成绩的动因。有了创业动机，才会有创业行为。

③创业兴趣。

创业兴趣指创业者对从事创业实践活动的情绪和态度的认识指向性。它能激活创业者的深厚情感和坚强意志，使创业意识得到进一步的升华。

④创业理想。

创业理想指创业者对从事创业实践活动的未来奋斗目标较为稳定、持续的向往和追求的心理品质。创业理想属于人生理想的一部分，主要是一种职业理想和事业理想，而非政治理想和道德理想。创业理想是创业意识的核心。

2. 创业意识的内容

案例

提起磁性剪纸的发明过程，90后大学生王月月笑着说：“纯属偶然。”山西各地的剪纸文化源远流长。在王月月的童年记忆里，逢年过节，很多老人都会用一把剪刀、几张彩纸，瞬间剪出五彩斑斓的窗花。看到大人们两三分钟就能剪出一个栩栩如生的形象，她感觉太神奇了。因为镂空的剪纸比较脆，稍不注意就会撕烂，涂上糨糊之后就更加易碎，一次帮亲人装扮婚车时，王月月感觉这么漂亮的剪纸用起来却很不方便。正是由于这些原因，人们越来越难见到很多起源于民间的剪纸艺术了。

家庭的熏陶使1990年出生的王月月也乐此不疲。于是，她就和父亲商量，能不能找到一个既不破坏剪纸的艺术效果，又能易于收藏使用的好办法。父女二人很快投入到发明中。

经过各种反复选择试验，王月月终于找到了一种特殊的磁性材料来代替传统的剪纸材料。使用这样的材料剪出的艺术剪纸很容易就可以吸附、粘贴在铁质的物品上，用水及清洁剂喷在背面还可以轻易地粘在玻璃等光滑物品上，且不会破坏剪纸。磁性剪纸解决了长期以来传统剪纸容易掉色、变色及收藏不方便的问题。

磁性剪纸发明之后，王月月的父亲很快申请了专利。由磁性剪纸延伸，王月月又取得了磁贴画和着色磁性剪纸两项专利。磁贴画主要针对学龄前儿童，让孩子们拆分、拼贴，增强他们的动手能力。

专利的取得让王月月很有成就感，她开始琢磨如何让这一专利产品走向市场。为此，她和父母做了很多前期的摸索……随后，她创办了一家磁性剪纸文化创意公司。

（1）商机意识

真正的创业者会在创业之前、创业中和创业后，始终面临着识别商机、发现市场的考验。创业者必须有足够的市场敏锐度，可以宏观地审视经济环境，洞察未来市场形势的走向，以便做出正确的决策来保证企业的持续发展。

（2）转化意识

创业者仅有商机意识是不够的，还要在机会来临时抓住它，也就是把握机会，把商机转化成实实在在的收入和公司的持续运作，最终实现自己的创业梦想。转化意识就是把商机、机会等转化为生产力；把知识转化为智力资本、人际关系资本和营销资本。

（3）战略意识

战略意识指创业者在创业初期制订一个合理的创业计划，解决如何进入市场，如何卖出产品等基本问题。创业中期需要制订整合市场、产品、人力方面的创业策略，转换创业初期战略。需要指出的是，创业战略不止一种，也没有绝对的好坏之分，关键要找到适合自己的创业之路。在这条路上应时刻保持着战略的高度，不以朝夕得失论成败。

（4）风险意识

创业者要认真分析自己在创业过程中可能会遇到哪些风险，一旦这些风险出现，要懂得如何应对和化解。大学生是否具备风险意识和规避风险的能力，将直接影响到创业的成败。

（5）勤奋、敬业意识

李嘉诚说："事业成功虽然有运气在其中，主要还是靠勤劳，勤劳苦干可以提高自己的能力，就有很多机会降临在你面前。"大学生创业，一定要务实，要勤奋，不能光停留在理论研究上。可以从小投资开始，逐步积累经验，不能只想着一口吃个胖子。

二、构建创业心理品质

1. 创业心理品质的内涵与内容

（1）创业心理品质的内涵

创业心理品质是指在创业实践过程中对人的心理和行为起调节作用的个性特征，它与人固有的气质、性格密切相关，反映了创业者的意志和情感，是创业基本素质结构中的调节系统。创业心理品质是创业者取得成功不可缺少的要素，是取得创业成功的前提条件。

（2）创业心理品质的内容

①创业欲望。

欲望是创业的最大推动力，一个真正的创业者一定是强烈的欲望者。《科学投资》杂志在对我国上千名成功创业者调查后认为，创业欲望应成为创业者必备的首要素质。大学生只有具备强烈的创业欲望，才有动力去创业并坚持下去。

②诚信。

诚信乃创业者之本。创业者在创业过程中，要言出即行、讲质量、以诚信动人；如不讲信誉，就无法开创出自己的事业；失去信誉，就会寸步难行。市场经济已进入诚信时代，作为一种特殊的资本形态，诚信日益成为企业的立足之本与发展源泉。市场经济在本质上是一种信用经济，诚信是构建市场经济体制的基础，也是创业者从事创业活动的基本品质要求。创业者应具备较高的诚信意识，依法、诚信经营，这也是其立足社会的基本保证，创业者品质决定着企业的市场声誉和发展空间。不守“诚信”或可“赢一时之利”，但必然“失长久之利”。反之，则能以良好口碑带来滚滚财源，使创业渐入佳境。

③自信心。

创业的动力、人的意志可以发挥无限力量，可以把梦想变为现实。大学生创业者往往年轻气盛、富有激情，但是创业过程不可能是一帆风顺的，可能会遇到一些意想不到的困难和挫折。对其来说，信心就是创业的动力。要对自己有信心，对未来有信心，要坚信成败并非命中注定而是全靠自己努力，更要坚信自己能战胜一切困难。因而，大学生创业者在理性选择创业目标后，一定要对自己充满信心，坚定地走下去，相信自己有能力克服困难，实现预定的创业目标。

④自我控制力。

良好的自我控制能力是成就一番事业的重要基础，大学生创业者要善于控制自己的情绪和行为，做到在困难和挫折面前不气馁，在诱惑面前不动摇，始终保持冷静的头脑，坚定自己的创业信念和目标。

⑤冒险精神。

创业是一种开创新事业的活动，创业过程充满了各种未知数，面临着较大的风险。大学生创业者要敢于冒险，具有良好的风险评估能力，并据此采取适当的行动，勇于承担风险可能带来的损失。

⑥创新意识。

创业离不开创新，创新是创业的灵魂，同时也是实现创业目标的重要保障和要求。大学生创业者要发挥自己的年龄和知识等方面的优势，充分利用各种资源，大胆创新，提高创业活动的绩效。

2. 创业心理品质的影响因素

创业心理品质的形成是一个长期、复杂的过程，是多种因素共同作用的结果。创业心理品质主要受到以下一些因素的影响。

（1）社会环境因素

高校处在社会大环境中，社会的变化必然会影响到校园，使身处其中的大学生在心理上受到冲击。首先是社会文化环境的影响，当前我国正处于经济转轨和社会变革期，各种思潮和价值观给大学生带来了很大的影响。如社会群体对成功和财富的追求、对创业认识上的转变以及创业氛围的日益浓厚等，激发了大学生的创业动机。但是，社会上某些人诚信意识淡薄，诚信文化缺失，对大学生诚信品质的形成产生负面影响。“以成败论英雄”、难以宽容失败等社会价值观，也不利于大学生冒险精神的培养。其次，政策和法律环境的影响。完善的法律体系能有效地规范各种市场经营行为，营造依法、诚信经营的良好环境，促进社会信用体系建设。同时，政府在税收优惠、贷款担保、设立创业专项基金等政策上的支持也能有效地推动各种创业活动的开展，并起到示范作用，带动其他社会主体关心、支持创业，在全社会形成有利于创业的良好社会氛围，激发潜在创业者的创业欲望。

（2）学校环境因素

学校环境对大学生创业心理品质的影响主要体现在三个方面：首先，很多高校在人才培养方面还是沿袭应试教育的培养模式，在课程体系设置上重视专业知识教育，对创业知识教育重视不够；重视理论教学，轻视实践教学和挫折教育，不利于大学生良好创业心理品质的培养。其次，一些老师和学生对创业还没有形成正确的认识，觉得创业是“不务正业”。当大学生的创业和学业发生冲突时，往往很难得到教师和同学的理解和支持，而当创业遭遇挫折时，甚至会受到周围人的嘲讽，从而给大学生创业者带来很大的心理压力。最后，校园里部分学生身上出现的一些享乐、拜金主义思想以及考试作弊、弄虚作假等不良现象，产生了一定的负面影响，使一些大学生变得颓废、不思进取、不讲诚信以及过于依赖他人等，影响了大学生健康创业心理品质的形成。

（3）家庭环境因素

不同的家庭教育、父母在社会上不同的地位、子女与父母之间依赖与被依赖特点等，对大学生创业心理品质的形成有不同的影响，使得来自不同家庭的大学生，在创业过程中表现出不同的心理品质。

首先，父母亲的教育方式会对子女的心理产生影响，如有的家长对子女管教严格，作风比较专制，那么就可能导致子女做事循规蹈矩、唯唯诺诺、缺乏创新、自信和冒险精神；而有的家长对子女过于溺爱，则会使子女缺乏抗挫折的能力和开创精神。其次，父母亲的言行举止也会对子女产生潜移默化的影响，如有的家长教育子女要诚信做人，但自己在为人处事方面却不讲诚信，则不利于子女诚信意识的养成。最后，很多家庭希望自己的子女将来能找一份稳定的工作，过上安稳的生活，担心创业风险很大，往往会对子女的创业持反对态度。家庭的不支持很容易扼杀一些大学生的创业欲望，即使创业也可能不敢放开手脚，影响其对风险的认知。

（4）大学生自身因素

大学生的创业心理品质在一定程度上也会受其自身因素的影响。如有的学生从小就比较胆小，做事循规蹈矩，缺乏冒险精神和创新意识，后天如不加以培养，就很难养成良好的创业心理品质。同时，有些学生过于关注自己的短处，喜欢拿自己的不足和别人的长处进行比较，妄自菲薄，在遇到挑战时往往缺乏自信。此外，有不少学生没有树立正确的价值观念，贪图安逸和享受，依赖父母，缺乏自立意识，经不起困难和挫折的考验，在内心深处有一种不安全感，对创业怀有畏惧情绪，创业欲望较低。还有一些学生受不良思潮的影响，缺乏进取精神，安于现状，对自身期望不高，做一天和尚撞一天钟，自然难以产生强烈的创业欲望。

3. 创业心理品质的培养途径

良好的创业心理品质是大学生创业成功的重要前提和条件。创业心理品质固然会受先天因素的影响，但在很大程度上是可以通过后天培养获得的，主要有以下几个途径：

（1）营造良好的社会环境

创业心理品质的形成需要一个良好的社会环境。首先，国家立法机构要加快立法进程，完善与市场经济相适应的法律法规体系，为规范市场经济环境下的各种社会行为提供法律保障，营造依法办事、诚信经营、诚实做人的良好环境，增强全体公民的诚信意识。其次，相关政府部门也应发挥积极作用，要通过税收优惠、信贷担保以及设立创业专项基金等形式为大学生创业提供有效的政策支持，并加强舆论宣传，在全社会营造关心和支持大学生创业、理性看待大学生创业、宽容大学生创业失败的良好氛围。最后，相关部门和高校要加强与大学生家长的沟通工作，从思想上进行引导，让其鼓励自己的子女树立积极的竞争意识、学会独立，充分尊重子女的创业选择，并提供必要的支持，为大学生创业打造良好的家庭氛围。

（2）重视大学生创业教育

院校教育是大学生创业最大的资本和基础。作为创新创业人才培养的重要基地，校园首先应加强大学生的创业思想教育。学校可以通过创业思想教育帮助大学生端正创业态度，树立正确的人生观、价值观和创业理想，增强大学生的创业意识，使他们愿意创业、乐于创业。其次，重视大学生的创业心理健康教育。可通过开设心理健康教育课、心理辅导活动课或举办心理健康知识讲座等方式，向学生传授、普及心理健康的有关知识，协助学生改进不合理的认知模式，确立辩证科学的思维方式，帮助学生排除心理障碍，构建完善人格，有效地调控自己的心理。最后，要加强大学生的创业知识教育。改革和完善现有的人才培养模式，优化课程体系，在课程设置上加大创业相关课程的比重，鼓励学生选修创业教育课程，增强大学生对创业知识的了解，树立创业信心（图 4.2）。

图 4.2 开展大学生创业知识教育讲座

（3）良好创业心理品质的形成重在实践训练

积极的实践能带来及时的反馈和成就感，也能带来不断成功的喜悦，使大学生切切实实地投入创业实践中去，磨炼出坚强的创业心理品质。首先，学校要通过建立创业孵化基地、创业实习基地和创业园等创业实践基地，为学生的创业实践提供便利，让其充分感受创业过程中可能出现的各种心理问题，并不断总结经验教训，努力加以克服。其次，大学生要在课余时间积极参加学校组织的各种文娱活动，如辩论赛、歌舞晚会等，以便更好地了解自己的人格和心理品质状况，为培养良好的创业心理品质做好准备。最后，大学生应充分利用学校和社会提供的各种勤工助学及社会实践机会，磨炼自己的意志，积累创业经验，增长创业才干，增强创业自信心，从而有利于养成良好的创业心理品质。

（4）进行榜样引导

榜样的力量是无穷的，一些创业成功人士身上具有的良好心理品质和积累的成功经验，值得大学生学习和借鉴。一方面，相关政府部门要积极协调各种大众传媒，广泛宣传创业成功人士的成长历程和成功经验，为大学生创业者树立良好榜样，发挥示范和引导作用，激发大学生的创业欲望和激情。另一方面，近年来，随着大学生创业活动的快速发展，校园里也出现了不少比较成功的大学生创业者，普通大学生应积极利用这种近距离交流和学习的机会，分析这些成功的同龄人身上具备的优秀创业心理品质和成功原因，找寻自身存在的差距和不足，从而培养自我良好的创业心理品质。

三、锻炼创业能力

如今，创业已成时代的焦点。创业是极具挑战性的社会活动，是对创业者自身智慧、能力、气魄、胆识的全方位考验。一个想获得成功的创业者，不仅要具备一般人的基本素质，同时还要了解作为创业者所应具备的创业能力。

1. 创业能力的内涵

创业能力是指一种能够顺利实现创业目标的特殊能力；是以智力活动为核心的、具有较强综合性和创造性的心理机能；是与个性心理倾向、特征紧密结合在一起的，在个性的制约和影响下，形成并发挥作用的心理过程；是知识、经验、技能经过类化、概括后形成的，并在创业实践活动中表现为复杂而协调的行为动作。

创业能力

创业能力直接影响和制约着创业实践活动的进行，是创业实践活动赖以启动和运转的关键因素，直接影响着创业实践的成败。创业能力在创业的基本素质中具有非常重要的地位，它是创业基本素质的核心。

为什么从国家到高校到地方都要加强大学生的创业能力呢？

首先，从国家层面上讲，我国正处于工业化、城镇化高速发展的阶段，比以往任何时候都需要更多的创业者来创造新的工作岗位，减轻就业压力。其次，从时代发展层面讲，21 世纪是以现代高科技为主导的知识经济时代，这一发展特点，要求年轻大学生掌握现代科学技术，还要富有创新精神，能够担负起创业的历史责任。换句话说，培养大学生创业能力是我们高等教育改革与发展的需要，也是必经之路。另外，从当今就业形势来看，当前的就业形势要求更多有条件并具备一定创业能力的大学毕业生选择创业之路。既可以为自己寻找出路，同时也可以为社会创造更多的就业机会，带动社会劳动力就业。

2. 创业者必备的创业能力

（1）创业成果公式

创业成果 = 创业精神 × 知识经验及技能 × 创业方法 + 创业环境

创业精神是创业的非智力因素，是创业因素中相对的软件部分，但却是起决定性作用的部分。

创业成功极其重要的是基础性智力因素，也就是知识经验和技能。任何创业都必须符合科学规律，依据科学的方法来运作，盲目的、漫无目的的创业是绝无成功的可能。这也就是大哲学家培根所说的“知识就是力量”。所以，创业者必须不断学习，改进自己。

创业方法是取得成功的有力的智力工具，大数学家笛卡尔说过“最有价值的知识是方法的知识”。所以要想创业必须找到一个切实可行的方法，怎么找呢？具体从收集创业信息、预测创业的项目、制订创业计划、分析总结创业活动过程中的经验和教训四个方面去着手做，掌握最有价值的信息，做最有意义的行业。

虽说创业环境是影响创业成功的所有外界因素，是创业的外因，但是也是极其重要的因素。意大利诗人但丁说过：“要是白松的种子掉在英国的石头缝里，它只会长成一棵很矮的小树，但要是它被种在南方肥沃的土地里，它就能长成一棵大树。”所以要创业必须要有良好的政治环境、经济环境、人文环境、自然环境、法律环境等必要条件，做到天人合一。

（2）大学生的创业能力存在的问题

①创业所需要的经营管理能力不足。

在市场经济为主导的今天，企业要生存、要发展，创业者必须具有良好的经营管理能力。世界“钢铁大王”卡耐基生前曾说过：“将我所有的工厂、设备、市场、资金全部夺去，但只要保留我的组织和人员，四年以后，我仍将是一个钢铁大王。”由此可见经营管理体系和经营管理能力的重要性。大学生普遍存在经营管理知识缺乏，对自己的管理能力不自信的问题。

②创业实践经验不足。

创业是一项复杂而系统的工程，由于大学生市场经验和社会经验不足，同时受年龄和相应知识的限制，大学生很难拥有关于创业的直接经验与间接经验。大学生的创业知识一般也只来源于书本、电视、广播等媒体，因此，“眼高手低、纸上谈兵”是一些急于创业的学生的特点。在这种情况下，大学生创业及在公司运营中肯定会遇到各种不可预见的问题，以致创业困难。

③缺乏风险与竞争的市场意识。

缺乏市场竞争意识，没有盈利能力，这是不少学生公司共同存在的一个问题。“拿投资人的钱，干自己想干的事”，这是缺乏市场意识的大学生创业者的心理状态。很多大学生认为，创业目的首先是“锻炼才干”，其次才是“盈利”，这是最能说明问题的。投资人最关心的是“盈利”。这就是大学生创业公司难以得到投资人的信任，难以得到融资的关键所在。

④创业的抗风险能力不强。

对创业风险具有清醒的认识，并充分拥有应对风险的心理承受能力，是大学生创业成功的必要条件。

3. 创业能力的培养途径

（1）以项目和社团为载体，增强创新意识和创业精神

要教育和引导大学生增强创新意识和创业精神，凭借知识、智慧和胆识去开创能发挥个人所长的事业。鼓励学生创造性地投身于各种社会实践活动和社会公益活动中，通过开展创业教育讲座，以及各种竞赛、活动等方式，形成以专业为依托，以项目和社团为组织形式的“创业教育”实践群体来激发大学生的创新意识和创业精神。

（2）构建创业教育课程体系，培养学生创业能力

建立渗透创业教育内容的课程体系，改革传统的教学模式，增设创业教育课程，采取多种形式的教学方式，丰富学生的创业学识，让学生了解和熟悉有关创办及管理小企业的知识和技能。开设根据创业教育的具体目标专门设计的教育活动课程。

（3）构建合理的知识结构，提高创业能力

创业者通过课堂学习能拥有一门过硬的专业知识；在图书馆通常能找到创业指导方面的报刊和图书，广泛阅读能增加对创业市场的认识；社团活动能锻炼各种综合能力，这是创业者积累经验必不可少的实践过程。不定期地邀请校内专家学者为学生开设更多的人文科学、自然科学讲座，邀请社会各界知名人士、校外专家学者来校举办讲座和报告，开阔学生的视野，完善学生的知识结构。

（4）加强创业实践活动环节，培养学生的创业能力

组织学生参加科研和各种专业竞赛活动。大学生参加各种专业竞赛和科研活动，比如中国“互联网+”大学生创新创业大赛，对增强创新意识，锻炼和提高观察力、思维力、想象力和动手操作能力都是十分有益的。以校内外创业基地为载体，组织学生参加创业实践。创业教育的落脚点在社会实践。学校要建立多种形式的校内外创业基地，以此为载体组织学生参加创业实践。一方面通过实习环节开展创业实践。另一方面，创业基地与社会建立广泛的外部联系网络，包括各种孵化器和科技园、风险投资机构、创业培训机构、创业资质评定机构、小企业开发中心、创业者校友联合会、创业者协会等，形成一个高校、社区、企业良性互动式发展的创业教育生态系统，有效地开发和整合社会各类创业资源。

拓展训练

创业环境的 SWOT 分析

1．训练流程

（1）优势分析

根据自身实际情况，列举创业的各项优势。

●身体方面：______

●性格方面：______

●知识方面：______

●能力方面：______

●家庭方面：______

●资源方面：______

●实践方面：______

（2）劣势分析

根据自身的实际情况，列举在创业方面的不足之处。

●身体方面：______

●性格方面：______

●能力方面：______

●家庭方面：______

●资源方面：______

●经验方面：______

（3）机会分析

收集各级政府、学校对创业的支持政策，列出团队、成本等方面的优势。

●政府方面的政策扶持：______

●教育部门的政策扶持：______

●学校的优惠政策：______

●团队组合方面：______

●成本方面：______

（4）威胁分析

分析创业的各种威胁因素。

●金融环境：______

●创业教育服务：______

●创业环境：______

●竞争性方面：______

●项目的市场风险：______

2. 训练思考

在进行 SWOT 分析时应注意哪些问题？通过分析过程，你有哪些心得体会？

______

______

项目五 创业机会与创业风险

学习目标

- 认识创业机会的含义与特征。
- 识别创业机会的一般步骤与影响因素。
- 认知创业风险的来源。
- 掌握创业机会评价的技巧与策略。
- 掌握创业中的常见风险及其防范。

案例导入

世界博大，宇宙广袤。那里将是王岩与一众如他一般的中国青年的舞台，那里也将铭记他们远大的志向与璀璨的梦。天问、蛟龙、鲲鹏、北斗……这些古老而浪漫的名字，在今天已化身航天器、潜水器、飞机、卫星，承载着中国人的智慧与希冀，上天下海。而在这些成绩背后，还写着无数光荣却无闻的名字。

国家创新驱动发展战略的实质是人才驱动。引导毕业生主动瞄准国家重大战略需求，到国家重点地区和领域建功立业，是高校和教育部门就业工作的重要课题，意义非凡。

“清华大学每年有80%以上的毕业生选择到重点单位就业。”清华大学党委组织部副部长、学生职业发展指导中心主任张超介绍，近年来，学校与近百家国有重点大中型企业积极构建新型合作关系，通过举办企业开放日、实习实践等形式，将优质用人单位资源引入人才培养各环节，持续引导毕业生到重点领域、重点行业就业，目前全校各类职业辅导活动年均覆盖学生3万余人次。学校围绕推动西部大开发、东北振兴、中部崛起，推进京津冀协同发展、粤港澳大湾区建设、长三角一体化发展等国家区域协调发展战略，持续推动毕业生到重点区域就业。

众多高校也在积极行动。北京航空航天大学每年千余名毕业生到航空航天等国防科技领域就业，践行“空天报国”远大理想；同济大学持续实施学生就业引导“青松计划”，每年更新用人单位数据库，为毕业生赴“重点地区、重大工程、重大项目、重要领域”等就业创业提供详细而明确的方向……

为帮助校企双方精准对接，教育部门牵线搭桥。2020年秋季学期以来，教育部组织开展重点地区、重点行业、重点单位等40场“24365校园招聘服务”专场招聘活动，提供就业岗位342万个。例如，聚焦区域发展，面向粤港澳大湾区举办广东省专场招聘会，提供就业岗位90万个；聚焦民生急需领域，联合国家卫健委人才交流服务中心推出3场医疗卫生专场招聘会，提供就业岗位9.4万个。

任务一 创业机会识别与评价

一、创业机会识别概述

创业机会

1. 创业机会的含义

机会，指具有时间性的有利情况。人们常说，机不可失，时不再来，体现出机会的随机性，其产生于多种因素复杂变化过程之中，并具有时间限制性，以及识别和运用机会的及时性。比如2020年初全球爆发的新冠感染疫情，病毒的接触传播阻断了人与人的近距离接触，如何解决非接触式服务问题，“互联网+”人工智能服务成为新的商业机会，送药机器人、无人驾驶快递车等智能设备成为疫情期间的新宠儿，一批智能产品应运而生。

创业机会是一种具有商业价值、具有一定创造性的想法或概念，两者表现为特定的组合关系，只有具有商业价值的创意才能称为创业机会，才能转化成为创业项目。创业机会的3层含义如下：

第一，创业机会是可以为购买者或使用者创造或增加价值的产品或服务，它具有吸引力、持久性和适时性。

第二，创业机会是可以引入新产品、新服务、新材料和新组织方式，并能以高于成本价出售的情况。

第三，创业机会是一种新的“目的——手段”关系。

2. 创业机会的特征

美国百森商学院蒂蒙斯教授在其著作《21 世纪创业》中提出创业机会的四个特征。

（1）吸引顾客

创业机会要满足真实的市场需求，只有能为消费者创造新价值或增加原有价值，才能对顾客产生吸引力，才可能具有良好的市场前景，也就是说创业机会要有价值性。

（2）在商业环境中行得通

有价值的创业机会不但能让创业者在承担风险和投入资源之后，不仅能收回投资，也能创造更高的价值，即消费者认为购买你的产品或服务比购买其他的产品或服务能够获得更高的价值，也体现了创业机会的价值性。

（3）在机会之窗存在期间被实施

机会之窗是指商业创意被推广到市场上所花费的时间，若机会窗口存续时期同是创业的时间期限，即时机。机会窗口一般会持续一段时间，不致转瞬即逝，但也不会长久存在。随着市场的成长，企业进入市场并设法建立有利可图的定位，当达到某个时点，市场成熟，竞争者已经有了同样的想法并把产品推向市场，那么机会之窗也就关闭了。因此，特定的创业机会仅存在于特定的时段内，创业者务必要把握好这个“黄金时间段”，这也体现了创业机会的时效性。

（4）有必要的资源（人、财、物、信息、时间和技能等）

在商业环境中行得通是前提。说明创业机会必须适合创业者所处的市场环境，创业者才有可能开发和利用这种机会，这就是创业机会的可行性。否则，机会再好，创业者却因缺乏必要的资源无法加以利用，这样的市场机会对于特定的创业者来说不能称之为创业机会。

3. 影响机会识别的关键因素

影响创业机会识别的因素主要分为两种：一是外部环境变化；二是创业者特征。创业机会识别是一个不断调整、反复均衡的过程。在创业机会的识别过程中，创业者在个人特质的基础上对外部环境变化的关注与观察起到了极其重要的作用。众多学者对此进行过研究，并对创业机会识别受到历史经验等多种因素的影响达成了共识。

（1）先前经验

先前经验也称为历史经验，在特定产业中的先前经验有助于创业者识别机会，这被称为走廊原理。具有行业经验的人，会更敏锐地识别出机会，更容易识别出未被满足的利基市场，大大缩短创业过程中的时间，并将意识到的机会变得清晰。投身于某产业创业的人，将比那些从产业外观察的人，更容易看到产业内的新机会。

（2）认知因素

认知因素，也称为创业警觉。创业警觉是指不必周密调查便可觉察事物的能力，具有创业警觉性的创业者能发现别人没发现的机会。创业警觉是可以通过训练或者说习得的一种习惯性行为，拥有某个领域更多知识的人，倾向于比其他人对该领域内的机会更警觉。

（3）社会关系网络

社会关系网络能带来承载创业机会的有价值的信息，社会关系网络的深度和广度影响着机会识别，创业者的社会关系网络决定了对机会的判断力。社会关系网络可以让创业者了解更多的商业方法，社会关系网络构成的社会联系和资源可以让创业者更自由地配置外部资源，有更多社会联系的创业者比那些没有或比较少的创业者更容易识别创业机会。

（4）创造性

创造性是产生新奇或有用创意的过程。从某种程度上讲，机会识别是一个不断反复的创造性思维过程。对个人来说，创造可以分为五个阶段：准备、孵化、洞察、评价和阐述（图 5.1）。

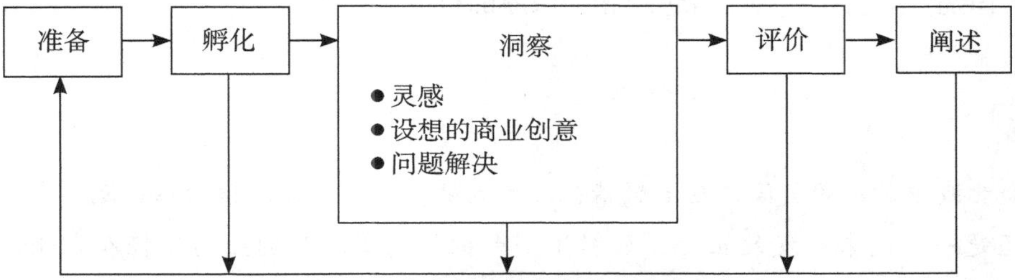

图 5.1　产生创造性创意的五个阶段

4. 识别创业机会的一般过程

从创业机会的来源可见，机会普遍存在于外部商业环境以及企业的各种经营活动过程之中。创业机会识别是创业者与外部环境（机会来源）互动的过程，是思考和探索互动反复，并将创意进行转变的过程。在这个过程中，创业者通过各种渠道、方式掌握并获取有关环境变化的信息，从而发现在现实世界的产品、服务、原材料和组织方式等方面存在的差距与缺陷，最终识别出可能带来新产品、新服务、新原料和新组织方式的创业机会（图 5.2）。

环境的变化，会给各行各业带来良机，人们透过这些变化，就会发现新的前景。变化可以包括：产业结构的变化、科技进步、通信革新、政府放松管制、经济信息化、服务化、价值观与生活形态变化、人口结构变化等。以人口因素变化为例，可以举出以下一些机会：为老年人提供的健康保障用品，为独生子女服务的业务项目，为年轻女性和上班女性提供的用品，为家庭提供的文化娱乐用品等，这些都是机会。

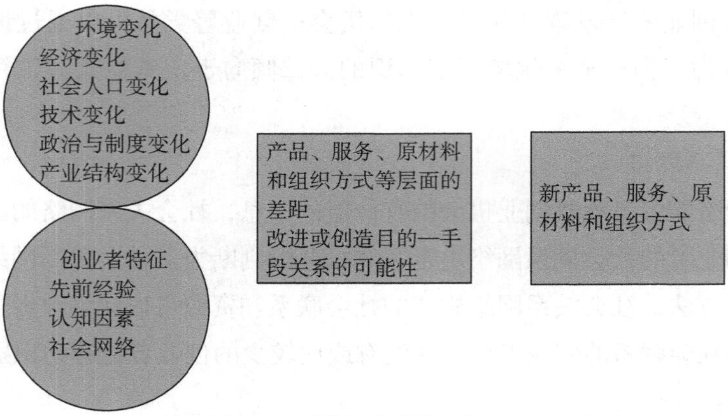

图 5.2　创业机会的识别过程

不同的创业者可能愿意关注不同的创业机会，即使是同一个创业机会，不同的人对其评价也往往不同。因此，对于创业机会识别来说，最重要的因素是来自创业者的个人因素，因为机会识别实质上是一种主观色彩相当浓厚的行为。

案例

南北战争时期的美国，政治黑暗，民生凋敝，引发了大规模的难民潮。当时美国西部还是一片尚未开发的土地，吸引了一大批热爱冒险和创业的年轻人来此碰碰运气。来自东部地区的贫民李维斯就是他们中的一员。李维斯跟着一大批人去西部淘金，途中一条大河拦住了去路，许多人感到愤怒，但李维斯却说“棒极了！”他设法租了一条船给想过河的人摆渡，结果赚了不少钱。

不久摆渡的生意被人抢走了，李维斯又说“棒极了！”，因为采矿出汗很多，饮用水很紧张，于是别人采矿他卖水，又赚了不少钱。

后来卖水的生意又被抢走了，李维斯又说“棒极了”，因为采矿时工人跪在地上，裤子的膝盖部分特别容易磨破，而矿区里却有许多被人抛弃的帆布帐篷，李维斯就把这些旧帐篷收集起来洗干净，做成裤子，销量很好，“牛仔裤”就是这样诞生的。

李维斯将问题当作机会，最终实现了致富梦想，得益于他有一种乐观、开朗的积极心态。

5. 识别创业机会的行为技巧

识别创业机会可以使用多种技术和方法，以下为较常用的几种方法：

（1）新眼光调查

注重二级调查：阅读别人的发现和出版的作品、利用互联网搜索数据、浏览寻找包含需要信息的报纸文章等都是二级调查的形式。

开展初级调查：通过与顾客、供应商、销售商交谈和采访他们，直接与这个世界互动，了解正在发生什么以及将要发生什么。

记录自己的想法：瑞士最大的音像书籍公司的创始人说他就有一本这样的笔记本，当记录到第 200 个想法时，他坐下来回顾所有的想法，然后开办了自己的公司。

（2）通过系统分析发现机会

实际上，绝大多数的机会都可以通过系统分析得到发现。人们可以从企业的宏观环境（政治、法律、技术、人口等）和微观环境（顾客、竞争对手、供应商等）的变化中发现机会。借助市场调研，从环境变化中发现机会，是机会发现的一般规律。

（3）通过问题分析和顾客建议发现机会

问题分析从一开始就要找出个人或组织的需求和他们面临的问题，这些需求和问题可能很明确，也可能很含蓄。一个有效并有回报的解决方法对创业者来说是识别机会的基础。这个分析需要全面了解顾客的需求以及可能用来满足这些需求的手段。

从顾客那里征求想法。一个新的机会可能会由顾客识别出来，因为他们知道自己究竟需要什么。然后，顾客就会为创业者提供机会。顾客的建议多种多样，最简单的，他们会提出一些诸如“如果那样的话不是会很棒吗”这样的非正式建议。留意这些，有助于创业者发现创业机会。

（4）通过创造获得机会

这种方法在新技术行业中最为常见，它可能始于为满足市场需求，从而积极探索相应的新技术和新知识，也可能始于一项新技术发明，进而积极探索新技术的商业价值。通过创造获得机会比其他任何方式的难度都大，风险也更高。同时，如果能够成功，其回报也更大。这种情况下所产生的创新在人类所具有重大影响的创新中，居于压倒性的主导地位。例如，索尼公司觉察到人们希望随身携带一个听音乐的设备，并利用公司微缩技术的核心能力从事项目研究，最终开发出划时代的产品——随身听，取得了巨大的成功。

知识链接

创业机会与商业机会

创业机会是具有商业价值的创意，表现为特定的组合关系，主要是指具有较强吸引力的、较为持久的有利于创业的商业机会，创业者据此可以为客户提供有价值的产品或服务，并同时使创业者自身获益。

创业机会是一种特殊的商业机会，属于更广义的商业机会范畴。创业机会与一般商业机会的根本区别在于利润或价值创造潜力的差异。创业机会具有创造超额经济利润的潜力，而一般的商业机会只可能改善现有利润水平。大多数创业者都是把握了商业机会从而成功创业，但是，仅有少数创业者能够把握创业机会从而成功创业。一旦创业成功，不仅会改变人们的生活和休闲方式，甚至能创造出新的产业。随着人们对创业机会价值潜力的探索，会逐渐衍生出一系列的商业机会，从而滋生出更多的创业活动，例如互联网创业以及现在的移动互联网创业。创业机会与商业机会之间并不存在严格的界限。

二、创业机会评价

1. 有价值的创业机会的基本特征

创业机会对于创业者来说十分重要，但这并不意味着发现机会就一定能获得成功，创业者首先需要判断创业机会是否是有价值的，才能进一步做出相关决策。有价值的创业机会一般包括以下几个特征：

（1）价值性

机会是收益与风险并存的，由于市场的不确定性，创业者在面对创业机会采取行动的过程中，需要进行判断和选择，只有当创业机会带来的收益大于风险时，创业者采取的创业活动才是有意义的，这样的创业机会也才是有价值的。创业机会的价值性不仅在于可以满足消费者的需求，为客户创造价值，也在于为创业者带来回报，实现创业目的。

（2）吸引性

一切创业机会都依附于为客户创造或增加价值的产品、服务或业务，所以能否满足顾客需求是评价创业机会是否有价值的最根本标准。创业者在发现创业机会的时候必须要确认能否吸引顾客，满足客户的某种潜在需求，只有需求旺盛的市场才有可能为创业者带来利润与收益。

（3）时效性

时效性是指创业机会必须在机会之窗存续的时间内被发现并加以利用。机会之窗存续的时间就是创业的时机，新的产品被推向市场，机会之窗由此打开，但机会之窗存续的时间是有限的，随着市场的发展与成熟，机会之窗也会随之关闭，所以，创业者应当把握创业的时机，这也充分体现了有价值的创业机会是具有时效性的。

（4）适应性

环境的不确定性是每个创业者都要面对的难题，创业者必须清楚地认识到自己所处的环境以及自己所拥有的资源，明确创业机会是否符合自己所处的市场环境，能否满足创业机会转化成收益的所有条件。否则，对于特定的创业者来说，由于必要的人、财、物、信息、时间和技能等资源的缺乏而无法利用创业机会，就不能称之为有价值的创业机会。

2. 个人与创业机会的匹配

创业是创业机会、创业者和创业资源三者合理匹配的动态平衡的过程。由于创业者的个性特质的差异，以及面临的市场环境、创业资源的约束，创业者发现的创业机会并非全部适合自己，而判断创业机会是否适合自己的主要依据在于个人特质与机会特征的匹配性。

（1）个人特质与机会特征匹配理论

张爱丽（2009）在研究借鉴了多方有关创业机会研究成果的基础上，提出了个人特质与机会特征匹配理论，并认为创业机会的识别过程可以分为两个阶段：

①“第三人机会”识别阶段。

在第三人机会识别过程中，外部环境会不时提供一些信息。虽然信息可能有很多，但与机会识别有关的信息主要是有关顾客、技术和市场的信息。外部信息虽然为创业机会的识别提供了可能，但是，如果个体没有特定领域的相关专业知识，根本就不可能确定外部信息对自己的价值。换句话说，外部环境中充满了不确定性，而个体又不具备相应的知识，那么就根本不可能视不确定性为机会，因而也不可能感知到机会的存在。因此，个体能否感知到创业机会的存在取决于他们是否有先前知识去甄别外部信息。这意味着掌握特定领域的知识对识别创业机会而言至关重要。个人因素（如先前知识）有利于创业者感知和识别机会因素。创业者的个人因素如能与机会因素相匹配，那么就能感知和识别第三人机会（图 5.3）。

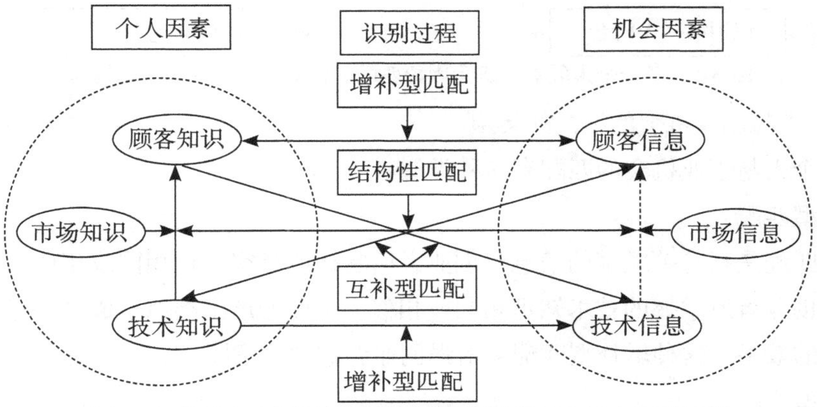

图 5.3 基于个人因素与机会因素匹配的第三人机会识别过程

②“第一人机会”识别阶段。

在第一人机会的识别过程中，创业者首先应该评估第三人机会能否成为第一人机会，即能否成为对创业机会识别者本人而言有价值的机会。创业者应该识别第三人机会在创新性、盈利性和不确定性等方面的特点。之所以要重点考察机会的创新性、盈利性和不确定性三个指标，是因为识别第一人机会的过程实际上是创业意图不断增强或减弱的过程，而根据有关的创业意图理论，创业者在考察创业机会时会重点考察机会的盈利性和不确定性，而机会的创新性与机会的盈利性、不确定性密切相关。同时，创业者也存在个体差异，如在认知风格上，有的创业者偏好创新性认知风格，有的则偏好调适性认知风格。早在 1976 年，Comegys 就认为认知不和谐与创业之间存在一定的联系。在成就需要上，有的创业者倾向于开发盈利较高的机会，而有的创业者认为能够维持生计即可。在自我效能感方面，有的创业者对自己处理不确定性的能力充满自信，而有的则信心不足。因此，在这个阶段，创业者所感知到的第三人机会的创新性、盈利性和不确定性程度，又能与其个人的认知风格、成就需要、自我效能感匹配，那么就能识别第一人机会；如果两者不能匹配，那么，创业者就会放弃第三人机会。

两个阶段创业机会识别过程的基本模型如图 5.4 所示。

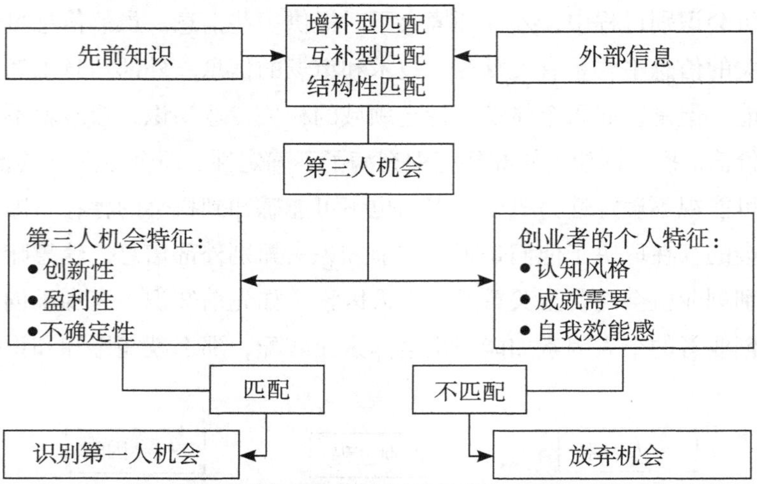

图 5.4　基于个人因素与机会因素匹配的创业机会识别的基本模型

（2）个人与创业机会的匹配的类型

创业者个人与创业机会的匹配有三种类型：

①增补型匹配。

增补型匹配是指有关顾客的信息与创业者所掌握的顾客知识相同或相似，或者有关技术的信息与创业者所掌握的技术知识相同或相似，从而能产生类似于成员—组织匹配中的增补型匹配的效果。这种增补型匹配会增强创业者的创业意图。

②互补型匹配。

互补型匹配是指个人因素或机会因素能在一定程度上改善创业环境或者补充创业环境所缺少的东西，从而产生类似于成员—组织匹配中互补型匹配的效果，因此，互补型匹配有利于识别创业机会。例如，创业者掌握了有关顾客问题的先前知识，外部环境提供了相关新技术的信息，如果这种新技术信息能用来解决创业者认知的顾客问题，那么，创业者先前掌握的关于顾客问题的知识与外部环境提供关于新技术的信息就属于互补型匹配。或者创业者先前掌握了技术知识，外部环境提供了有关顾客的信息，如果创业者先前掌握的技术知识恰好能用来解决新的顾客问题，那么两者也产生了互补型匹配。

③结构性匹配。

结构性匹配是指已知某种知识关系（如某种技术或服务适合应用于某类顾客），通过直接推理、类比推理、相似性比较、模式匹配等方式把这种知识关系应用于改进新的潜在或实际顾客需求与创业者所拥有的知识、技术和服务方法或新技术之间的匹配上。这与认知领域的结构匹配理论中的结构性匹配相类似。

3. 创业机会评价的特殊性

对于创业机会的评价已经建立了很多的指标和模型，但是由于创业机会属性的多样性，有些可以通过指标进行量化分析，比如潜在的市场规模等，同时也存在一些难以量化的属性，如资本的退出机制等。这是因为创业机会评价有多方面的特殊性。

（1）信息的不对称性

创业机会对于创业者的工作经验、社会阅历、知识储备以及社会资源与社会关系提出了较高的要求，但是由于受到自身经验的不足、知识的局限、资源与关系的限制等因素，创业者对于创业机会的评价也会出现偏差，如过度高估自己，或者是对于创业机会的评价过高。

（2）环境的不确定性

随着科技的发展，以及经济全球化的进程加快，创业者面临的市场环境也更加复杂多变，环境的不确定性给创业者准确、全面地评价创业机会带来了更大的困难。

（3）创业者的有限理性

在复杂多变的情况下，环境的不确定性大大提高，由于创业者对环境的认知和预测能力是有限的，同时还会受到自身特质的影响，很大程度上对于创业机会的警觉依赖于以往的经验，而不是完全根据自己所获得的信息做出最佳决策，这在一定程度上可能会给创业机会评价带来偏见。

（4）其他因素的影响

创业机会的评价还受到性别、文化、地域等其他因素的影响，例如，一些女性创业者对于风险的偏好较低，更愿从事风险较小的创业活动。所以，对于创业机会的评价必须与创业者结合起来，分析创业者的个人特质、文化氛围、成长的环境等因素，考虑创业机会与创业者的匹配程度，识别并利用有价值的创业机会。

4. 创业机会评价的技巧与策略

创业机会的评价具有一定的特殊性，但这不是说无法评价创业机会，我们可以从创业者、市场、效益等角度综合评价创业机会。

（1）注重对人的因素的评价

创业者素质与能力是创业成功的关键要素，创业机会与创业者具有一定的匹配性才是有价值的创业机会，所以评价创业机会的过程中，对于创业者的评价也十分重要。对创业者 FQ（财商）的评价，也有一套已成体系的方法。下面列出了评价中几大关键因素：

①独特的产品构思。大部分创业者都在抄袭，在构建伟大产品上有自己强烈独创思想的只占创业者群体的 1%。

②心理因素。是什么驱动一个人不断前进？做好准备面对创业过程中诸多的逆境与不确定性了吗？想证明什么？有获得成功的强烈愿望吗？愿意为获得成功而做出牺牲吗？

③可靠。创业机会与其创业者的信念和价值观是否一致。创业者是否尤其关注现在正遇到的问题？工作激情如何？

④对市场具有独特的洞察力。对问题、市场时机等是否有独特的洞察力？

⑤智商及情商、自我意识等。创业犹如下象棋。当涉及产品决策、商业决定、人员决策时，创业者需要提前考虑好以后几步的走法。

⑥价值观。诚实吗？如果创办一个人员密集型的企业，会足够重视员工吗，还是仅仅以自我为中心？

⑦判断力。对产品、应聘者的判断等，具有好的决策能力。

⑧经验。具有独特的执行力吗？有相关工作 10 000 小时的工作经历吗？

⑨招聘的能力。能推销一个观点并被他人接受，从而构建一个多功能型团队吗？

（2）关注市场和效益

①市场规模与成熟度。

市场的规模与成熟度是影响新创企业成败的重要因素。一般而言，市场规模较大，则竞争程度相对较低，但是如果创业者进入的是一个已经发展成熟的市场，即使市场规模较大，竞争依然会很激烈，而且由于没有成长空间，利润水平较低。所以，创业者要在机会之窗存续时间内进入市场，抓住正确的时机。

②准确的市场定位。

创业机会对应客户的潜在需求，创业者应该有明确的市场定位，分析自己的潜在客户，为顾客带来价值增值或者是创造价值。价值越高，成功的可能性也就越大，所以创业者应该深入挖掘创业机会中隐藏的目标客户，而不是想要满足一切客户需求。当然，创业者也可以通过创造市场需求来寻求收益。

③合理的投资回报率和税后净利。

并非创业者发现的所有创业机会都具有可以填补初期开发利用所投入的成本的价值，综合考虑各方面的成本与风险，只有投资回报率在 25% 以上的创业机会才具有被开发利用的吸引力；同样的，如果创业初期预期的税后净利在 5% 以下也不是一个好的创业机会。

④盈亏平衡所需要的时间。

创业企业最关键和最艰难的时间一般在两年左右，所以，合理的盈亏平衡时间应该是企业创办后的两年之内，如果企业在三年内还没有实现盈亏平衡，那么这可能就是一个不值得投入的创业机会。当然，不包括那些前期确实需要长期投入的创业机会，这时，谨慎和准确的财务计划就十分必要，以保证后期的赢利。

（3）寻求帮助与建议

个人的知识和能力都是有限的，因此对创业机会的评价可以寻求外界的帮助与建议，这类可以寻求帮助的人应该有实际的创业经验，或者是有 5 ~ 10 年以上的企业决策层管理经验，这样才能更好地帮助创业者识别创业机会、预见创业机会并及时把握创业机会。

任务二　创业风险识别与防范

一、创业风险的来源

创业风险

国外有这样一句谚语："除了死亡、税收外，没有什么是确定的。"同样可将此谚语套用在创业中："除了风险外，没有什么是确定的。"创业风险就是创业企业在创业时遇到的风险，是指因为创业环境的不确定性、创业机会与创业企业的复杂性，创业者、创业团队与创业投资者的能力与实力的有限性，造成创业活动与预期目标相脱离的情况。

创业环境的不确定性，创业机会与创业企业的复杂性，创业者、创业团队与创业投资者能力与实力的有限性，是创业风险的根本来源。研究表明，由于创业的过程往往是将某一构想或技术转化为具体的产品或服务的过程，在这一过程中，存在着几个基本的、相互联系的缺口，它们是上述不确定性、复杂性和有限性的主要来源，也就是说，创业风险在给定的宏观条件下，往往就直接来源于这些缺口。

1. 融资缺口

融资缺口存在于学术支持和商业支持之间，是研究基金和投资基金之间存在的断层。其中，研究基金通常来自个人、政府机构或公司研究机构，它既支持概念的创建，还支持概念可行性的最初证实；投资基金则将概念转化为有市场的产品原型（这种产品原型有令人满意的性能，对其生产成本有足够的了解并且能够识别其是否有足够的市场）。创业者可以证明其构想的可行性，但往往没有足够的资金实现商品化，从而给创业带来一定的风险。通常，只有极少数基金愿意鼓励创业者跨越这个缺口，如富有的个人专门进行早期项目的风险投资，以及政府资助计划等。

2. 研究缺口

研究缺口主要存在于仅凭个人兴趣所做的研究判断和基于市场潜力的商业判断之间。当一个创业者最初证明一个特定的科学突破或技术突破可能成为商业产品基础时，他仅仅停留在自己满意的论证程度上。然而，这种程度的论证后来不可行了，在将预想的产品真正转化为商业化产品（大量生产的产品）的过程中，即具备有效的性能、低廉的成本和高质量的产品，在能从市场竞争中生存下来的过程中，需要大量复杂而且可能耗资巨大的研究工作（有时需要几年时间），从而形成创业风险。

3. 信息和信任缺口

信息和信任缺口存在于技术专家和管理者（投资者）之间。也就是说，在创业中，存在两种不同类型的人：一是技术专家；二是管理者（投资者）。这两种人接受不同的教育，对创业有不同的预期、信息来源和表达方式。技术专家知道哪些内容在科学上是有趣的，哪些内容在技术层上是可行的，哪些内容根本就是无法实现的。在失败类案例中，技术专家要承担的风险一般表现在学术上、声誉上受到影响，以及没有金钱上的回报。管理者（投资者）通常比较了解将新产品引进市场的程序，但当涉及具体项目的技术部分时，他们不得不相信技术专家，可以说管理者（投资者）是在拿别人的钱冒险。如果技术专家和管理者（投资者）不能充分信任对方，或者不能够进行有效的交流，那么这一缺口将会变得更深，带来更大的风险。

4. 资源缺口

资源与创业者之间的关系就如颜料、画笔与艺术家之间的关系。没有了颜料和画笔，艺术家即使有了构思也无从实现。创业也是如此，没有所需的资源，创业者将一筹莫展，创业也就无从谈起。在大多数情况下，创业者不一定也不可能拥有所需的全部资源，这就形成了资源缺口。如果创业者没有能力弥补相应的资源缺口，要么创业无法起步，要么在创业中受制于人。

5. 管理缺口

管理缺口是指创业者并不一定是出色的企业家，不一定具备出色的管理才能。创业活动主要有两种：一是创业者利用某一新技术进行创业，他可能是技术方面的专业人才，但却不一定具备专业的管理才能，从而形成管理缺口；二是创业者往往有某种“奇思妙想”，可能是新的商业点子，但在战略规划上不具备出色的才能，或不擅长管理具体的事务，从而形成管理缺口。

二、创业风险的识别

1. 创业风险识别的分类与指标

（1）创业风险识别的分类

创业风险识别的分类可以依据不同的标准进行划分。

①按创业企业所处的不同阶段划分，创业风险可以分为初创期风险识别、成长期风险识别、成熟期风险识别和衰退期风险识别。

初创期风险识别主要指创业企业在项目准备阶段，对企业项目运营环境条件，项目所必需的要素条件的满足程度，企业项目规划的合理性、科学性、投入产出预测等方面的风险因素所进行的识别的工作。成长期风险识别是指创业企业为确保项目运营过程中的顺利展开而进行的问题研究，及时判断项目目标实行的可能性，以便采取积极有效措施降低风险出现或蔓延的可能性。成熟期风险识别是指企业对创业项目的生产、市场开发潜力、行业内的竞争压力、人员素质及管理水平等情况进行系统评估，以便对项目未来目标的调整做出科学的判断。衰退期风险识别是指对保持创业项目维持与发展策略调整的必要性评估。

②按企业所采用的风险识别方法的特征，创业风险识别可分为定性识别和定量识别。

定性识别是指通过人的主观判断，对创业企业运营过程中所存在的风险进行评估的方法。定性识别通常应用于企业的新项目、新产品或新领域的风险评估。这主要是由于企业缺乏充足的数据，只能借助专业人员的经验对创业风险进行判断。

定量识别是指依靠充分的历史统计数据，运用数学方法构造数学模型来进行风险评估的方法。定量识别法主要包括：第一，概率评估法；第二，专家评分评估法，根据专家的经验和个人见解制订一系列的评分标准，然后按风险因素的分数进行风险评估；第三，数学模型评估法，主要运用风险评估软件来进行预测。

③按风险识别的内容不同，风险识别可分为政治风险识别、行业风险识别、市场风险识别、技术风险识别、财务风险识别、管理风险识别等。

（2）风险评估指标

风险评估指标是风险对企业影响程度的衡量尺度，一般用风险率和经济损失指标来表示。

风险率是风险出现的概率。按对企业的危害程度来分，一般用严重程度和频率来共同衡量。严重程度是创业风险对企业所造成的经济损失的程度，一般用损失金额来表示。频率是指在企业运营一定的时间范围或生命周期内，创业风险发生的次数。

风险率 = 严重程度 × 频率 = 损失金额 ÷ 单位时间。

经济损失指标是用来衡量创业风险对企业所造成经济损失的影响程度的指标，通常采用直接损失和间接损失金额来表示。

2. 创业风险识别的操作流程

创业企业进行风险识别的操作流程包括以下步骤：制订风险评估战略、选择风险评估方式进行风险评估、对风险进行测定和排序、准备风险防范预案。

（1）制订风险评估战略

制订风险评估战略，是指创业企业为确保企业风险评估工作的顺利展开而提前对风险评估目标、评估流程、评估方法及其途径进行制订的工作过程。风险评估所针对的对象不同，风险的影响因素及其运行特点会有很大的差异，企业所应采取的风险评估的时间、力度、幅度和深度都应进行相应的调整，从而针对不同的实际情况来选择与之相匹配的恰当的风险评估途径。

（2）选择风险评估方式进行风险评估

风险评估通常所采用的途径包括基线风险评估、详细风险评估和组合风险评估3种方式。

①基线风险评估。

基线风险评估是指企业从自身实际情况出发，提前为各种风险要素划定安全线，这些安全范围的设定是根据标准规范设定的，通过这些安全线与实际运营操作所搜集到的信息进行比较，找出差距，根据基本的风险评估目标，可有目标地选择并实施风险防范措施，以此来达到化解、降低和控制风险的目的。安全线是能够使企业运营系统达到一定的风险评估目标的基本水平。创业企业可以根据相关的国际标准、国家标准、行业标准或行业惯例进行设定。

②详细风险评估。

详细风险评估是指企业通过对资产进行详细识别和评价，及时对诱发风险的威胁和弱点进行深入评估，来识别和选择风险防范措施的过程。详细风险评估以资产风险评估为核心，通过有效识别企业资产风险的概率及企业对风险的承受能力，从而及时、有效地应对风险的影响。详细风险评估适合于评估对象范围具体而清晰的项目的评估。

③组合风险评估。

组合风险评估是将以上两种评估途径相结合起来评估企业风险的方式。企业首先通过整体初评，粗略确定各种风险的级别及发生的概率，然后对风险级次较高的因素进一步开展详细评估，从而达到成本低、效果优的目标。

（3）对风险进行测定和排序

在风险评估过程中，常采用定性分析法、定量分析法、评分法。风险评估方法的选择需要考虑风险的性质、运行特征、时间、环境等方面因素。

①定性分析法。

定性分析法是指凭借专业人员的经验和直觉、行业的标准和惯例，对风险要素（风险的威胁程度、弱点、对风险的控制效力等）按照影响程度的大小或高低定性分级的方法。所确定的风险级次通常可分为“高”“中”“低”3个级次。定性分析法是当前采用较为广泛的一种方法。定性分析的具体操作方法有德尔斐法、问卷调查法、电话访谈法、专家会议法、小组讨论法等形式。定性分析法操作起来相对简单，但与定量分析相比，准确性和精确性有些不足。

②定量分析法。

定量分析法就是以大量的相关数据为基础，通过运用一定的模型进行计算，获得风险因素对企业影响程度的量化结果的风险评估方法。定量分析法需要确定两个重要指标，即风险发生的概率、风险发生所带来的损失。定量分析法的使用必须建立在大量统计数据的基础上，通过建立模型，对风险实施评估。因此，定量分析的结果较为直观和精确。

③评分法。

评分法是指企业针对项目存在的不同风险，根据其特性进行风险程度及权重值的分配，风险程度与权重值的乘积作为该风险的得分，再将领域内各种风险特性的得分加总，即得到该领域风险的总分，依照分数高低可将不同领域所存在的风险进行排序。

（4）准备风险防范预案

企业在进行科学的风险评估工作之后，按照对企业所造成的危害或负面影响，对企业风险进行排序，随后针对不同的风险性质，制订多套科学、系统的风险防范预案，明确责任人，从而达到化解或者降低风险的影响目的。

三、创业中的常见风险及其防范

1. 系统风险与防范方法

系统风险是由于某种全局性的共同因素引起的，创业者或初创企业本身控制不了或者无法控制其影响的风险。采取有效的消除风险的方法相对较难。由环境、市场引起的风险一般是系统风险。对于系统风险，创业者或初创企业应该尽量做好防范，一般有如下三个方面的做法。

首先，深入分析创业者或初创企业所处的环境。当下，国家对大学生创业十分支持，创业者要深入了解创业的税费减免、小额贷款担保、无息贷款、政府贴息贷款，科技型创业在场地、项目、资金、技术、培训等方面的资讯，以便于自己的创业项目更好地得到政策的帮助。另外创业者要深入分析创业的宏观环境、行业环境、地区环境等，对创业过程中可能遇到的系统性风险进行预判。

其次，正确预测能够预测的风险。在创业中很多风险是不可预测的，有一些风险是可以预测的，创业者要尽可能利用自己掌握和能够调动的所有资源，采用科学的方法，对那些能够预测的风险进行深入分析，通过企业内部成员的探讨和外部专家的预测来判断未来的变化，准确判断变化对企业未来会产生的影响。

最后，采取有效措施，合理应对。由于系统风险的不可分散性，创业者只能依据以上两个步骤对系统风险分析，并制定合理的应对措施，当创业者经过以上两个步骤做出了判断之后，要给出妥善应对办法，预判的风险是尚未发生的风险，不能心存侥幸，待风险发生后追悔莫及。

2. 非系统风险与防范方法

非系统风险是由创业者或者初创企业自身引起的，只对创业者或者初创企业产生影响。因此，创业者或初创企业可以在某种程度上进行控制，并且通过一定的手段进行预防。

（1）机会选择风险防范

创业者在创业之初，由于缺乏创业能力与实践经验，在选择创业项目过程中可能出现随意性。项目来源有朋友介绍的，有偶然碰到的，有靠灵感产生的，有看到别人正在做的，有听了一场报告知道的，有看到了报纸上介绍的。在进行项目选择过程中有随意性。偶然发现的项目，能够做起来也是偶然。解决的办法是：把选择项目设定为创业必需的程序之一，在实践中进行创业项目的选择，验证市场和产品两个核心要素，确定市场存在和产品优质的情况下再行动，不能依靠创业者的主观评价。

（2）技术风险防范

技术创新能够带来丰厚的回报，但是把技术转化到产品的过程中也存在着巨大的风险，在对具有一定技术含量的创业项目进行操作时，要注意防范技术风险。解决办法是：首先加强对技术创新方案的可行性论证，减少技术开发和技术选择的盲目性，技术要聚焦，不能过于分散；其次要通过组建技术联合体或建立创新联盟等方式来分散技术创新的风险；最后，要不断激发技术开发人员工作的积极性和创造性，高度重视知识产权。

（3）管理风险防范

管理风险具体体现在构成管理体系的每个细节上，可以分为四个部分：管理者的素质、组织结构、企业文化、管理过程。预防风险办法如下：

①在管理者方面。

首先，要提高领导者自身的品德修养，从而增强企业凝聚力和激励力，同时着力弥补其他方面不足，如资源劣势、市场经验等方面的不足，提升管理的效率和效果；其次，要扩展知识，对技术创新涉及的知识方法等有一定程度的理解，加强与技术创新人员的沟通，从而使创新活动的组织更为科学；最后，还要全面提升管理层人员的素质和能力，在管理人员中尤其要注重提高协作沟通能力，刻意培养管理创新意识和创新能力。

②在组织结构方面。

创业型企业应在组织效率和灵活性上充分发挥自身先天优势，积极利用多种渠道与社会组织加强内外信息沟通和交流，注重知识经验的有效识别和积累，加强企业知识管理，建立知识储备库，扩大企业开放程度，利用各种社会力量，与高校、科研院所建立密切关系，提高组织对创新方向的把握。

③在企业文化方面。

要致力于良好企业文化的培养，除了凝聚力、向心力的形成和培养，尤其应该塑造创新精神和团队精神，真正把创新作为企业生存和发展的根本所在，树立朝气蓬勃、齐心向上的企业精神，为一切创新活动创造良好的环境。

④在管理过程方面。

应该遵循技术创新管理的科学性，减少管理人员的随意性。首先，要设立正确的创新目标，最大限度地利用现有条件制订科学合理的计划，其中包括对风险的预测及建立相应的防范规避机制；其次，组织的过程管理要以计划为依据，充分挖掘企业各种资源，使现有资源的效用发挥到最大，注意组织结构的适时调整。领导过程要以现有目标为前提，加强对参与创新人员的适当激励，保持创新团队的士气；最后，控制环节除了一般的信息准确及时、控制关键环节、注意例外处理等方面，应突出关注控制的经济效益，要关注采取行动的效率和效果。

（4）财务风险的防范

财务风险是指公司财务结构不合理、融资不当使公司可能丧失偿债能力而导致投资者预期收益下降的风险。财务风险是企业在财务管理过程中必须面对的一个现实问题，财务风险是客观存在的，企业管理者对财务风险只有采取有效措施来降低风险，而不可能完全消除风险。预防风险办法如下：

①建立财务预警分析指标体系，防范财务风险。产生财务危机的根本原因是财务风险

处理不当。因此，防范财务风险，建立和完善财务预警系统尤其必要。

②建立短期财务预警系统，编制现金流量预算。由于企业理财的对象是现金及其流动，短期而言，企业能否维持下去，并不完全取决于是否盈利，而取决于是否有足够现金用于各种支出。

③确立财务分析指标体系，建立长期财务预警系统。对企业而言，建立短期财务预警系统的同时，还要建立长期财务预警系统。其中获利能力、偿债能力、经济效率、发展潜力指标最具有代表性。反映资产获利能力的有总资产报酬率、成本费用利润率等指标；反映偿债能力的有流动比率和资产负债率等指标；经济效率高低直接体现企业经营管理水平，反映资产运营效率的有应收账款周转率以及产销平衡率等指标；反映企业发展潜力的有销售增长率和资本保值增值率。

④树立风险意识，健全内控程序，降低或有负债的潜在风险。如订立担保合同前应严格审查被担保企业的资信状况；订立担保合同时适当运用反担保和保证责任的免责条款；订立合同后应跟踪审查被担保企业的偿债能力，降低直接风险损失。

3. 现金风险与防范方法

无论是创业型企业还是大企业，现金流断裂是其失败的一个重要的原因，在创业过程中，寻致现金流断裂的因素包括如下三种情况，针对不同的情况应该采取相应的应对办法。

（1）创业管理失控，现金流断裂

在创业过程中，创业项目对创业者能力的需求与创业者能力生成相对滞后的矛盾长期存在，伴随着创业项目的发展。创业者对创业项目的控制能力与管理手段存在跟不上的事实，在创业过程中，创业者容易出现讲排场、大肆铺张浪费、销售实际与销售预期差距偏大、资源消耗过多等情况。

创建企业的第一目标是让企业活下来，企业活下来的呈现形式是企业的现金支出能够补偿企业的耗费，在创业过程中，企业拥有的现金量是一定的，故此，要千方百计减少创业过程中现金的使用，主要有两个方面措施。

①减少固定资本的投入。

创业者要千方百计减少投入，减轻收入补偿的负荷。首先，为减少甚至不要固定成本投入，要充分利用社会分工细密的条件，能借则借，能租则租，可以采用委托、代理、合作等资源整合的方式，尽一切可能减少固定成本的投入。其次，用销售收入补偿耗费做投入的标尺，在投入数量、种类和时间三个方面，以能够让企业活下来为限度，只要与企业生存不直接相关的投入则不投、少投、缓投。

②减少运营费用的使用。

创业者应有计划地使用资金。首先，制定费用合理的标准，要以企业生存为尺度，对企业生存有必要的费用为合理，否则是不合理；其次，管控创业项目实施的阶段，按照项目发展阶段，规定每个阶段的计划费用额度；最后，千方百计控制运营费用，采取一个人、一支笔、一本账的管理方式，按计划严格控制资金的使用。

案例

在江苏有一个装修队，最大的特点就是没有实体店，但是又有别于街边的游击队，依靠 QQ 空间以及网络论坛宣传，一年的营业额 1 000 多万元，净利润 150 多万元。

小海是这个装修队的老板，他有自己的公司，但是没有实体的办公地点，他的队伍是“游击队”，小海旗下的客服人员全部在家中办公，一切沟通都通过电话、网络、微信实现，既节省了他的开支，也方便了工作。另外，小海与客户的所有订单几乎都是在肯德基里签下的。

在取得同样的业务量的时候，他肯定要比有办公室的同行挣得多，因为房租以及各种日常办公支出，能吃掉差不多 30% 的净利润。

在创业过程中，小海采取的网络推广方法与技巧如下：

首先，他在国内一些著名的装修论坛上“装”专家，当有客户问问题时，他就打电话咨询真专家，然后解答，慢慢地他在论坛上就成了一个真正的专家。

其次，写文章曝光业内黑幕，别看是负面文章，但是抓住了顾客的需求点，反响很大，颇受论坛里的网友支持。

最后，引导一些顾客写软文在论坛上发表，其实做装修这行，“金杯、银杯不如顾客的口碑”，只要有了顾客的好口碑，生意自然就会找上门来，而小海又不是骗人，只是让顾客将经历自己写完发到网上，当然这里如果有顾客发牢骚，他也会针对问题，在网上进行回应，这样更真实。毕竟孰能无过，让更多潜水的顾客知道小海是真的在做事，而不是骗人。现在随着微信的发展，如果业主对小海装修满意，就在朋友圈里发一下。小海表示，慢慢地这人气就聚起来了。

小海表示，这个宣传是一个积累的过程，并不会在短时间内爆发，自己的积累大约用了两年的时间，如果快速爆发，后果不堪设想，毕竟缺乏很多经验的积累。

（2）销售管理失控，现金流断裂

在创业过程中，销售收入不断持续地增加时，创业者容易产生急切的产品销售的心理，耗费大量的资金，去尝试多种业务推广方式，这可能产生大量应收货款，导致现金流断裂。

在创业过程中，影响企业生存的是现金，不是资金，在这一过程中，要准确理解现金与资金，销售额与销售回款。一是现金与销售额和利润脱离。产品卖出去了，会计则依据开具的销售凭证记账，销售额和其中的利润就反映出来了，可资金是否全额地及时到账则是另一笔账目，这中间的差额所体现的是现金与销售额，现金与利润的不相等，它会经常掩盖真实的现金流量。二是减少由“应收”产生的“差额”，财务明细中的“应收”，反映的是资金往来关系，体现的是企业短期债权，记在资金平衡表中的资金来源一方。但它掩盖了资金平衡的真实，应收不等于实收，甚至不等于能收，不是资金的真实存在。所以企业在经营中要做好应收账款的管理，提高回款的及时性，降低坏账损失，保障现金流的稳定性。

案例

一位母亲投资女儿的酒厂15万，加上女儿当年自有资金5万，再找人东拼西凑，最终女儿获得启动本金50万。这50万的支出是：租厂房、买设备、买制酒原料等，全部都是现金支付。把产品生产出来后，下游所有的饭店酒馆，都是要先赊销、后付款。常常是货卖了，还收不到款。因此，酒厂生意的特点是对下游表现为弱势。这样，企业账面上，产生大量的应收账款。常常是有应收账款但收不回钱。还有些饭店买了酒却关门了，人都找不见了。这就成了死账、坏账。坏账时间越长，收回的可能就越小。好不容易收回一些应收款，还要请人吃吃喝喝，无形中就加大了企业的运营成本。

伴随着社会生态环境的变化，导致酒厂的酒，完全卖不动。这样，尽管有应收款，可产品无销路，应收账收不回来，最终，企业现金断流，破产清算。

（3）时点通病，现金流断裂

在一些有一定技术含量或技术含量较高的创业项目开发过程中，有一些创业者习惯以产品制造出来推向市场的时间点为准，来计划资金的安排与使用。在他们心目中只要产品制造出来，销售收入就很容易产生，但却忽略了产品制造出来与销售收入一般不同步的事实，更难用销售收入补偿项目耗费。此时，如果没有后续资金补充，创业就可能失败。

在创业过程中，现金的储备要以产品制造出来，并且将产品投放到市场，销售收入有计划地回流的时间为标准来准备。

创业过程中，很多创业者把资金的来源寄希望于外部投资机构，把希望寄托于别人，导致创业存在很大的风险。在创业中，创业者要清醒地认识到：赚钱比找钱更容易，找钱比赚钱难得多。职业金融机构向优秀的企业投入股权资本的行为，其直接目标是为了赚钱。创业项目是能够让资金增值的载体，这个项目必须有自己的前期投入，有运作过程，并在这个过程中，能够显示项目的核心优势，证明这个优势的标准是项目的市场目标、销售额和利润，一个项目做到这个程度，往往已经是一个企业了。资金对项目的需要条件是：只有项目优势显现的时候，资金才需要项目。创业者决定项目，项目决定资金，主要是项目规模、特点和启动方式决定资金数量和进入时间；创业者的能力和项目特点，共同决定投入资金的时间、方式和数量。资金能使自己得以保存和增加这个载体。总而言之，创业者要先赚钱，在赚钱中不断增强自己的实力。

4. 创业中产品开发风险与防范方法

在创业过程中，一旦开始创业活动，由于创业者相当长时间思考并开发创业产品，会不可避免地产生一种非理性的思维定式，表现在“心理偏好”和“偏执心态”两个方面。先是心理偏好的产生。创业者看好了一个项目，对利益的追求一旦落实到具体目标上，追求目标的过程就会强化实现目标的愿望。日益强化的愿望通过持续的“注意”而产生“心理偏好”。“心理偏好”一旦产生，就自然地转化为对目标本身和其相关假定的信任。这种被不断加强了的信任是无限执着的偏执心态，表现在对待项目上的义无反顾的气概。在许多人看来不可行的事，当事人却信心十足，直到撞到南墙头破血流方如梦初醒。

在产品开发过程中，要时刻铭记，创业者是产品功能开发的设计者，消费者才是产品功能的确证者，创业者开发的产品，必须经过消费者使用后才能确定其产品的品质。故此，创业者制造产品先于消费者评价产品是一个事实，在承认事实的基础上，创业过程中要小规模探索性地对创业项目进行尝试、认识、理解，通透地把握创业项目中诸多要素之间的关系，做出符合市场需求的产品。

拓展训练

模拟奶茶店创业项目风险识别及应对措施

1. 训练流程

奶茶是时下年轻人包括大学生非常喜爱的一种饮品，你与自己的同学看到了这个创业机会，计划在学校附近开设一家奶茶店。每个小组进行讨论，讨论时间为 20 分钟，并根据表 5.1 的项目评分表进行评分。

表 5.1 项目评分表

评分标准	满分	实际得分	备注
能识别不同阶段的风险	25		
能针对各种风险提出应对措施	25		
风险识别准确，措施合理有效	25		
能积极参与讨论，发表见解	25		
总分	100		

2. 训练思考

如果通过加盟品牌店的方式进行创业，需要注意哪些风险？应采取哪些防范措施？（主要对加盟前、加盟过程中和加盟后的风险进行评估）

____

____

____

项目六
创业资源与商业模式

学习目标

- 熟悉创业资源的来源和分类。
- 了解商业模式画布的构成。
- 掌握创业资源的获取途径。
- 掌握创业融资的主要渠道。

案例导入

2020年，是我国脱贫攻坚的决战决胜之年，也是全面建成小康社会、十三五规划的收官之年。为全面落实习近平总书记给中国“互联网+”大学生创新创业大赛“青年红色筑梦之旅”大学生的重要回信和山西考察重要讲话精神，充分发挥电商在群众脱贫和乡村振兴上的作用，内蒙古科技大学“北疆新农人”团队积极开展“青年红色筑梦之旅”敖汉行活动，完成了敖汉旗新惠镇十余家企业的走访调研、同镇政府的领导进行深度交流，了解企业和政府的需求和困难，圆满完成了此次直播带货活动。

北疆新农人团队成立于2017年，隶属于内蒙古科技大学土木工程学院，是一支公益性质的大学生创业助农团队。四年来，团队致力于乡村振兴，充分发挥高校人才与智力优势，深入实地调研，助力脱贫攻坚，探索学生创新创业项目与贫困县农民实际问题对接，通过科技手段帮助农民实现可持续增收，从产品开发到品牌打造，再到电商直播，用大学生的学识，新媒体、新技术的力量，基于用户需求解决问题，这是“北疆新农人”团队的使命和初心。

7 月 20 日—7 月 22 日，团队调研走访了内蒙古沙漠之花生态产业科技有限公司、敖汉旗惠隆杂粮种植农民专业合作社、赤峰惠牛傻子旺食品有限公司、敖汉旗惠丰杂粮种植农民专业合作社、敖汉旗星斗香油有限公司、敖汉旗新香食品有限公司等当地企业。通过实地走访，团队了解到当地企业充分认识到直播电商作为一种线上新型消费方式，可以提升用户的消费体验，大大缩短传统的营销链路，已然成为提振乡村经济动能的新利器；但是由于技术和人才的限制，以及对新兴事物的未知，以至于当地企业暂未涉足电商直播领域。

7 月 23 日—24 日，两天的直播带货活动通过淘宝直播平台为当地企业的 20 款产品进行线上销售，吸引近 1 000 人观看，同时敖汉旗融媒体也进行了同步直播，完成成交额 5 000 余元，对产品进行宣传推介的同时，为当地企业带来新的营销思路（图 6.1）。

图 6.1　团队直播带货

7 月 25 日，团队又和给予直播带货帮助的企业进行交流，搜集反馈信息，同时也是对自己团队此次活动的一个总结。经过交流，各企业对此次活动的成果和形式给予肯定，他们对新的营销和宣传模式产生了浓厚的兴趣。大部分企业都表示后期还期望能够长期交流合作，这应该是对团队最大的鼓励和支持。26 日，团队成员整理行囊，驱车返回母校。

四年来，团队成员一直保持初心，希望用实际行动带动更多的像“北疆新农人”这样的学生力量加入乡村振兴的队伍中来。团队将用习总书记给“青年红色筑梦之旅”活动的回信勉励自己“希望你们扎根中国大地了解国情民情，在创新创业中增长智慧才干，在艰苦奋斗中锤炼意志品质，在亿万人民为实现中国梦而进行的伟大奋斗中实现人生价值，用青春书写无愧于时代、无愧于历史的华彩篇章。”

任务一　创业资源获取与管理

一、创业资源概述

1. 创业资源的内涵

创业需要资源，创业资源是指能够支持创业者进行创业活动的一切东西，是涵盖让创业者的创业活动顺利进行的一切支持性资源，包括有形与无形的资产。如果不能获得这些创业资源，即使看到了商机，也只能“望（商）机兴叹”。因此，在创业过程中，应当积极拓展创业资源的获取渠道。

2. 创业资源的分类

（1）按其来源分类

创业资源按其来源可以分为自有资源和外部资源。

①自有资源。

自有资源是指创业者或创业团队自身所拥有的可用于创业的资源，如自有资金、自有技术、自己获得的创业机会信息、自建的营销网络、控制的物质资源或管理才能等。自有资源可以内部培育和开发，企业可通过一定的方式在内部开发无形资产、培训员工、促进内部学习，从而获取有益的资源。

②外部资源。

外部资源是指创业者从外部获取的各种资源，包括从朋友、亲戚、商业伙伴或其他投资者筹集到的投资资金、经营空间、设备或其他原材料等，或通过提供未来服务、机会等换取到的资源。外部资源是实现企业成长的重要来源。企业受自有资源“瓶颈”的影响，需要吸取适合本企业发展的新鲜资源，其中关键是拥有资源的使用权并能控制或影响资源的部署。自有资源（特别是技术和人力资源）的拥有状况会影响外部资源的获得和运用。

（2）按其存在形态分类

创业资源按其存在形态可以分为有形资源和无形资源。

①有形资源。

有形资源是具有物质形态的，价值可用货币度量的资源，如组织赖以存在的自然资源、建筑物、机器设备、原材料、产品、资金等。

②无形资源。

无形资源是具有非物质形态的，价值难以用货币精确度量的资源，如信息资源、人力资源、政策资源，以及企业的信誉、形象、专利、商标等。无形资源往往是使有形资源更好地发挥作用的重要手段。

（3）按其对企业成长的作用分类

按照资源对企业成长的作用，我们将其分为两大类：对于直接参与企业日常生产、经营活动的资源，我们称之为要素资源；对于未直接参与企业生产，但可以极大地提高企业运营有效性的资源，我们称之为环境资源。表6.1是要素资源和环境资源的具体类别及内容。

表 6.1　创业资源的种类

<table>
<tr><th colspan="2">资源种类</th><th>具体内容</th></tr>
<tr><td rowspan="5">要素资源</td><td>人力资源</td><td>创业者、创业团队的知识、经验、智慧、判断力、人际关系</td></tr>
<tr><td>财务资源</td><td>银行贷款、风险投资、政策性的低息或无偿扶持基金、租金等</td></tr>
<tr><td>物质资源</td><td>创业或经营活动所需的有形资产，如厂房、土地、设备</td></tr>
<tr><td>技术资源</td><td>关键技术、制造流程、作业系统、专用生产设备</td></tr>
<tr><td>管理资源</td><td>企业诊断、市场营销策划、制度化和正规化企业管理的咨询等</td></tr>
<tr><td rowspan="5">环境资源</td><td>品牌资源</td><td>借助大学或优秀企业的品牌，科技园或孵化器的品牌，以及社会上有影响力的人士对企业的认可等</td></tr>
<tr><td>市场资源</td><td>经营许可权、销售渠道、顾客关系等</td></tr>
<tr><td>政策资源</td><td>政府扶持政策、与政府的关系</td></tr>
<tr><td>信息资源</td><td>宣传和推介信息、中介合作信息、采购和销售渠道信息等</td></tr>
<tr><td>组织资源</td><td>企业的战略规划、员工开发、评价和报酬系统等</td></tr>
</table>

二、创业资源的获取途径

1. 通过市场途径获取创业资源

通过市场途径获取创业资源包括购买和联盟两种。

（1）购买

购买是指利用财务资源通过市场购入的方式获取外部资源，主要包括购买厂房、设备等物质资源，购买专利和技术，聘请有经验的员工及通过外部融资获取资金等。需要注意的是，诸如知识，尤其是隐性知识等资源虽然可能会附着在非知识资源之上，通过购买物质资源（如机器设备等）得到，但很难通过市场直接购买。因此，需要新创企业通过非市场途径去开发或积累。

（2）联盟

联盟是指通过联合其他组织，对一些难以或无法自己开发的资源实行共同开发。但联盟的前提是联盟双方的资源和能力互补且有共同的利益，而且能够对资源的价值及其使用达成共识。

2. 通过非市场途径获取创业资源

通过非市场途径获取创业资源包括资源吸引和资源积累等。

（1）资源吸引

发挥无形资源的杠杆作用，利用新创企业的商业计划和创业团队的声誉，通过对创业前景的描述来获得或吸引物质资源、技术资源、人力资源和资金等。

（2）资源积累

利用现有资源，在企业内部通过培育形成所需的资源。主要包括自建企业的厂房、设备，在企业内部开发新技术，通过培训来增加员工的技能和知识，以及通过企业的自我积累获取资金等。

显然，创业者的自有资源往往是通过非市场途径获取的。由于起步阶段的创业者往往囊中羞涩，很难通过购买的方式获取创业所需的各种外部资源，因而非市场途径——通过社会关系，用最小的代价获取创业资源成为创业者的首选，甚至无偿获取创业资源也并非不可能。

三、创业资源的管理

创业者想要成功地开发出机会，进而创建一个新企业或者开拓新的事业，在很大程度上取决于他们所能够掌握和整合的资源，以及对各种资源的利用情况。然而，就创业活动而言，它是在资源高度约束情况下开展的商业活动，大多数创业者在进行创业活动之初总是陷入资源匮乏的尴尬境地，因此，资源整合和管理能力就必然成为创业者开展创业活动的必修课程。在现实生活中，优秀的创业者在创业过程中所展现出的卓越的创业技能之一就是创造性地整合和管理创业资源。

1. 创业资源的开发与整合

资源是创业者创业必不可少的关键元素，创业者资源整合能力的大小基本上决定了创业的成败。资源整合能力的强弱也是衡量创业者、企业家能力的主要指标之一，而且这种能力直接关乎新创企业的成长壮大。创业资源的整合可以从以下几个具体方面加以阐释：人脉资源、人才资源、信息资源、技术资源、资产资源、行业资源、政府资源。

（1）人脉资源的开发与整合

人脉资源是创业过程中的第一资源，各种良好的、健康的人脉资源有助于创业者方便地找到投资、技术、产品、渠道等，整合人脉资源也成为创业成功的基本条件之一。

（2）人才资源的开发与整合

人才战略应当作为新创企业的重点战略，为此，企业应当求才、爱才、育才、重才，用事业发展吸纳高科技人才，用高科技人才牵引高新技术产品开发，从而形成一支支撑企业发展的高素质优秀人才队伍。人才资源的开发与整合应当注意建立完善的激励体制，用奖惩制度去激发员工的潜能，让员工的潜能发挥到极致；建立培训机制，培养人才，让人才在企业中发挥最大潜能；善待员工，这是留住人才的唯一法宝，不仅给予人才精神上的满足，同时也要配以物质利益；要量才而用，尽量挖掘并发挥人才的长处，按照人才的才能和特长安排职务，尽量控制其短处，使人才有价值的认可感；分工应当尽可能明确，职责划分应当清晰；通过外部力量如培训班等协助创业者快速找到所需的人才。

（3）信息资源的开发与整合

当今社会，信息资源对很多创业者来说就是成功的机遇，创业者应当像管理整合其他创业资源一样对信息资源加以管理整合。创业企业信息化的最高层次就是决策，它具有前瞻性。企业在做决策时，受到来自竞争对手、政府、行业、合作伙伴、客户等内外部环境的影响，而对于创业者而言信息是不对称的，创业者只有充分了解和分析企业内外部环境，才能做到有的放矢、抓住成功的机遇。

对于信息资源，既要开发与整合管理好外部信息资源，即抓住好的机遇，又要开发与整合管理好内部信息资源，进行信息资源的规划。通过建立健全企业的信息资源管理基础标准，根据需求分析建立集成化信息系统功能模型、数据模型和系统体系结构模型，然后再实施通信计算机网络工程、数据库工程和应用软件工程的一个系统化的企业信息化解决方案，以使企业建立起高水平的现代信息网络，实现信息化建设的跨越式发展。

（4）技术资源的开发与整合

创业技术是创业初期最关键的资源，它是决定所需创业资本的大小、创业产品的市场竞争力和获利能力的根本因素。一个成功的企业要有好的产品，其产品必须做到专业化，技术上要一直领先。对于初创企业而言，在缺乏自身技术资源的情况下，应尽可能地与大专院校及科研院所合作，实现技术成果的转化。特别值得注意的是，技术资源的主要来源是人才资源，重视技术资源的开发与整合同时也是注重人才资源的开发与整合。另外，开发与整合技术资源只是起点，技术资源开发与整合是为了不断进行技术创新、自主研发并拥有自主知识产权、保持技术的领先、占领市场并壮大企业。

（5）资产资源的开发与整合

在开发与整合外部资产资源时，创业企业首先要对资产资源有整体性了解，对投资者的基本情况如资质情况、业绩情况、提供的增值服务情况等进行全面掌握，再根据企业的实际情况在众多的投资者中选择合适的目标。在谈判的过程中，双方将围绕企业的发展前景、新项目的想象空间、经营计划和如何控制风险等重点问题进行协商。

在签订合同时，创业企业和投资人必须明确双方的出资额与股份分配，其中包括对投资企业的技术开发设想和最初研究成果的股份评定；创业企业的人员构成和双方各自担任的职务等两方面的问题。

（6）行业资源的开发与整合

创业企业应对某个行业有充分的了解，同时掌握这个行业的各种网络关系，如业内竞争对手、供货商、经销商、客户、行业管理部门以及科研机构、行业协会、行业杂志、行业展会等，这些对于创业的成功与否很重要。另外，同行之间或者产业上下游之间的创业企业应通过策略联盟或股权置换等方式整合资源，使人力资源、研发能力、市场渠道、客户资源等实现优势互补，对内相互支持，对外协同竞争。这种方式往往是有几家创业企业作为核心，同时带动一批创业企业，形成利益共同体。

（7）政府资源的开发与整合

充分开发与整合创业的政府资源，享受政府扶持政策，对于创业企业来说可以达到事半功倍的效果。开发与整合政府资源也即充分关注并利用政府的各项优惠政策，包括财政扶持政策、融资政策、税收政策、科技政策、产业政策、中介服务政策、创业扶持政策、对外经济技术合作与交流政策、政府采购政策等。

2. 创业资源整合过程

创业者首先需要建立资源整合的意识，开阔视野，提升境界，以“天下资源皆可为我所用”的意识和气魄，来突破自身资源不足的局限和障碍。创业资源的整合是一个复杂的动态过程，是创业企业对不同来源、不同层次、不同结构、不同内容的资源进行选择、汲取、配置、激活和有机融合，使之更具柔性、条理性、系统性和价值性，并对原有的资源体系进行重构，摒弃无价值的资源，以形成新的核心资源体系。资源的整合过程可以分为四个子过程，即资源扫描、资源控制、资源利用和资源拓展。这四个子过程在时间上并不是完全分离的，而是相互影响、相互衔接的。

（1）资源扫描

创业者要知道自己的资源禀赋以及企业拥有的最初资源。将已有资源识别出来，包括己方所有有价值的有形资产和无形资产，如人才、技术、设备、品牌等，找到自己的资源优势和不足，同时认清哪些属于战略性资源，哪些属于一般性资源，还要确定资源的数量、质量、使用时间以及使用顺序。扫描自身已有资源的同时，也要对外部环境进行扫描，及时发现新创企业所需的资源，确定自己所缺的创业资源可以从哪些渠道获得，以及谁拥有这些重要资源，并为各种资源渠道的获得难易程度进行排序；进而寻找利益交集，对资源拥有者的利益需求进行深度分析，并与自己所拥有的资源进行比较，找到利益契合点。创业者在初始创业阶段会利用与自己关系较近的资源网络，随着业务的向前发展而逐渐扩充这一网络。

（2）资源控制

控制的范围包括创业者自身拥有的资源、通过交易等形式可获得的资源以及通过社会网络等形式可以控制的资源。创业者自身拥有的资源，在许多情况下存在于创业团队中。在特定的行业，创业团队中成员的社会网络资源和技术对于企业的成功至关重要。在获取资源的过程中，需要判别这种资源对实现企业的目标是否关键，并且创造性地设计出双赢的合作方案，形成长期互利关系。

获取资源的方式主要有两类，即购买和并购。资源购买主要是通过市场购入所需的资源；资源并购是通过股权收购或资产收购，将企业外部资源内部化的一种交易方式。创业者要尽可能利用已有资源和能力去控制那些尚无法得到的资源，可以通过联盟、加盟等方式。资源联盟是指通过联合其他组织，对一些难以或无法通过自己进行开发的资源实行共同开发。

对于多数新创企业来说，初始资源禀赋是不完整的，创业者需要取得资源供应商的信任以取得所需的资源。可以通过一定的手段，如完美的商业计划和优良的设施来展示企业成功的形象，并借此鼓励供应商对企业进行资源投资。

（3）资源利用

在获取和控制大量资源的基础上，新创企业开始对这些资源进行配置和利用，将它们合理有效地配置到最能发挥其使用效益的地方去，体现出这些资源的价值。企业资源在未整合之前大多是零碎、低效的，要发挥这些资源的最大使用价值、产生最佳效益，就必须运用科学方法对各种类型资源进行细化、配置和激活，将有价值的资源有机地融合起来，促进资源间相互匹配、互为补充、互相增强。

在配置资源之后，新的资源或者说竞争优势就会形成，企业必须利用区别于其他企业的这种优势来赢得市场。资源在整合并转化为企业内部的独特优势之后，创业者需要协调各种资源之间的关系，匹配有用的资源，剥离无用的资源。通过协调，使资源的联系更加紧密，更加具有匹配性，形成“1+1>2”的局面，并为下一步拓展奠定基础。

（4）资源拓展

对资源的拓展创造过程是将以前没有建立起联系的资源建立联系，将新获取的资源与已有的资源进行链接融合，进一步开发潜在的资源为企业所用，又称为再开发，即开拓资源的范围和功能，为下一步的识别、获取、配置和利用资源奠定坚实的基础，这也是企业持续竞争优势的根本来源。

开拓创造过程是为新创企业带来新的能力，从而使其能够更充分地发现和掌握创业机会。

知识链接

开发与整合人脉资源需注意的几个特性

1. 长期投资性

创业者应当在平时就注重人脉资源的积累，不要在有需要时才开始建立人脉积累。人脉资源的形成需要很多的时间和精力，这也是一种投资。

2. 可维护性和可拓展性

人脉资源是可以通过亲情、友情、合作、交流等进行维护并加以巩固的，但需要经常性地进行维护，同时在维护中不断发展新的人脉关系。

3. 有限性和随机性

每个人一生中认识的人一般不超过 500 人，而真正能够帮助自己的不超过 50 人，因而每个人的人脉资源都是有限的。就这一点而言，个人的发展也会受到人脉资源的限制。同时，创业者并不一定能从所认识的人中获得帮助，有能力的人可能不认识，这在客观上要求其不断认识更多的人。

4. 辐射性

辐射性强调人脉资源的传递特性，通过中间人能够调动更多的人脉资源。需要注意的是，进行人脉资源的开发与整合时一定要整合健康的人脉资源，要以创业者自身的人格魅力来积聚，因此，创业者自身的人格、品质、素质等需要不断提升。

任务二 创业融资分析

一、创业融资概述

1. 创业融资的含义

融资是指货币资金的融通。狭义上讲，融资是企业资金筹集的行为与过程，即企业根据当前经营现状及未来发展需要，通过一定的渠道、采用一定的方法、付出一定的代价向资金持有者筹集资金的经济行为。广义上讲，融资既包括资金的融入，也包括资金的融出，即企业通过一定的方式，在金融市场筹措资金或贷放资金的行为。创业融资则是在创业背景下的资金筹措行为和过程。具体而言，创业融资是创业企业为实现创业目标，满足企业生存和发展需求，通过多方渠道，采取不同策略筹集所需资金的经济行为。创业企业在不同的发展阶段有不同的资金需求，因而需要根据企业发展路径，结合创业计划以及企业发展战略，合理制订资金需求计划和创业融资方案。

2. 融资程序及注意事项

（1）融资程序

创业企业在融资过程中需要了解和选择目标投资者，同时也必须向目标投资者证明其投资是有价值的、投资风险是可以控制的。

①融资的前期评估。

创业企业融资前期，首先必须要寻找和了解潜在资金提供方并进行合理评估。系统分析创业融资的必要性和可行性，估算融资规模、确定融资渠道和方式、选择融资期限与时机、估算融资成本、评估融资风险等形成融资诊断与评估报告，作为融资决策的依据。

②融资的资料准备。

此阶段的创业企业必须要做好融资前自身的各种企业资料准备，特别是必须认真编制、撰写并修改完善创业商业计划书。

③融资的双方谈判。

此阶段的创业企业必须开始与潜在资金提供方进行接触，就融资资金的使用价格、期限、提供方式、还款方式等细节进行商谈，直至双方达成一致意见。

④融资的方案签订。

此阶段的创业企业必须进行融资组织、策划与实施等内容，也就是根据双方谈判的结果和要求，对所有资金到位前的工作进行细化、论证、安排。核心是制定融资实施方案与签订融资协议两个环节。

⑤融资的事后评价。

此阶段需要分析总结成败之处，为下次融资积累经验和相关资料，包括融资效果评价及其成败经验教训分析、融资参与人员的表现及其奖惩处理、融资档案的建立等。

（2）融资注意事项

融资对于大学生创业是非常重要的事情，不懂得融资或者不融资，创业过程将会变得无比困难。大学生在创业融资的过程中需要注意以下事项。

①避免盲目选择项目。

大学生创业者在创业之初一定要做好市场调研，在了解市场的基础上创业。一般来说，大学生创业者资金实力较弱，选择启动资金不多、人手配备要求不高的项目，从小本经营做起比较适宜。

②避免创业技能欠缺。

一方面，大学生应去企业打工或实习，积累相关的管理和营销经验；另一方面，积极参加创业培训，积累创业知识，接受专业指导，提高创业成功率。

③避免社会资源不足。

平时应多参加各种社会实践活动，扩大自己人际交往的范围。创业前，可以先到相关行业领域工作一段时间，通过这个平台，为自己日后的创业积累人脉资源。

④避免管理太过随意。

大学生要想创业成功，必须技术、经营两手抓，可从合伙、创业、家庭创业或从虚拟店铺开始，锻炼创业能力，也可以聘用职业经理人负责企业的日常运作。

⑤避免缺失导师指导。

创业过程需要发挥创业指导师的帮带作用，这能使创业过程少走很多弯路。例如，杭州现有大学生创业指导师200多名，都是有丰富创业教育经验和创业实践经验的学者、专家和企业家。

⑥避免随意预测销售。

常见错误是先估算整个市场容量，然后估算自己将获得多少份额，据此算出期望的销售额。或者是先预计每年销售额的增长幅度，据此算出今后若干年的销售额。比较实在可信的方法是计划投入多少资源，调查面向的市场有多少潜在客户，有哪些竞争产品，然后根据潜在客户成为真实用户的可能性和单位资源投入量所能够产生的销售额，算出企业的销售预测。

大学生在初次创业时，最好首选零投资创业或者低投资的创业项目，其次选择小投资创业，当你有了足够的经济背景或者有足够强的推销自己的能力时，可以试着再去做高投资的创业。

二、创业融资渠道

1. 私人资本融资

私人资本融资包括自我融资、亲朋好友融资和天使投资等。

（1）自我融资

自我融资是指创业者将自己的部分甚至全部积蓄投入到新企业创办之中。企业在创立初期和经营过程中很重要的一个资金来源和筹资方式就是依靠家人和自己多年的积蓄融资。这种融资方式的优点是有利于创业者控制企业且占有绝大部分的股份，可以长期使用，并且不需要还本；其缺点是筹资数额往往有限，筹资风险较大，一旦创业或经营失败，个人及家人多年的积蓄将付之东流。

（2）亲朋好友融资

家人和亲戚、朋友一般都是创业者理想的贷款人，许多成功创业人士在创业初期都借用过家人或朋友的资金。这种筹资方式的优点是筹措资金速度快，风险小，成本低，方便快捷灵活；缺点是会给亲朋好友带来资金风险，甚至资金损失，如果创业或经营失败，可能会影响双方的感情。因此，诚信在创业过程及经营过程中都很重要。

（3）天使投资

天使投资是指自由投资者或非正式机构对具有专门技术或独特概念的原创项目或小型初创企业进行一次性的前期投资。天使投资实际上是风险投资的一种特殊形式，是对于高风险、高收益的初创企业最早介入的外部资金。天使投资的金额一般较小，而且是一次性投入，它对风险企业的审查也并不严格，它更多地是基于投资人的主观判断或者是由个人的好恶所决定的。天使投资人不但可以带来资金，同时也可以带来关系网络。如果他们是知名人士，也可提高公司的信誉。天使投资往往是一种参与性投资，也被称为增值型投资。

2. 机构融资

（1）商业银行贷款

在中国，中国工商银行、中国农业银行、中国银行、中国交通银行等四大商业银行，中国光大银行、民生银行、招商银行、深圳发展银行、上海浦东发展银行等中小型商业银行，以及各级农村信用社是创业者获得银行贷款的重要来源。商业银行不提供股权资本，主要提供短期贷款，但也提供中长期贷款和抵押贷款。目前，我国商业银行推出的个人经营类贷款对于创业者非常适合，包括个人生产经营贷款、个人创业贷款、个人助业贷款、个人小型设备贷款、个人周转性流动资金贷款等。

（2）担保机构融资

担保机构融资是指企业根据合同约定，由依法设立的担保机构以保证的方式为债务人提供担保，在债务人不能依约履行债务时，由担保机构承担合同约定的偿还责任，从而保障银行债权实现的一种金融支持方式。担保机构主要解决中小企业融资困难。

1993 年 11 月，由财政部和国家经济贸易委员会联合组建中国经济技术投资担保公司（2006 年更名为中国投资担保有限公司），并于 1994 年 3 月正式投入运营；2003 年出台并于 2017 年 9 月 1 日第十二届全国人民代表大会常务委员会第二十九次会议修订的《中华人民共和国中小企业促进法》，鼓励各种担保机构为中小企业提供信用担保；2012 年 5

月，财政部、工业和信息化部出台《中小企业信用担保管理办法》，推进了信用担保机构的规范化。

（3）政府创业扶持基金

近年来，各级政府越来越重视对中小企业、创业企业的扶持，制定多种优惠政策。由政府主导的创业扶持基金不但能为企业带来现金流，更是企业壮大无形资产的利器。政府创业扶持基金主要包括科技创新基金、政府创业基金、专项基金和地方性优惠政策，如税收优惠、财政补贴、贷款援助等。

（4）风险投资

创业投资也叫风险投资，是指在创业企业发展初期投入风险资本，待其发育相对成熟后，通过市场退出机制将所投入的资本由股权形态转化为资金形态，以收回投资，取得高额风险收益。由于高新技术企业与传统企业相比更具备高成长性，所以风险投资往往把高新技术产业作为主要投资对象。这种融资方式的优点是投资期限一般较长，资金流动性不高，资金流供给稳定。投向处于早期发展阶段的小微企业，可以满足其技术创新、产品研发、组织营销等环节及不同发展阶段对资金的需求。此外，投资者与企业是风险利益共同体，因而会积极参与企业经营管理。风投严格规范的运行机制可对企业进行财务监督以遵守各种法律法规政策的规定，可规范企业行为，保护知识产权，提高其自主研发能力。

3. 知识产权融资

知识产权融资，即用知识产权进行质押贷款或作价入股获取融资。现阶段，我国知识产权融资方式主要有质押贷款、作价入股、知产引资、融资租赁等。

（1）质押贷款

质押贷款是指企业或个人以合法拥有的专利权、商标权、著作权中的财产权经评估后作为质押物，向银行申请融资。这是我国商业银行正在积极探索的中小企业融资渠道。

（2）作价入股与知产引资

它是指合法拥有知识产权的企业或者个人，通过知识产权的价值评估后，以具有自主知识产权并能带来丰厚回报的潜力项目，吸引合作第三方投资，企业通过出让股权换取第三方资金，或与拥有资金的第三方机构合作创立新公司，使得拥有知识产权的企业或者个人获得企业股权；也指企业股东或者法人将自主拥有的专利或专有技术等，通过知识产权的价值评估后，转让到企业，从而增加其持有的股权。

（3）融资租赁

与传统行业中的设备融资租赁具有类似性，在租赁期间，承租方获得知识产权的除所有权外的全部权利，包括各类使用权和排他的诉讼权。租赁期满，若知识产权尚未超出其有效期，根据承租方与出租方的合同约定，确定知识产权所有权的归属。知识产权的融资租赁、知识产权资产的证券化等在中国大陆区域属于尚未开拓的全新融资方式。

三、创业融资的方式选择

筹资渠道解决的是资金来源问题，筹资方式则解决通过何种方式取得资金的问题，它们之间存在一定的对应关系。一定的筹资方式可能只适用于某一特定的筹资渠道，但是，同一渠道的资金往往可采用不同的方式取得，同一筹资方式又往往适用于不同的筹资渠道。因此，企业在筹资时，应实现两者的合理配合。新创企业一般经历种子期、创业期、成长期和成熟期 4 个阶段。不同的阶段，融资数量、融资渠道以及融资方式有着不同的特点，创业者要做到融资方式选择与融资阶段、融资需求及融资渠道相匹配。

1. 种子期

在种子期，创业者往往刚萌生创业的想法，可能只是有了一个创意或者有了一个正在研究的科研项目。在这个阶段，创业者可能还没有注册企业或者刚完成注册，也可能正在进行市场调研，也许还未制订商业计划，还未形成创业团队，还没有自己的产品或服务，还没有实现销售和利润。这个阶段大概要持续 3 个月到 1 年。在种子期，创业者的主要任务就是将创业理想变为创业现实，所需资金主要是用于新技术、新产品的研发或是市场调研，资金需求量不是很大，资金主要来源于创业者自己和家人的积蓄，融资方式主要选择自我融资、亲情融资或众筹融资。

2. 创业期

创业期是创业者创办企业并让企业活下来的阶段。在这个阶段，创业者完成了公司注册，制订了商业计划，组建了创业的核心团队，已经完成产品的研发和市场调研，有了较少的销售或者有了较少的利润；企业如果要存活下来就需要大力地开拓市场，加大产品宣传，有足够的资金保证生产。这个阶段大概需要 1 ~ 2 年的时间。在创业期，创业者需要大量的资金保证企业的建立、生产经营的顺利进行及市场开拓。由于这时企业的生产规模较小，市场占有率不高，管理制度还不够健全，经营风险还较大，机构投资者和金融机构出于稳健经营的考虑往往不会提供大量的资金支持给企业，因此，此阶段创业者的资金主要来源于个人资产、私人借贷、合伙人或天使投资和风险投资。这时的融资方式可以选择少量的金融机构借款，多选择自我融资、亲情融资、合伙融资、商业信用、典当等。如果创业者可以争取到天使投资的青睐也可以选择天使投资，如果创业企业是高科技企业也可以选择风险投资，得到风投在管理和资金上的支持。

3. 成长期

在成长期，企业的生存问题已经基本解决，企业开始实现盈利，销售进一步扩大，企业生产经营面临的主要问题就是进一步占有市场，不断扩大生产经营规模。这就要求创业者有更多的资金投入，这个过程通常要持续 2 ~ 3 年。在这个阶段，企业已经步入正轨，资金需求主要是满足企业发展和扩张的需要，资金需要量较大。因为此时企业的经营风险降低，因此，可以增加债务资金投入，发挥财务杠杆作用，提高企业资金的盈利能力。在融资方式的选择上，可以选择金融机构借款、融资租赁、风险投资、商业信用、票据融资等。

4. 成熟期

创业企业在成熟期需要确定企业未来的发展方向，如上市、被并购或独立发展。发展方向不同，融资的渠道与方式就会不同。如果创业企业选择上市，那么可以采用发行股票的方式或者吸收直接投资的方式融资；如果企业选择被并购，则收购方可能采用杠杆收购的形式。收购方可以以目标企业的资产或未来的现金做抵押向银行以优先债形式获得60%左右的收购所需资金，从风险投资公司以可转化债券和优先股形式获得30%左右的夹层资金，以及自己投入10%左右资金来完成杠杆收购。上市和被并购都会涉及夹层资金，因此，成熟期的融资主要是夹层融资。

任务三 商业模式开发

一、认知商业模式

案例

创立于2015年9月的拼多多，是电商行业的创新代表之一。在以淘宝、京东为首的电商占据了国内电商市场大部分份额的时候，拼多多进入互联网主流人群的视野。近年来拼多多一跃成为电商界的“黑马”，日均活跃用户仅次于手机淘宝，位列第二，打破了该行业的双极格局，成为过去十年中国增长速度最快的电商公司。拼多多的背后则是平台通过模式与技术创新，与农业、制造业深度结合，有效推动其改造升级的强有力措施。以拼多多为研究对象，通过客户细分、价值主张、渠道通路、客户关系、收入来源、核心资源、关键业务、重要合作、成本结构等九个方面，针对商业模式要素进行解析。

1. 市场细分与渠道通路

市场细分描述了拼多多想要获得的和期望服务的不同目标人群和机构。为了更好地满足市场，拼多多按照目标人群的需求、行为及特征，将市场分成不同的群组。拼多多的客户群体主要有学生和职场新人。学生群体处于一生之中消费欲望最强但是又最一无所有的年纪，对于他们而言，低价的诱惑力是很强的，且学生的群体性很强，联合拼单等行为对于他们而言也是比较容易做到的，因此，他们也在拼多多的用户中占有一定的比例。参加工作不久的年轻人往往还没有什么积蓄，刚参加工作不久的人收入能力比较低，但是需要花钱的地方却比较多。年轻的身体让他们对于健康等问题暂时还不是十分重视，价格对于他们而言虽然不是唯一但也是重要的参考依据，他们不会以拼多多作为主要的购物平台，但是也不介意在看到低价的物品时进行购买。从用户性别分析，拼多多的女性用户是男性用户的两倍，而电商平台淘宝和京东的女性用户占比分别为59.68%和47.80%。从性别维度来看，相较于其他传统电商，拼多多的女性用户占比更突出。

2. 客户关系与合作关系

客户关系是指拼多多为达到其经营目标，主动与客户建立起的某种联系。这种联系可能是单纯的交易关系，可能是通信联系，也可能是为客户提供一种特殊的接触机会，还可能是为双方利益而形成某种买卖合同或联盟的关系。将拼多多客户关系分为对供应商的客户关系和对用户的客户关系。拼多多和商户的客户关系为合作伙伴关系存在于企业的最高管理者之间，企业与客户交易长期化。当双方就产品与服务达成认知上的高度一致时，双方即进入合作伙伴阶段。在这个阶段，企业深刻地了解客户的需求并进行客户导向的投资，双方人员共同探讨行动计划，企业对竞争对手形成了很高的进入壁垒。拼多多与用户的关系认定为私人关系、自动化服务关系以及社区关系。私人关系：消费的过程中消费者与商家、平台进行交流，以及消费者在完成交易后享受到商家提供的针对个人的售后服务都属于私人关系的范畴。自动化服务关系：拼多多的后台根据用户近期搜索和浏览过的商品，通过大数据分析的方法来判读什么是消费者可能想买的东西，然后将这些商品推送到每个消费者的首页。社区关系：众多消费者在共同参与拼多多拼团的过程中已形成了一个社区，在社区中消费者可以讨论有关商品的任何方面并分享购买商品的体验。

3. 价值主张

价值主张是指对客户来说什么是有意义的，即对客户真实需求的深入描述。首先是创新，与其他平台不同，拼多多能够给中小商家提供生存的地带，许多原来处于消费平台腰部、尾部的商家有机会在这个平台成为头部商家，而平台的低价战略势必让其流量资源向低价商品倾斜。其次是价格，以更低的价格提供相同的价值是满足价格敏感型客户群体需求的普遍方式。最后是定制、品牌和缩减成本，定制是针对某些客户或客户群体的某项需求提供定制的产品或服务，使其能够创造价值。拼多多推出了“新品牌计划”的定制类服务，它通过需求前置化，让消费者的意志来决定新品研发和投产的方向，降低了企业研发投入的不确定性。

4. 关键业务

关键业务这个模块描述的是拼多多保障其商业模式正常运行所需做的最重要的事情。关键业务主要分为生产、解决方案和平台／网络三种类型，这三种类型构成了拼多多的多边平台模式：拼多多平台将两个独立但相互依存的客户群体连接在一起。

平台通过促进顾客和商家间的互动而创造价值。拼多多的价值提升也就因此在于它所吸引的用户数量的增加。多边平台解决这个问题的方式就是向客户群体发放补贴。多边平台运营者面临的一个困难就是，需要弄清楚多边平台的众多“边”中，哪一“边”是需要给予补贴的，如何以合适的价格吸引到他们。尽管拼多多的运营成本来自向平台中的商家和消费者提供的服务，但拼多多经常需要以低廉或免费的价格来吸引消费者加入平台，以达到吸引平台的“另一群体”——商家跟随着加入平台的目的。

5. 核心资源

核心资源这个模块是保证一个商业模式顺利运行所需的最重要的资产。拼多多的核心资源主要包括知识性资源和人力资源；其中知识性资源包括品牌、专利技术。拼多多不仅通过“分享式宣传”和大力的品牌赞助家喻户晓，另外，同样重要的是拼多多还是农业上行的主要渠道之一。过去三年，拼多多平台已累计帮扶139 600户建档立卡扶贫家庭，产生超过21亿笔助农订单，累计销售109亿斤农产品，相关交易总额达510亿元。拼多多在电商扶贫方面打造出了一个独有的品牌，提升了市场口碑。拼多多基于平台海量数据挖掘与分析，开发完成假货识别算法，研发构建一系列模型，以评估和发现假货，进而采取限制措施。此外，拼多多采用了“分布式AI”的算法模式，通过分布式AI技术，能够实现公有数据对所有用户开放，算法变得更加开源，可供所有用户监督。这就相当于每个个体用户拥有了专属的智能代理。拼多多拥有大批技术人才，为其开发新的算法设计和技术升级提供人力支持。

6. 成本结构和收入来源

拼多多主要营运成本来源于销售及市场推广费、一般管理费用以及研发费用。以2019年第二季度最新财报为例，其中销售及市场推广费占营运成本的85%。2019年第二季度拼多多总收入的增长主要源于在线营销服务的增长，拼多多总收入同比增长169%，增长到了人民币72.900亿元，主要是在线营销服务收入的强劲增长所致，相比之下同期的销售和营销费用同比增长105%，增长到了人民币61.037亿元，占总收入的84%。拼多多最重要的关注指标是用户增长、交易额增长以及营收增长，而不是阶段性的费用增长。

总之，拼多多基于品牌、专利权、人力资源等核心资源建立了针对家庭主妇、参加工作的年轻人、学生群体等低消费群体的购物渠道，通过给供应商提供新的平台，给消费者提供低价、定制等服务，与供应商构建了合作伙伴关系，与消费者构建了私人关系、自动化服务关系以及社区关系的多边平台商业模式。将商家和消费者这两个群体连接在一起，双方的价值通过拼多多平台基于对方的存在而得到体现。拼多多则通过促进不同群体的互动而创造价值，因而拼多多价值的提升也通过用户数量的增加而体现。拼多多平台对于单个用户群体的价值本质上取决于平台中“另一群体”的用户数量——消费者聚集拼多多是因为在平台上有可供选择比较的商品，商家入驻也是因为有大量用户在使用该平台。此外，拼多多的商业模式创新是一个拼凑过程，既有团购电商的影子，也有浓厚的游戏化特征。拼多多凭借以分享与拼团为核心的新电商模式，在格局已定的电商行业中重新开辟出一片新蓝海。

1. 商业模式的概念

商业模式是企业与企业之间、企业的各部门之间乃至与顾客、渠道之间都存在各种各样的交易关系和联结方式。商业模式的内在范围涵盖了企业的整个运营流程，也就是我们通常所说的价值链，它是一个整体的、系统的概念，而不仅仅是一个单一的组成因素，是由包括融资、研发、生产、营销等相关联的价值活动所构成的，它是企业构造价值链的方式，如图 6.2 所示。简而言之，商业模式即公司通过什么途径和方式盈利。例如，汽车公司如何通过卖车来赚钱；食品公司如何通过卖食品来赚钱；快递公司如何通过送快递来赚钱；超市如何通过平台和仓储来赚钱等。只要有潜在或直接的盈利环节，就有商业模式存在。

商业模式概述

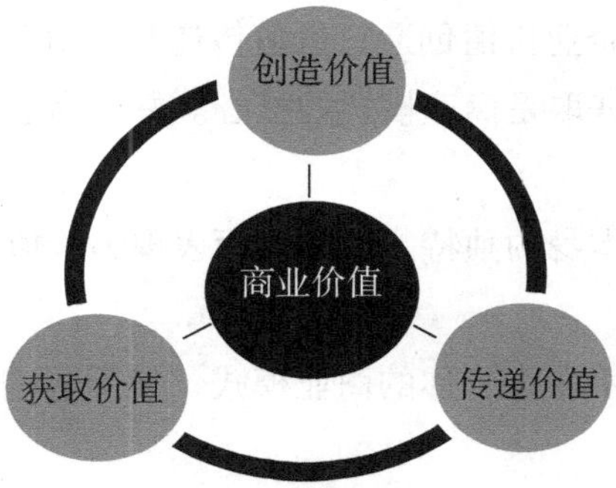

图 6.2　商业模式图

据调查统计，近十多年来迅速成长的国内优秀企业，在初创阶段有几点特征，如不具备垄断资源、没有丰富的资金资源（表 6.2）、能准确把握市场趋势、发展速度呈现指数级增长、拥有更加有效的商业模式。

表 6.2　部分公司资金启动示意表

公司名称	启动资金
携程	200 万
如家	1 000 万
阿里巴巴	50 万
脑白金	50 万
红孩子	200 万

分析这些特征，不难发现商业模式起到了至关重要的作用。管理学大师彼得·德鲁克曾说过："现代商业的竞争，已不再是单一的产品或服务的竞争，往往是商业模式的竞争。"在当今，商业模式已成了企业界和学术界最热的话题之一。然而商业模式的内涵和概念却不是人人都能准确地把握。

商业模式最早的研究来源于德鲁克，他将其定义为组织理论或公司经营理论。之后，国内外诸多学者在此基础上开展研究，得出诸多定义。Alexander Osterwalder 和 Yves Pigneur 在 2005 年发表的《理清商业模式：这个概念的起源、现状和未来》中提出的定义："商业模式是一种包含了一系列要素及其关系的概念性工具，用于阐明某个特定实体的商业逻辑。它描述了公司所能为客户提供的价值以及公司内部结构、合作伙伴网络和关系资本等用以实现（创造、营销和交付）这一价值并产生可持续、可盈利性的收入的要素。"较为学术界所接受。更有学者在此基础上进行概括，认为商业模式就是企业基于价值创造的逻辑，是描述企业价值创造、价值传递和价值获取的基本原理。

以奇虎 360 公司的发展来进一步诠释商业模式的内涵。作为现今国内杀毒软件市场占有率第一的产品，它在市场上普遍接受付费购买杀毒软件的背景下，提出 360 杀毒软件免费为用户服务。不仅帮用户节省了支出，而且为用户提供了良好的体验。从此，奇虎 360 公司以杀毒软件产品为切入口，不断给用户传递各类产品，如 360 浏览器、360 搜索等。随着用户规模的扩大，奇虎 360 公司通过流量分包、搜索排名等方式获取了经济利益。由此可见，商业模式作为描述企业价值创造、价值传递和价值获取的原理得到了充分印证，价值创造、价值传递和价值获取是商业模式的核心。好的商业模式有以下几个特征：

（1）独特性

一方面表现为商业模式本身的独特，另一方面表现为价值创造环节的独特。

（2）难模仿性

难模仿性指的是竞争对手发现了你的商业模式，却无法进行复制模仿，主要表现为你的竞争壁垒和资源优势。

（3）灵活性

灵活性指的是商业模式随着市场的变化，能够进行及时修正，取得有效进步。

2. 商业模式的分类

商业模式的分类方式有多种，基于产品和服务的角度，有独特产品模式、个性化定制模式、客户系统解决方案模式、品牌模式、产品金字塔模式、基础产品模式等；基于企业运营的角度，有平台模式、连锁模式、互联网模式等；基于企业价值链的角度，有价值链定位商业模式、价值链延伸商业模式等。鉴于商业模式诸多的分类情况，重点介绍以下几种：

（1）独特产品模式

独特产品指的是具有非同一般的生产工艺、配方、原料、核心技术等优势，又有长期市场需求的产品。如家传秘方、进入门槛很高的新产品等。该模式能够快速形成市场差异化，帮助企业获取丰厚利润。应用独特产品模式的公司有 3M、王老吉、东阿阿胶等。

（2）个性化定制模式

随着移动互联网、大数据等技术的日渐成熟，以及工业化 4.0 的发展，个性化定制将会在未来的商业中越来越普及。通过在线数据采集，分析用户的个性化需求，给用户提供个性化的产品，如现在比较流行的服装定制。

（3）客户系统解决方案模式

客户系统解决方案模式是指企业通过满足用户显性需求为切入点，继而挖掘用户的隐形需求，以一整套的服务与解决方案来满足用户的需求链条。比如，通用电气公司通过客户系统经济学分析方法，了解客户如何购买和使用产品，在这一过程中所支付的金钱、时间以及所产生困扰，然后提供具有针对性、个性化的客户解决方案，即向客户提供自选配置、提供零部件和附件、提供融资和检修维护等售后服务来帮助客户克服遇到的困难，完成这个昂贵而耗时的过程。通过提供解决方案的业务，通用电气公司掌握了大量客户的详细资料，并与之建立了友好的商业伙伴关系，比对手更快更好地了解客户的偏好，迅速满足其需求。通用电气公司这种将制造业当成服务业来做的思维，使其在各个业务领域都能领先对手，获得持续盈利和长足发展。

（4）品牌模式

品牌模式是指企业在产品或服务打造的过程中，塑造产品或服务的品牌，并对其进行经营管理，致力于提高品牌知名度、信誉度和顾客忠诚度。采用品牌模式的企业前期需要进行较大规模的营销投资，以增加公众对自己产品的了解，获得认同、赢得信任和信誉。

（5）产品金字塔模式

产品金字塔模式是通过满足不同用户对产品风格、材质、颜色等方面的不同需求，结合个人收入上的差异化因素，企业不断推出高、中、低各个档次的产品，从而形成产品金字塔，达到客户群和市场拥有量的最大化。在塔的底部，是低价位、大批量的产品，靠薄利多销赚取利润；在塔的顶部，是高价位、小批量的产品，靠精益求精获取超额利润。

（6）基础产品模式

基础产品模式指的是企业推出一种基础产品，进而带动后续利润款产品的销售，从而带来长期的后续业务。在许多应用基础产品模式的业务中，基础产品的利润往往不高，但其衍生产品的利润极有吸引力。

（7）平台模式

平台模式是指通过互联网平台开展商品或服务的销售。比如唯品会、聚美优品等平台，通过 B2C 模式将诸多商品卖给用户；淘宝、美团等平台，通过搭建交易平台从中获取利润。

（8）价值链定位模式

价值链定位型商业模式是指企业通过分析市场环境和自身优势，结合产业价值链的高低附加值区域，确定自己在价值链中的有利位置，明确今后的发展方向。

外包是价值链定位模式的一种，是指企业将其非核心业务或职能活动进行分拆、剥离或外包交由合作企业完成，自己只保留核心价值活动（具有竞争优势难以被模仿的价值活动）和相对优势的价值活动，以获得比单纯利用内部资源更多的竞争优势。该模式遵循的原则是企业从事基础价值或非核心价值活动的总成本高于其通过价值链分拆、职能外包的总成本。通过这种模式，企业可以和伙伴企业之间在资源、要素和能力等方面实现优势互补，提高企业的敏捷性和柔韧性，增加企业超额利润。比如耐克公司，分析了其产业价值链及行业成功的关键因素，整合资源，重点定位于产品设计和品牌营销推广两个环节，把产品生产进行外包。

（9）价值链延展模式

价值链延展型商业模式是在企业价值链的基础上，通过延展其两端的价值活动，即向上游供应商或下游销售商和顾客等方向整合和延伸，节约交易费用。延展型企业商业模式将原本在企业外部的价值活动纳入企业经营范围内，这不仅增加了企业的价值活动，而且扩大了企业与各利益方的关系网络，包括网络化价值链下企业间的合作关系，通过对其有效的制度安排和关系整合，可以节省大量的交易费用（如信息搜寻成本、谈判成本等），提高企业的整体反应效率，进而增强企业的整体竞争实力和盈利能力。

二、商业模式画布

案例

ZARA 的商业模式

ZARA 是全球目前生产设计和销售衣服行业当中的一个佼佼者，他们的创始人在 2004 年年底曾经成功登顶了世界首富，一个传统的生产制造型企业，为什么他们的创始人可以登顶世界首富？在这个互联网时代，为什么他们还可以做得到这一点？下面来解读一下他们的商业模式。

ZARA 是一个以快时尚闻名的时装巨头，它的成功得益于自身商业模式的创新。

ZARA 商业模式创新之一：锁定个性化消费需求。

ZARA 的成功最重要的在于它把握了个性化消费的潮流。在传统行业里，大规模生产的同质化产品只能依靠廉价来吸引消费者，以赚取微薄的利润，但没考虑到消费者对于满足自己个性化的产品是愿意付高价的，而这正是 ZARA 瞄准的客户对象。

ZARA 商业模式创新之二：提供“与众不同”“独一无二”的产品价值。

“品种少，批量大”是传统制造业的常例，而在“长尾市场”中，“款多量小”却成为当红的商业模式。ZARA 则以其“多款式、小批量”，创造了长尾市场的新样板。

ZARA 值得大多数传统企业借鉴的是，它有意识地在自己的产品中“制造短缺”。虽然一年中它大约推出 12 000 种时装，但每一款的量却并不大。即使是畅销款式，ZARA 也只供有限的数量，常常在一家专卖店中一个款式只有两件，卖完了也不补货。ZARA 总裁 Isla 说：“我们不想所有人都穿同样的衣服。”随着每周两次补充新货物，公司使顾客养成经常来逛的习惯。

ZARA 商业模式创新之三：通过全程控制供应链，创造快速时尚的稀缺价值。

ZARA的成功得益于公司出色的服装行业的全程供应链管理，以及支撑供应链快速反应的IT系统应用。ZARA公司采取“快速、少量、多款”的品牌管理模式，在保持与时尚同步的同时，通过组合开发新款式，快速地推出新产品，而且人为地造成“缺货”，以实现快速设计、快速生产、快速出售、快速更新，以及专卖店商品每周更新两次的目标。

ZARA商业模式创新之四：专业“买手”——设计师。

ZARA有400多名设计师，他们经常出没于米兰、巴黎这些时尚中心举办的各种时装发布会之间，或者出入于各种时尚场合，观察和归纳最新的设计理念和时尚动向。通常，一些顶级品牌的最新设计刚出来没多久，ZARA就会发布和这些设计非常相似的时装。这样的模仿能保证ZARA紧跟时尚潮流，也打破了其他企业设计师主导企业未来的境遇，ZARA已跻身于世界100强著名品牌行列。

ZARA商业模式创新之五：重金打造信息系统。

在ZARA调控中心的大办公区里，20多名工作人员坐在电话机旁，使用包括法语、英语、德语、阿拉伯语、日语和西班牙语在内的不同语言，收集来自世界各地的客户信息。通过他们的工作，时尚情报信息每天源源不断地从世界各个角落流入ZARA总部办公室的数据库。ZARA的主要信息来源是设计师和全球800多家门店。

1. 商业模式画布的定义

商业模式画布是指一种用来描述商业模式、可视化商业模式、评估商业模式以及改变商业模式的通用语言。

商业模式画布是会议和头脑风暴常用的，且在设计、分析商业模式时用到的一个工具，它通常通过一面大板、一张白纸或者一面墙来展现，它可以给决策者呈现出一种简约而又高效率的内容，从而更有效地帮助设计者进行商业模式的设计，如图6.3所示。

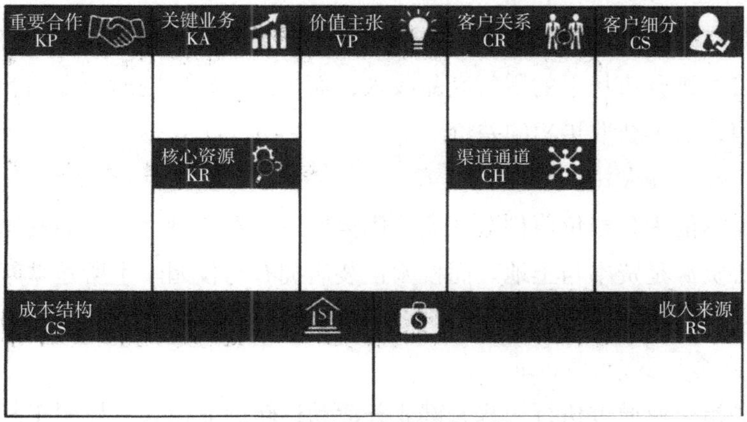

图6.3　商业模式画布式样

2. 商业模式画布的构成

商业模式画布通常由以下九个部分构成：

（1）客户细分（customer segments，CS）

客户细分是指企业或机构所服务的一个或多个客户分类群体。企业可以把客户分成不同年龄段或者不同需求群体，甚至专为一种客户群体服务。例如：各大银行把理财客户分为稳健型客户、保本型客户、激进型客户，从而为他们提供不同的理财方案。

（2）价值主张（value propositions，VP）

价值主张用来描述为特定客户细分创造价值的系列产品和服务。价值主张的重要性在于它表明了商业模式的价值定位和未来发展方向。阿里巴巴的价值主张是为商人提供平台，让天下没有难做的生意。而校园正装店的价值主张是专门为有需要的大学生提供性价比高的正装服务。

（3）渠道通路（channel highway，CH）

渠道通路是指通过沟通、分销和销售渠道向客户传递价值主张。过去，苏宁只通过线下直营店进行商品销售，但如今，苏宁已经把销售渠道主要分为线上商城和线下的实体店，并与高效物流合作，构成完整的营销渠道模式，双管齐下进行营销。而校园正装店的销售渠道也可分线上和线下，线下可以通过实体店进行销售；线上通过微信朋友圈、微博等宣传方式，让更多的人能购买正装。

（4）客户关系（customer relationships，CR）

客户关系是指在每一个客户细分市场建立和维系客户关系。星巴克通过在线 App 设置会员积分卡，在增加客户黏性的同时，提升客户地位，维持良好的客户关系。而校园正装店会通过让顾客关注微信公众号来建立客户关系，并定期通过正装优惠活动、回馈活动等方式来维持客户关系。

（5）收入来源（revenue streams，RS）

收入来源是指通过成功提供给客户的价值主张产生收入。国际知名零售商沃尔玛的收入来源主要来自其细分市场下的零售商品收入，而校园正装店则通过专门为有需要的大学生进行正装销售，从中获取买卖的差价。

（6）核心资源（key resources，KR）

核心资源是指能为公司价值创造和竞争优势形成起到关键性作用的资源。对于房地产商而言，其核心资源是资本与土地。而校园正装店拥有与校园学生所建立起来强大的客户关系网络。

（7）关键业务（key activities，KA）

关键业务是指企业通过执行一些关键业务活动运转商业模式。校园正装店的关键业务有两种：一是为有需要的大学生做好每一次的正装服务，甚至包括售后服务；二是通过各种优惠、活动、公众号推文等方式与学生维持良好的客户关系。

（8）重要合作（key partnerships，KP）

重要合作是指部分业务需要外包，而另外一些资源需要从企业外部获得，或通过合资等其他方式，建立战略合作伙伴关系。校园正装店与服装供应商建立战略合作关系，保证服装质量优质和服装按时到达，并与同学构建关系网络进行合作，大力宣传品牌。

（9）成本结构（cost structure，CS）

成本结构是指商业模式上述要素所引发的成本构成。对于一个类似阿里巴巴的 B2B 电商平台而言，它的成本在于平台维护费用、平台推广费用和人力费用等，而校园正装店的成本则为进货成本、宣传成本、店租、人力成本等。

三、商业模式的要素

商业模式的要素

根据对商业模式本质的讨论，我们知道商业模式是由价值主张、价值网络、价值维护、价值实现四个要素构成的一组盈利逻辑关系的链条。

1. 价值主张

价值主张是指企业通过价值链上的资源整合以独特的方式为客户创造的价值。简言之，价值主张就是为客户创造什么样的价值。

成功的商业模式的基础是要有一个非常有影响力的客户价值主张，它能够给客户带来显著的价值。2008 年，Johnson 等指出价值主张包括三个元素：目标顾客、客户利益（要解决的某个重要问题，或满足目标客户的某项重要需求）、提供物（即解决问题或满足需求的某种产品或某项服务）。

2. 价值网络

价值网络反映的是企业为了创造价值，对内对外运营活动的结构特性，泛指企业同其他商业伙伴之间为有效提供和创造价值并实现其商业化而形成的合作关系网络。

随着技术进步和顾客个性化需求的主张，现实中的价值网络变得更为复杂，原有网络参与者除了顾客、供应商、竞争者和互补者之外，还包括其他多种类型的经济主体，如广告商、商业伙伴、联盟企业、中介机构（渠道商、贸易商等各种服务提供者）和政府等。

这些不同类型的参与者之间通过特定的方式建立起直接或间接的竞争与合作关系，并互为依存、彼此联动构成了一个复杂的利益共同体，被称为价值网络生态系统，不同的价值网络生态系统构成了不同的价值网络形态。

3. 价值维护

有效的、创新的商业模式可能会因为没有得到伙伴的有力支撑或者竞争者迅速模仿而造成价值流失，导致失败，因此企业必须进行价值维护。国内外大量案例表明，许多商业模式的失败都是因为没有建立有效的价值维护，以致价值创造活动无法维持，甚至彻底失败。价值维护由伙伴关系与隔绝机制两部分组成。

（1）伙伴关系

企业与价值网络合作伙伴在相互信任的基础上，双方或多方在价值创造活动中采取的共担风险、共享利益的长期合作关系。

（2）隔绝机制

为价值创造的成果、方法及价值网络免受侵蚀和伤害而做出的机制安排，即如何隔绝破坏者和模仿者，使价值创造活动不被外来因素所破坏。

4. 价值实现

价值实现是指通过各种收入流来获取所创造财富的途径。商业模式以顾客价值创造为起点，最后都必须归结到企业如何将盈利“赚到手”。价值实现具体内容主要包括收入模式和成本管理两个因素。

（1）收入模式

企业获得收入的方式，即企业如何对创造出来的价值进行回收。

（2）成本管理

企业管理成本的方式，要解决的根本问题是企业在创造价值的活动中， 如何进行成本布局和成本控制，以实现盈利最大化。

商业模式的核心功能在于创造价值和获取价值。

上述四要素构成的逻辑关系链条，解释了商业模式创造价值、实现持续盈利的因果关系。

四、构建商业模式的方法

如何才能构建出好的商业模式呢？部分学者认为：应确定盈利点；价值链整合与定位，形成核心竞争力；标准化运作。

1. 确定盈利点

商业模式实际上就是客户价值实现与创造的逻辑。好的商业模式归根结底是能够满足客户需求与实现客户价值，从而实现盈利的商业模式。因此，价值创新、满足客户未被满足的需求，是商业模式设计的灵魂。价值整合、使客户价值增值是商业模式设计的核心。

要做到这一点，就要求在商业模式设计中，将客户价值、盈利模型和战略控制三项因素综合考虑。斯莱沃斯基的畅销书《发现利润区》总结了企业的 22 种盈利模式，每种盈利模式都有其使用的行业。大学生创业者在选择创业行业时可以从当中得到启发，构建更适合的盈利模式。

2. 价值链整合与定位，形成核心竞争力

商业模式设计的核心在于构建一个利益相关者的交易结构及合理的价值分配办法。这实际上要求创业者对企业内部小系统（企业价值链）进行整合优化，并对企业在所处的产业大系统（产业价值链）中的位置进行合理定位，从而进一步确定企业的核心竞争力。在商业模式中价值链整合与定位过程中，应该注意两个层面的问题。

（1）基于价值体系的商业模式设计。实现企业内部化，同时伴随企业的虚拟化进程

价值体系包括企业内部的价值链和所在的价值网络。基于价值链的创新是指企业围绕顾客的要求，优化企业内部的资源配置，在最大限度满足顾客需求的前提下降低企业成本。我们把这种以顾客需求为导向的，舍弃非核心业务领域，专注于企业核心产品、核心业务，以开发培育使企业可持续发展的核心能力为目标，对价值链上非核心能力环节与优势企业，甚至顾客、竞争对手等采取联营、联盟、外包等合作经营形式，以开发快速变化的市场机遇的经营手段，称为虚拟经营模式。

常用两种途径：①对价值链进行定位，将附加值高的部分留在企业之中，将附加值低的部分外包，最大限度地利用企业内部资源；②对价值链进行重组，围绕企业的价值目标，以对价值创造具有战略价值的部分为中心，其他部分对价值链进行重组。也就是说，把不属于你的企业，按内部管理进行管理。例如戴尔电脑的全部个性化产品，实现了虚拟化生产，没有库存也就提升了资金周转率；耐克作为世界上最大的运动品牌，却没有生产过一双鞋。

（2）基于价值网络的商业模式设计，关注利益相关者

基于企业所在的价值网络的商业模式设计途径有：①创造独特的活动体系，形成以顾客价值为中心的价值网络；②加强与价值网络中其他成员的联系，形成战略同盟，加强对环境变化的适应性与供应链的稳定性；③做价值网络成员联系的组织者，成为交易的中介或打造交易的平台。

3. 标准化运作

“标准化”这个词很多人都不陌生，近年来，在企业管理和生产中标准化已经被越来越重视。“工业 4.0”时代正在加速推动传统产业向信息化、智能化转变，标准更是实现转变的基础。标准是对重复性事物和概念所做的统一规定，它以科学、技术和实践经验的综合为基础，经过有关方面协商一致，由主管机构批准，以特定的形式发布，作为共同遵守的准则和依据。企业制定标准、组织实施标准和对标准的实施进行监督检查。对于企业来说，从原材料进厂到产品生产、销售等各个环节都要有标准，不仅有技术标准，而且还要有管理标准、工作标准等，即要建立一个完整的标准化体系。做好企业标准化工作，对开发新产品、改善经营管理、调整产品结构、开拓国内外市场等方面能够发挥重要作用。

拓展训练

商业模式画布填填看

1. 训练流程

将设计商业模式的九大要素制作成卡片，九大要素如图 6.4 所示，再准备一块画板。

简单介绍来自作家兼创业者 Alexander Osterwalder 和瑞士学者 Yves Pigneur 的商业

模式画布，然后让各组展开讨论，将商业模式九大要素填充在画布上（图 6.5），最后各组对填充的结果进行展示和汇报。

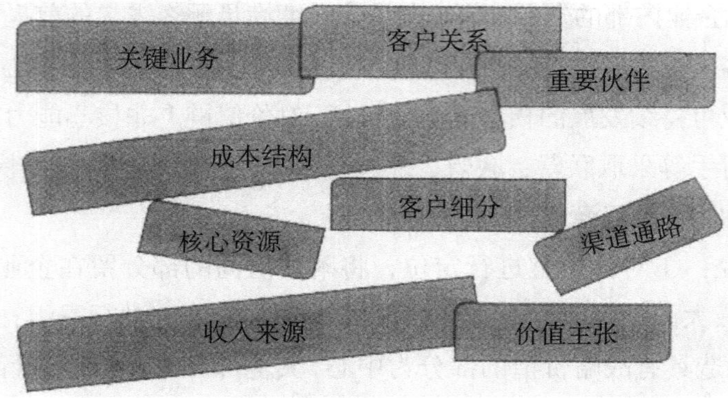

图 6.4　商业模式画布

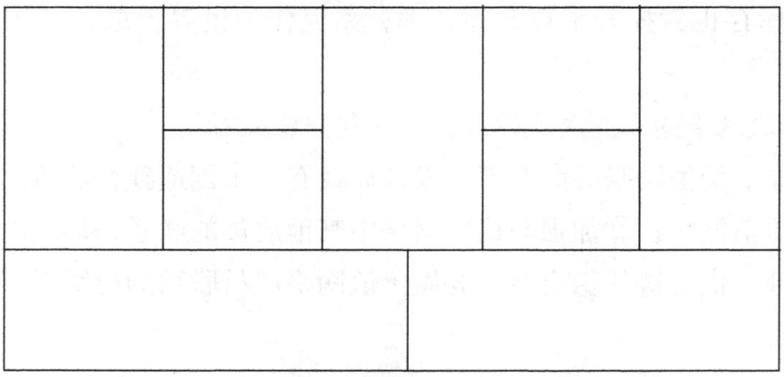

图 6.5　填充画布

小组展示汇报结束后，讨论以下问题：

（1）各组填充的画布内容有哪些差异?

（2）商业模式设计从关注哪些内容开始?

基于各组已经确定的创业项目，结合商业模式画布的学习成果，要求各组开展讨论，制作小组确定创业项目的商业模式画布，最后各组对制作的结果进行展示和汇报。

2. 训练思考

（1）各组制作的商业模式画布各个模块内容是否完整?

（2）各组通过制作的商业模式画布反观已确定的创业项目是否存在问题?

项目七
创业者与创业团队

学习目标

- 了解创业者的内涵与特征。
- 认知创业者的创业素质。
- 熟悉创业团队的组建程序及策略。
- 掌握创业团队的管理技巧。

案例导入

闽江学院“95后”校友庄一凡最近特别忙，她正率领其创业团队参加“互联网+”大学生创新创业大赛国赛训练营。团队成员除了她，其他8人全是闽江学院在校生。她的创业初心是做好红木文化的守正创新，携手团队开启中国红木产业新赛道。

“一提到红木家具，很多人会联想到笨重且昂贵的桌椅、床等物件，感觉喜爱它的都是上了年纪的有钱人。我们要做的就是改变大家对红木家具的看法，让红木家具乘着互联网东风走进千家万户，让年轻人也喜爱红木懂红木。”庄一凡说。

庄一凡来自仙游，其父庄明芳是莆田非物质文化遗产仙作技艺传承人，他创立了鲁艺古典家具有限公司。大学毕业两年了，她在校期间就组建了“鲁艺家居”创业团队。与父辈不同，她一方面开辟了多个线上销售渠道，另一方面开拓红木家居用品市场，目前企业营收不断攀升。2021年上半年，主营业务收入达4 815.27万元，预计到年底主营业务收入将达1亿元。

团队特别注重在传承中创新，2020年疫情期间，团队开通了8个短视频账号引流100多万人。2021年“五一”小长假，新零售平台销售额达326.8万元。年轻人加入后，让非遗项目有了新鲜血液。他们将原先要扔掉的边角料利用起来，做成首饰盒、茶叶盒、果盘、纸巾盒、手串、文创产品等，制作这些小物件不仅将红木的开料率从20%提升至32%，彰显了环保理念，还通过价格实惠的红木小物件带动了大件红木家具销售。线上销售吸引了超过2万名消费者线下参观、体验，算起来去年鲁艺通过抖音商城取得的销售额达783万元。

这个大学生创业团队尝试把红木文化引入景区，直接带动了4A级景区莱溪岩旅游区的发展。他们在景区建起民宿闲云客舍，民宿共有9间客房，里面摆设的家具、家居用品等大小物件全部来自团队创意。民宿今年“五一”试营业，每到周末和节假日都一房难求。

目前这个创业项目已入围2021国家级大学生创业训练项目。“几年来，闽江学院一直在扶持这个项目，很重要的一点是看到了项目对学生能力的提升以及未来学生的受益面。”黄蕾说。鲁艺家居与省工业设计协会合作，连续举办海峡两岸大学生设计工作坊活动，其中12套参赛作品已投入生产。创意变成产品，直接点燃了大学生的创业激情。2021年6月，鲁艺与闽江学院、闽南师范大学还合作设立实践教学基地和产学研合作基地，未来可望带领更多新时代青年学子投身创新创业领域。

任务一　创业者

一、创业者概述

1. 创业者的概念

创业者这个词最早是由法国经济学家坎迪伦于1755年提出来的。1880年，法国经济学家萨伊首次给出了创业者的定义，他将创业者界定为预见特定产品的需求以及生产手段，发现顾客，克服困难，将一切生产要素结合的经济行为者。1934年，著名经济学家熊彼特专门研究了创业者创新和求进步的积极性所导致的动荡和变化，认为创业者应为创新者。

创业者概述

（1）狭义的创业者

关于狭义的创业者概念，目前有两个被广泛接受的观点。一是创业者并不等于企业家，因为大多数创业者并不具备企业家的眼界、格局和个人品质。从创业者转变为企业家，需要一个逐渐成长和完善的过程。二是狭义的创业者是指参与创业活动的核心人员，而不仅限于企业的法人代表或领导者、组织者。因为在当今的创业活动中，高新技术企业、合伙制企业所占的比例越来越大，离开了核心技术专家和主要合伙人，很多创业活动根本无法进行，所以核心技术专家与主要合伙人也应被视为创业者。

（2）广义的创业者

关于广义的创业者概念，主要有两种界定方式。一种是从人们在工作中所扮演的角色的角度，将创业者界定为参与创业活动的全部人员。在这种界定方式下，创业活动的发起者、领导者与创业活动的跟随者，都被视为创业者。

另一种界定方式是从人们所从事的工作的性质的角度，将创业者定义为主动寻求变化，对变化做出反应，并将变化视为机会的人。这种界定方式打破了传统的创业概念，将其外延扩大为所有主动寻求变化并对变化做出反应的活动，在这种界定方式下，企业创办者、企业内创业者、个体劳动者、自由职业者、项目合作者等以各种身份从事具有创新性活动的人，都可以称为创业者。

2. 创业者特征

要想取得创业成功，创业者除要勇于创业、有所担当之外，还必须具备相应的心理特征及一定知识和能力特征，还必须具有与创业活动相适应的行为特征。

（1）创业者的心理特征

①创业激情。

对于一个创业者来说，最先要具备的是对创业这件事情怀揣的热情。只有保持兴趣，你才会主动地去探索，去求知，去渴望体验一次次的实践。创业也是如此，你对创业饱含兴趣，才会萌生观念与想法，才有继续探索下去的热情，才会展开无限的可能。

②敏感好奇。

创业者在选择创业项目时，要有新奇点和侧重点，而这两点便取决于创业者的好奇心与洞察力，以及能否适时地寻找机会、抓住机会，对商业机会做出快速反应。机会是留给有准备的人的，但对创业者来说，机会是留给敏感好奇的创业者的。

③情绪稳定。

创业过程相当于一次冒险过程，没人能预料未来会发生什么，也没人能预料未来你的公司会走多远，面对创业路上充满的种种未知，保证良好的心态和稳定的情绪显得尤为重要。古人云："不以物喜，不以己悲。"说的便是这个道理。创业需要极大的心理承受能力，如果你天生心理承受能力不足，是不适合创业的。

④敢于承担。

每个现实生活中的人都扮演着不同的角色，而每个角色又承担着相应的责任。对于一个创业者而言，合理合法地创办企业，保障企业和员工的生存，做出合理正确的决策等，这些都是创业者的责任。作为一个勇于冒险、敢于担当的创业者，责任和义务是要时刻铭记于心的，而不能一味地只想索取、获利，权利与义务永远是对等的。同时敢于承担也不仅仅是承担应尽的责任和义务，还包括对于决策后果的承担，无论公司发展如何千变万化，要敢于面对现实，敢于接受现实，不自暴自弃，有勇有谋有担当，才是一位合格的创业者。

（2）创业者的行为特征

①诚实守信。

人而无信，不知其可也。说的是一个人若失去了信用，那么便无立足之地。自古以来，诚信作为重要的美德之一，一直被后人传承，可以说小到个人、家庭，大至整个社会、国家，诚信都起着至关重要的作用。作为商人，丢失诚信可谓寸步难行。不仅导致顾客利益受损，同时也会丧失客流，在诚信的同行面前更是毫无竞争力，结局注定是死路一条。因而诚实守信是每一个创业者的第一要义。

②勤奋好学。

并不是每个人生来就注定会成为天才，生来就一定会成功，就连伟大的发明家爱迪生也是在千百次的失败实验后才发明出了钨丝灯泡。成功的人总是不断学习、不断进步的，只有用勤奋的钥匙才能打开进阶的大门，只有不断地与时俱进，才能把握机会、实现价值。

③吃苦耐劳。

如果一个创业者只将创业挂在嘴边，那么他将会是一个失败的创业者。如果他付诸行动，那么他会感受到创业路上的艰辛。万千世界，我们相信唯有适者才能生存。创业也是如此，敢打敢拼敢吃苦，不轻言放弃的人便是竞争中的适者。坚忍不拔的毅力会是助他穿梭于河流中的小舟；反之，丢掉这些，他会很容易迷失于沼泽中，半途而废。

④随机应变。

创业是任重道远的，同样创业路上也布满了荆棘。没有人敢说自己的创业不会出现一点点意外，一切都是在预计的轨道上运行的。一个好的创业者，一定要具备灵活应变的能力以应对企业面临的各种变数，要脚踏实地，从实际出发，保持清醒的头脑来面对不同的挑战，切勿一条巷子走到黑。

（3）创业者的知识特征

创业者的知识特征对创业起着举足轻重的作用。在商业竞争日益激烈的今天，单凭热情、勇气、经验或只有单一专业知识，要想取得创业成功是很困难的。

①夯实的基础知识。

这类知识主要涉及商业常识、社会常识和管理常识。具体地说，商业常识有助于创业者了解经济发展的基本规律，遵守商业活动的基本规则，维护企业自身的正常运行。社会常识有助于创业者理解自身的社会角色，了解和满足消费者的个性化需求，理解和用好国家的政策，以及维护自己的合法权益。管理常识有助于创业者理解人类的特性和行为方式，了解科学的经营管理知识和方法，提高管理水平。

②丰富的社会阅历及实战经历。

这类知识主要涉及商业经验、社会经验和管理经验。这里说的经验是指通过亲身实践所获得的经验，因为创业活动所需要的上述经验，只有通过自己亲身实践、亲身体验，才能真正领会。我们都知道，不经过亲身实践，这些成功者的经验是没有办法变成你个人经验的，书读得再多也没有用！因为创业的成功是不可以直接复制的。

③精湛的专业知识。

这类知识主要涉及与创业活动密切相关的具有较强专业性的知识。创业是开创一番事业。这个事业不管规模如何，都需要从事它的人，比其他人做得更好、更专业，而要做到这一点，创业者必须具备从事这个事业所需要的专业性知识。在创业界有个不成文的规定——“不熟不做”。为什么“不熟不做”？因为各行各业都有一些特殊的地方，如果对它不熟悉，不具备从事这个行当所必须具备的专业知识，就很难把它做好。

案例

一天，毛驴和白马结伴到山区去。在平川大道上，白马奋起四蹄，扬起尾巴，不一会儿就把毛驴甩到了后边。白马转过头来看了看毛驴，见它摇着两只大耳朵，不紧不慢地走着，非常着急，便朝毛驴大叫起来：“喂，怎么不把脚步迈得紧一点儿？看你那慢吞吞的样子，我们什么时候才能到达目的地呢？你这黑驴子，真是个庸才！”毛驴听了白马的训斥，一不生气，二不泄气，仍然一步一步地向前走着。毛驴和白马进入山区后，那山路变得又陡又窄，崎岖不平，白马的速度不知不觉地慢了下来，身上的汗水多得像刚洗过澡似的。毛驴却加快了步伐，噔噔噔地赶到了前面(图7.1)。白马看毛驴走起羊肠小道来是这样的轻松，不解地问：“黑毛驴，你为什么走起山路来比我快呢？”毛驴回答说：“因为术有专攻，各有所用。在一定条件下落后的，并不都是庸才啊！”

图7.1　毛驴和白马

在某一方面技不如人，并不表明自己一无是处，所以不必妄自菲薄；同样，别人某些方面不如你，也不能代表他没有别的长处，所以不可骄傲自大。

（4）创业者的能力特征

对从事创业活动而言，能力比知识和素质更重要。

①机会捕捉能力。

创业机会是创业的切入点和出发点，能否发现一个好的创业机会，是创业能否成功最为关键的因素。纵观古今中外的创业成功案例，可以发现绝大多数创业成功者具有非常强的机会捕捉能力。他们能够看到日常生活中被人忽略的细节，并在看似平常的反常现象中抓住问题的关键；他们有爱问问题和重新界定问题的习惯，能够从不同角度看问题，并善于挖掘隐藏在偶然事件中的必然规律。

②决策能力

决策能力是创业者根据主客观条件，正确地确定创业的发展方向、目标、战略以及具体选择实施方案的能力。创业者的决策能力，具体包括分析能力和判断能力两项基础能力。即能够在错综复杂的现象中，通过分析理清事物之间的联系，通过判断把握事物的发展方向。从某种意义上说，创业者的决策能力就是良好的分析能力加上果断的判断能力。

③执行力

创业者与梦想者的最大区别就在于创业者不但有发现商业机会的眼光，而且能够果断地决策和坚定不移地执行。好的执行力首先是一种行动能力，不能光想、光说，但不去做，而是有了想法就马上去做，心动不如行动。好的执行力还是一种能够克服重重困难、执行到位的能力，遇到困难就放弃不是好的执行，执行不到位等于没有执行。

④经营管理能力

成功的创业者不仅要眼光锐利、决策果断、执行到位，而且还必须善于经营管理。经营管理能力是一种较高层次的综合能力，是运筹性能力。它涉及人员的选择、使用、组合和优化，也涉及资金聚集、核算、分配和使用等。经营管理也是生产力，它不仅会影响创业活动的效率，甚至会决定创业的成败。

⑤交往协调能力

在社会分工日益细化的今天，创业者很难靠个人的单打独斗取得成功，必须具备交往协调能力。交往协调能力既包括能够妥善处理与政府部门、新闻媒体和客户之间的关系的能力，也包括能够平等地与下属交往和善于协调下属部门各成员之间关系的能力。企业与外界的接触越多，企业的规模越大，对创业者交往协调能力的要求就越高。

二、创业者的创业素质

1. 创业者的素质特征

美国创业教育家杰弗里·蒂蒙斯认为，“创业者是通过多年积累相关技术、技能、经历和关系网才被塑造出来的，这当中包含着许多自我发展历程。”创业者成功的三个首要原因是“对挑战做出正面反应以及从错误中学习的能力”“个人创造”和“极大的恒心和决心”，这些是他们后天努力的结果。

目前各国都在加强创业教育，特别是高等院校的系列化的创业课程，为学生创业设定了理想的学习框架。通过创业教育，一方面可以启发学生考虑自身定位、目标、期望、思想、行动、未来发展等问题；另一方面，创业教育在识别创业机会、整合资源、应对风险、创建企业方面给学生以具体的指导，通过对创业知识的学习、创业规律的理解、商业计划书的编写等，增加学生对创建新事业过程的认知与了解，使所有专业的学生都能够具备创业精神和创业能力，增加学生发展中的创业选择。一个成功的创业者一般需要具备四个方面的素质特征（图 7.2）。

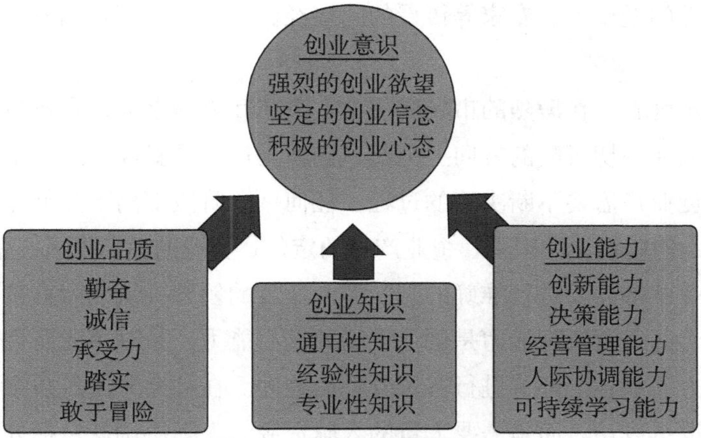

图 7.2 创业者的素质特征

2. 创业意识与创业品质

成功的创业者不仅要具备一般人才的基本素质，还要具备独特的创业素质。作为创新型人才应该具备的基本素质包括政治素质、道德素质、文化素质、心理素质、身体素质。

从创业意识角度看，成功的创业者往往在创业之前和创业过程中具有强烈的创业欲望，创业欲望决定着创业开始与过程中的斗志与动力。创业者在创业过程中坚定的创业信念，是指所持的坚定不移的态度和坚决执行下去的观念，是认识、情感和意志三者的有机融合与统一。要想创业成功，必须保持积极向上、锐意进取的乐观心态。积极的心态是创业成功的催化剂，创业的过程不可能一帆风顺，困难与挫折在所难免，消极的心态必然会成为创业成功的巨大阻力。

从创业品质角度看，勤奋是所有成功创业者的共同特征。有成功者提道，事业成功虽然有运气在其中，但主要还是靠勤奋，勤劳苦干可以提高自己的能力，能力提高了就会有很多机会降临在你的面前。诚信是企业的立足与发展之本，是十大财富品质之首。创业者无论遇到何种逆境，只有提高承受力，勇敢面对并坚强忍耐，才能越战越勇。创业是需要全身心投入的事业，只有脚踏实地才能成功，马云说：“这个世界没有优秀的理念，只有脚踏实地的结果。”创业是一项富有风险的活动，创业者要锻炼自己敢于冒险的勇气和能力。

3. 创业知识与创业能力

创业能力是指创业者解决创业过程中遇到的各种复杂问题的本领，是创业者基本素质的外在表现，在实践中表现为创业者把知识和经验有机结合起来并运用于创业管理的过程中。

从创业知识角度看，首先创业者需要具备通用性知识，包括社会政治和经济发展的相关知识、商业活动的相关规则、企业经营和管理的知识和方法、法律法规、人文知识等，可以通过普通高等教育来获得。其次要具备专业知识，每个行业都有其自身的规律及特殊性，具备了与所要从事的创业活动密切相关的专业知识，将在创业活动中事半功倍。最后创业者还需要参与实践获得经验，包括通过课余时间参加社会实践活动积累的直接经验；也有些创业者获得的是亲人、专家等传授的间接经验，比如家族式创业，耳濡目染接受了很多间接的经验。

从创业能力角度看，在激烈的市场竞争中，改革和创新永远是企业活力与竞争力的源泉，要鼓励所有人在一切可能的方向上创新，创新与速度是新经济的真正内涵，是市场竞争的不败法则。创业是需要不断决策的过程，任何一个阶段都离不开创业者的决策，包括创业项目的选择、创业机会的识别、企业产品的定位、企业的运营模式、企业的发展战略、企业的用人模式等，都需要进行准确的判断。创业者的领导决策能力直接关系着企业的生存与发展。创业者的经营管理能力是创业成功的核心能力，是对企业所拥有的资源、企业经营活动的各个方面和各个环节进行有效管理的能力。在社会分工日益细化的今天，创业者很难只靠个人取得成功，而是需要大量的人脉资源。人际协调既包括处理与政府部门、新闻媒体和客户之间的关系，也包括处理与企业成员之间的关系，人际协调能力是创业者发展和巩固其人脉资源的重要保障。

创业者通过培养终身学习的习惯和积极主动的自我学习、自我完善，来不断提升自身能力和素质，将助力创业成功。

任务二　创业团队

一、创业团队概述

创业团队是指由两个或两个以上具有一定利益关系的，共同承担创建新企业责任的人组成的工作团队。创业团队是团队而不是群体。团队与群体的差别在于团队成员具有共同的目标、相互之间有利益关系，并且遵守共同的行为准则和规范，而群体则没有这些特征。创业团队按其成员构成的不同，可以分为狭义的创业团队和广义的创业团队。狭义的创业团队由一群才能互补、责任共担、愿为共同的创业目标而奋斗，并能做到利益让渡的合伙人团队。合伙人团队是由创业初期投资并参与创业的多个个体组成，是创业团队的核心部分。合伙人团队的技术、知识、经验、社会关系网络等资源是新创企业最有价值的资源。广义的创业团队包含狭义的创业团队，也包含创业过程中的一切利益相关者，如风险投资机构、董事会成员和专家顾问等。

创业团队

1. 创业团队的关键因素

有学者认为，创业团队的关键因素有五个，这些要素的英文首字母均为 P，因此被称为创业团队的“5P”模型（图 7.3）。

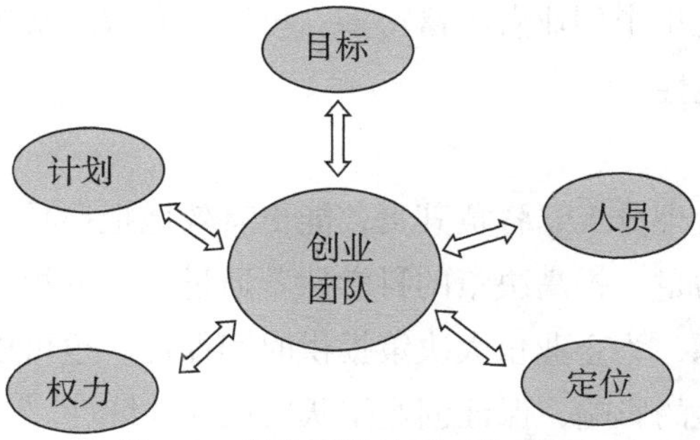

图 7.3 创业团队的“5P”模型

（1）目标（Purpose）

创业团队要有共同目标为团队指明方向，没有目标的团队就没有存在的价值。

目标在创业企业的管理中以创业企业的远景、战略的形式体现，缺乏共同的目标使团队没有凝聚力和持续发展力。

（2）人员（People）

人是创业团队最基础的构成元素，在新创企业中，人力资源是所有创业资源中最活跃、最重要的资源。创业的共同目标是通过人员来实现的，不同的人通过分工来共同完成创业团队的目标，所以人员的选择是创业团队建设中非常重要的一个部分，创业者应该充分考虑团队成员的能力、性格等方面的因素。

（3）定位（Place）

定位指的是创业团队中的具体成员在创业活动中扮演什么角色，也就是创业团队的角色分工问题。定位是每一个成员对自身的优势与劣势均有清晰的认识，整个创业团队能够各司其职，形成一种良好的合力。

（4）权力（Power）

为了实现创业团队成员的良好合作，赋予每个成员一定的权力是必要的。一方面是对于控制力的追求往往是他们参与创业的一个重要动因；另一方面是因为创业活动的动态复杂性，必须依赖每一位团队成员承担较多的权利来实现目标。

（5）计划（Plan）

计划是创业团队未来的发展规划，在计划的帮助之下，制订创业团队短期目标和长期目标，提出目标的有效实施方案，以及实施过程的控制和调整措施。这里所讨论的计划可能尚未达到商业计划书的复杂程度，但是从团队组建和发展过程来看，计划的指导作用自始至终都是存在的。

一个高效的创业团队能够聚同化异，各个成员按照“适才适所”的原则定位，有效授权，做到“人尽其才、才尽其用”，这样才能实现创业企业的共同目标。

2. 创业团队的优势

（1）资源优势

创业团队中每个成员具有不同的知识结构、成长背景、经验积累、经济社会资源等，这些资源集合在一起要比单个创业者丰富得多，可以更有效地解决企业未来面临的诸多问题，增加企业成功的可能性。

（2）决策优势

创业团队成员之间合理分工、各负其责，能更有效地把握具体问题，加快决策的速度和效率，发挥好团队的力量，提高决策的科学性。通过任务分担可以为管理者腾出更多时间来思考企业战略等问题，为企业重大决策提供时间保证，也可以避免因一个高管人员的变动而给企业带来致命性的影响，保证创业团队决策的连续性。

（3）创新优势

美国经济学家约瑟夫·熊彼特在其著作《经济发展理论》中提出的创新理论包括开发新产品，或者改良原有产品；采用新的生产方法；发现新的市场；发现新的原料或半成品；创建新的产业组织等五种具体情况。不管是哪一种创新，团队均可把多种资源优势、技能和知识糅合在一起，从而提高成功的可能性。团队内每一位成员具有不同的思维方式、信息获取渠道和机会评价标准，这也使创业团队比个人更有可能发现创新点，为企业赢得更多的商机。

（4）绩效优势

工作绩效主要依赖于成员的个体贡献，而团体绩效则基于每一个团体成员所贡献的乘数效应。许多研究和实践都证明了团队工作方式能够有效提高企业绩效。

因此，组建一个创业团队，一方面能够降低个人的创业风险，另一方面也能够通过优势互补、有效管理形成团队合力，在市场竞争中取胜。

3. 创业团队的劣势

与个人创业相比，团队创业也有其劣势。主要表现在：集体决策时由于共同商讨、统一意见等可能导致增加时间成本，拖延决策速度；如果当创业团队成员之间不能很好地协调彼此的关系从而达成有效共识时，就有可能导致分裂和团队的解散，这将给创业带来意想不到的危机。因为在中国现有市场条件下，决策速度所带来的效益往往比缓慢的民主决策所带来的效益要大，因为机会是制高点，机会成本高于一切，丧失了机会，企业就失去了生存权。

知识链接

创业团队的特征

一个处于良性运转的高效创业团队必然具备一些显著的特征，而正是由于有了这些特征，一个群体组织才能称之为团队或高效创业团队。

1. 目标清晰

高效创业团队对于要达到的目标有清楚的了解，并坚信这一目标包含着重大的意义和价值。而且，这种目标的重要性还激励着团队成员把个人目标升华到团队目标中去。

2. 技能互补

高效的团队是由一群有能力的人组成的。他们具备实现理想所必需的技术和能力，而且相互之间有良好合作的个性品质，从而能够出色完成任务。

3. 沟通良好

成员之间通过畅通的渠道交换信息，互相之间能迅速、准确地了解彼此的想法和情感。管理层与团队成员之间通过正常的信息反馈，也有助于管理者指导团队成员行动，消除误解。

4. 承诺一致

团队成员对群体具有认同感，把自己属于该群体的身份看作是自我的实现。因此，承诺一致表现为对团队目标的奉献精神，愿意为实现目标而调动和发挥自己的最大潜能。

5. 恰当领导

高效创业团队领导者往往担任的是教练和后盾的角色，他们对团队提供指导和支持，但并不试图去控制它，他们鼓舞团队成员的自信心，帮助他们更充分地了解自己的潜能。

6. 相互信任

团队成员之间相互作用、直接接触，彼此相互影响，形成一种默契、关心和信赖，不论何时，不论需要怎样的支持，成员之间都相互给予，彼此协作，共同完成团队的目标。

二、组建创业团队的程序及策略

1. 组建创业团队的程序

创业团队的组建是一个相当复杂的过程，不同类型的创业项目所需的团队不一样，创建步骤也不完全相同。概括来讲，大致的组建程序如下：

（1）明确创业目标

总目标确定之后，为了推动团队最终实现创业目标，再将总目标加以分解，设定若干可行的、阶段性的子目标。

（2）制订创业计划

一份完整的创业计划包括创业核心团队的计划和人力资源计划，通过创业计划可以进一步明确创业团队的具体需求，如人员的构成、素质和能力要求、数量要求等。创业团队的组建需要契合创业计划的要求，以匹配创业项目的运作。

（3）招募合适的人员

招募合适的人员是创业团队组建中最关键的一步。创业者一是要考虑人员间的互补性，一般而言创业团队至少需要管理、技术和营销三个方面的人才，只有这三个方面的人才形成良好的沟通协作关系后，创业团队才可能实现稳定高效；二是要考虑团队的适度规模，适度的团队规模是保证团队高效运转的重要条件，团队成员太少无法实现团队的功能和优势，而过多则可能会产生交流的障碍，团队很可能因此会分裂成许多较小的团队，大大削弱团队的凝聚力。

（4）团队的职权划分

创业团队的职权划分就是根据执行创业计划的需要，具体确定每个团队成员所要担负的职责以及所享有的相应权限。

（5）构建制度体系

创业团队的制度体系体现了创业团队对成员的控制和激励能力，主要包括团队的各种约束制度和激励制度。

（6）团队的调整融合

随着团队的运作，团队组建时在人员匹配、制度设计、职权划分等方面的不合理之处会逐渐暴露出来，这时就需要对团队进行调整融合，这是一个动态持续的过程。

2. 组建创业团队的策略

创业团队组建之初，可能彼此都有高度的承诺与无悔的付出，但随着时间流逝和事业的成长，团队成员之间的各种矛盾、认知差距、利益冲突等问题就会浮出台面。因此，组建创业团队时要遵循以下策略：

（1）树立团队中唯一权威领导人

企业需要权威的主管，同样，创业团队要成功也必须有强势的领导人。但大家一同创业，谁应该是主导者？谁来做最后决定？当发生严重利益冲突或彼此意见不一致的时候由谁来仲裁决定？在创业企业中，团队的创始人是至关重要的，他必须有创业者的胸怀和品质，有素养和能力来组建团队和发挥团队的作用，并在企业的发展过程中，随时做好团队成员间的协调工作，使团队的整体水平不断提高，以适应企业发展的需要。

（2）促进团队成员间的相互信任

互信是形成团队的基础，但互信往往要经过长期合作才能形成。事实上，自私自利是大部分人的本性，能义无反顾地将团队利益置于个人利益之前者恐怕还是少数。因此，盲目信任团队某位成员是非常不明智的决定。自相矛盾的是，不能互相信任难以形成团队，盲目互信却又要冒很大的风险。可见，建立团队成员间互信时，既要培养和发展团队中人与人之间的信任，又要建立正常的监督机制。

（3）妥善处理不同意见和矛盾

创业团队成员经常会过于执着于创业构想，极力维护自己的主张，但又同时逃避自己的缺点。这种固执己见、争权夺利、逃避等弱点，会更难寻找解决方案。有的创业团队成员会非常在意自己的地位与利益，将自己凌驾于团队之上，感性凌驾于理性之上，尤其是初期就参加创业的成员很难接纳比自己更为优秀的新成员加入团队。因此，必须有善于倾听意见，并善于概括总结出正确意见的领导者来克服这些矛盾。创业者在组织团队和领导团队时，应体现出高超的领导能力和协调能力。

（4）合理分配股权

创业团队成员股权分配也是一个敏感、困难、重要的问题。平均主义会带来许多负面后果：成员间因为能力与动机的差异，贡献程度必然不一，如果采取平均主义来平分股权，显然会造成“大锅饭”心理，影响一些成员真心投入的程度，从而难以发挥团队整体力量。另一种问题是把股权高度集中在几个人手里，难以发挥成员的积极性。所以股权分配本身就是在创建团队时必须首先解决的问题。在企业发展过程中，还需要及时调整股权，使新进入企业的主要技术骨干和高级管理人员也能合理得到股权。

（5）妥善处理团队成员间利益

除了能否把股权分给对企业发展有贡献的新伙伴外，能否及时转让股权以使企业加快发展，也是个重要的问题。事实上，创业的目的不应该是为掌控新企业，因此，自己所拥有股权的比重高低并非关键，关键是要懂得利用股权交易来增加企业的价值。拥有一个平庸企业的 100% 股权，还不如拥有一家成功企业的 20% 股权，因为后者的价值往往是前者的数十倍。

三、创业团队的管理技巧

案例

有合作也有制衡的腾讯创业团队

腾讯的五人创业团队内部有合作也有制衡，“对外马化腾知名度很大，但是对内又是相对民主的，就像资本主义的三权分立，大家都是老板。”这五人早年就是同学或同事，所以互相之间知根知底，马化腾根据各自特点分工来确定各自出资和占有股份的多少，马化腾并不绝对控股，这导致腾讯的创始人团队从一开始就形成了民主决策的氛围，后来，当腾讯公司发展到数千人的规模时，这种民主决策的风格被保留了下来。

腾讯刚创办的时候是五人决策小组，相应的组织结构分四块，除马化腾外，其他四位创始人每人单独管一块。张志东管研发，研发分客户端和服务器；曾李青管市场和运营，主要和电信运营商合作，也外出找一些订单；陈一丹管行政，负责招聘和内部审计；许晨晔管对外的一些职能部门，信息部、对外公关部都属于他的管理范围，最开始的网站部也在他的管理范围内。

当时担任公司首席运营官的是曾李青，在此之前，他负责整个腾讯公司的市场业务。在腾讯的组织架构调整之后，当时公司出现了首席执行官、总裁和首席运营官共同存在的局面，同时，权力下放事业部。曾李青的权力被分散，不久后曾李青辞去了在腾讯的职务。此后，创始团队中的许晨晔也曾经有意淡出，不过受到了马化腾的挽留。许晨晔性格温和，从不急躁，亲和力很强，善于与不同的人沟通，做决策会充分考虑到不同角度的人的看法。马化腾需要他在团队中起到润滑剂作用。

现在除了曾李青，四位创始人都还留在公司，公司最核心的十二人决策机构总裁办公会里形成了创始人和职业经理人各半的局面，新的权力平衡在腾讯高管中形成。

马化腾在人事调整上的节奏把控相当到位，这使得腾讯在引入职业经理人和创业元老的退出过程中没有发生任何激烈的"流血"事件。对于在腾讯空降的职业经理人，马化腾的评价是"融入得很好"。唯一离开公司的创始人曾李青离开得也很潇洒，在腾讯公司的官方网站上，他仍然以终身名誉顾问的身份排在高管列表之中。腾讯的创始团队组合的稳定性和职业性在中国互联网历史上仅有携程创业团队可以与之媲美，携程梁建章、季琦、沈南鹏、范敏四人创业团队先后轮番担任公司 CEO，但公司却依旧保持高速稳定发展。

每次腾讯面临一个重大决策时，都是从争吵开始，却不是以"一言堂"结束。就是马化腾的"从众"式妥协，把腾讯带入了成功轨道。决策矛盾是经常可能遇到的，但处理起来并不算困难。如果一个建议未进行可行性论证，马化腾会要求大家拿出具体的论证与执行方案，实际上，落实到行动方案的时候，问题和机会都会非常明了，也便于创业团队做出最合理的决策。QQ 秀最初立案时就遇到过很多质疑，包括马化腾本人也持怀疑态度，因为在那个时候，虚拟形象还没有商业化的先例。

为了将团队合作精神发扬光大，马化腾在企业内部构筑了通畅的沟通渠道。从公司高层到中层，再到基层员工，都需要通畅的沟通渠道，同时创业团队与站在行业前沿的同行和专家也保持着密切的沟通。高层管理团队在各自的专业领域中都有很深的造诣，比如有的人对前沿技术比较敏感，有的人对市场机会的把握更强，有的人更擅长组织变革。团队成员相互影响、互相学习。

在管理上，马化腾学习的一个对象是同城的华为，华为在电信服务、产品意识、组织管理上都给腾讯很大的借鉴，有内部人士说腾讯不仅仅在学华为，也在学惠普、微软。这是一种实用主义的学习，但不管怎样，华为的大公司管理基因还是带给腾讯不少好处，不少互联网公司从几百人到几千人的管理冲突，并没有在腾讯身上发生。

随着腾讯朝着"超级竞争"迈进，马化腾这种温和改良型的强人哲学也面临"超级挑战"。公司规模越来越大，"诸侯割据"的大企业病变得严重，在公司做的内部人员满意度调查中，跨部门的合作总是被认为是"很累，很难去做"的，马化腾将总裁办公室下属的战略研究部扩张到了数十人，他寄望这样的智囊团组织能够在理顺内部格局方面也能发挥作用，马化腾希望能够将冲突放到桌面上讨论，然后由智囊机构从整体公司利益的角度来做出公允判断，"这样的话，冲突的问题能够更快地浮现出来，几个老大能够尽早地 PK，要不然，你上面也不管，下面也就推不动，那肯定出问题。"说这话的时候，马化腾从一个技术专家变成了一个颇有智慧的管理高手。

创业团队对于创业成功具有重要的意义，但并非所有的团队都能获得成功，究其原因是创业团队的管理技巧差异。由于创业团队本身的动态性特征，团队管理就是贯穿于创业团队的整个生命周期的工作。团队管理是一门艺术，要针对具体的情况灵活进行管理，但是也有一些普遍性的原则可以利用。

1. 选择

该聘用什么样的人？怎样聘用？第一个问题应根据企业的具体需求来决定，要考察人员的智力、经验和人际交往能力。具体考察策略可以通过正式招聘程序来进行专业评估，同时通过非正式渠道进行了解。第二个问题可以通过多种渠道来解决，如招聘会、猎头公司等，最终的目的是找到与业务需求相匹配的合适人选。

2. 沟通

沟通是有效管理团队的最重要内容之一，没有沟通，团队就无法运转。首先，沟通使信息保持畅通，实现信息共享，避免因为信息缺失而出现错误的决策与行为。其次，沟通可以化解矛盾，增强团队成员彼此之间的信任。最后，沟通可以有效解决认知性冲突，提高团队决策的质量，促进决策方案的执行。

3. 联络感情

联络团队感情可以保持团队士气和热情，控制情感性冲突，从而提高团队绩效。没有人喜欢在冷漠、生硬、敌对的团队中工作。一要尊重每个人，相互了解并体谅他人的难处。二要抽时间共处，这可以通过组织团队活动来实现。通过组织活动来联络团队感情一定要注意适度，太多的联络活动可能会让人们疲于应付，也让团队不堪重负。组织联络活动还要讲究策略，尽可能地让更多的人积极参与，获得大家的满意和认可。三要有丰厚的回报，适度物质上和精神上的回报可以增强团队的凝聚力。

4. 个人发展

构建一支优秀、稳定团队的关键之一是给个人提供广阔的发展空间。因此，在团队管理方面最重要的一项职责，就是要保证团队每一名成员得到发展。这样才能使成员对工作满意，激发工作热情，创造更多的价值。个人的发展，不仅仅依靠经验的积累，还要借助目标设定、绩效评估以及反馈程序等来实现。通过这三个程序，可以激发员工潜力，清醒认识自己的优势和不足，从而改善提升自己，获得更大的发展空间。

5. 激励

激励是团队管理中极为重要的内容，直系企业存亡。现在还没有固定的程序套用对创业团队进行有效激励，但可以通过授权、工作设计、薪酬机制等诸多手段来实现。薪酬是实现有效激励最主要的手段，毕竟收益是创业成功的重要表征。在设计薪酬制度时，应考虑差异原则、绩效原则、灵活原则，最终目的是通过合理的报酬让团队成员产生一种公平感，激发和促进创业团队的积极性，实现对创业团队的有效激励。

拓展训练

大学生创业者生涯规划访谈

1. 训练流程

（1）选择访谈对象

通过浏览校园网站，查阅校史，请教老师和师兄师姐，或通过家人、同学、亲戚朋友的介绍，确定两名创业成功者作为访谈对象，通过网络和熟悉他们的人全面了解他们的个人情况。

你的访谈对象（姓名、情况简介）：

（2）拟定访谈提纲

围绕主题拟定访谈提纲，主要内容包括：创业者应具备哪些素质；创业者生涯规划的内容、步骤、注意点等方面。与被访谈人联系，告之访谈目的，预约访谈时间、地点、方式等。

你的访谈提纲：

（3）开展创业者访谈

成立三人访谈小组，事先分工好，并进行模拟采访。

准备好相关工具，如纸笔、录音笔等。

按时到达指定地点，围绕主题展开访谈。访谈过程中态度要谦虚，要注意礼貌，注意肢体语言。按时结束访谈，不要拖延时间，一般来说，创业者的时间安排都很紧凑。注意全程录音，这样既有利于整理内容又有利于发现自身问题，改进访谈方法。

（4）汇报访谈结果

反思访谈过程，整理访谈录，提炼汇报提纲，撰写汇报的演讲稿，在课堂上汇报访谈结果。

2. 训练思考

汇报的主要内容包括哪几点？在访谈活动中你有哪些收获？

项目八

创业计划与路演

学习目标

- 了解创业计划的相关内容。
- 掌握创业计划书的撰写与展示。
- 掌握项目路演 PPT 的制作。

案例导入

2020 年 8 月 7 日至 10 日，由共青团湖南省委、湖南省教育厅、省科协、省学联联合主办的第九届“挑战杯”湖南省大学生创业计划竞赛终审决赛在长沙举行(图8.1)。经过激烈角逐，我校报送的 10 件作品全部入围决赛，其中 5 件作品获得金奖，并以团体总分第一的好成绩再次捧得大赛的最高荣誉“挑战杯”（本科组）。

图 8.1　第九届“挑战杯”湖南省大学生创业计划竞赛赛事现场

本次竞赛强调创新、协调、绿色、开放、共享五大发展理念，设置了科技创新和未来产业、乡村振兴和脱贫攻坚、城市治理和社会服务、生态环保和可持续发展、文化创意和区域合作 5 大组别，为广大学生提供了展示创新风采的亮丽舞台。自 6 月下旬启动以来，吸引了全省共 92 所高校的近 6 000 多件作品参加校赛。

经校赛遴选、资格审查和专家盲审等环节，共计498件作品入围决赛。其中，中南大学参赛作品《磁性PLGA载药栓塞微球的研发与推广》《“车眼引航”——不良环境驾驶辅助系统》项目荣获本科组城市治理和社会服务类别金奖；《点墨智传媒——墨拓智慧化校园招聘宣传解决方案》项目荣获本科组文化创意和区域合作类别金奖；《愈荐医疗——肺部大数据医疗辅助决策方案提供商》《新型干粉吸入剂载体花形乳糖的研究及产业化》项目荣获本科组科技创新和未来产业类别金奖。

“挑战杯”系列竞赛作为学生科技创新活动的新载体，在培养复合型、创新型人才，促进高校产学研结合与高校学生就业、创业教育蓬勃开展方面，发挥出越来越重要的作用。

任务一　认知创业计划

一、创业计划的作用

创业计划是创业的行动导向和路线图，既为创业者行动提供指导和规划，也为创业者与外界沟通提供基本依据。

1. 创业计划明确创业目标

有些创意听起来很好，但当把其所有细节都按照商业开发的模式想一遍，认真分析的时候，就发现这个项目并不是可行的创业项目。进行创业计划的过程，就是帮助创业者明确创业目标，理清创业思路的过程。创业计划本质上是创业者对自身经营情况和能力的综合总结和展望，是企业全方位战略定位和战术执行能力的体现。

创业计划

2. 创业计划体现创业行动

一项比较完善的创业计划，可以成为创业者的创业指南或行动大纲。创业计划与创业本身一样，是一个复杂的系统工程，它是企业对自身现状及未来发展战略全面思索和定位的过程。创业计划能反映创业者对项目的认识及取得成功的概率，它能展示出创业者的核心竞争力；反映创业者如何创造自己的竞争优势，如何在市场中脱颖而出，如何争取较大的市场份额等远景目标。

3. 创业计划募集外部资源

作为企业融资的必备条件，创业计划就如同上市公司的招股说明书，是一份对项目进行陈述和剖析、便于投资商对投资对象进行全面了解和初步考察的文件。好的创业计划不仅能吸引投资者，更能吸引高素质的创业伙伴。

4. 创业计划降低犯错概率

美国每年有 300 多万家新企业出现，但是这些新企业失败率高得惊人，有 30% 的独立小公司在经营的头两年倒闭，而导致如此高失败率的一个重要原因就是“未能做好计划”，很多创业者实际上并没有做好充分的准备工作就开始一项新的事业。他们没有分析自己的实力、弱点和劣势。对于一个初创企业，创业计划可以更好地帮助你分析目标客户，规划市场范畴，形成定价策略，并对竞争性的环境做出界定，在其中开展业务以求成功。

二、创业计划的内容

不同行业的创业计划形式有所不同，但从总的结构来看，所有的创业计划都应包括计划摘要、主体和附录三个部分。

1. 计划摘要

摘要是对整个计划最高度的概括。应用最精练的语言，浓缩计划书的精华。计划摘要是引路人，一般要在后面所有内容编制完毕后，再把主要结论性内容摘录于此，以求一目了然，在短时间内给使用者留下深刻的印象。在概述中企业必须回答下列问题：

①企业所处的行业，企业经营的性质和范围；

②企业主要产品的内容；

③企业的市场在哪里，谁是企业的顾客，他们有哪些需求；

④企业的合伙人、投资人是谁；

⑤企业的竞争对手是谁，竞争对手对企业的发展有何影响；

⑥企业的优势在哪里；

⑦如何投资、投资数量和方式；

⑧投资回报及安全保障。

概述如同推销产品的广告，编制人要反复推敲，力求精益求精，形式完美，语句清晰流畅而富有感染力，以引起投资人阅读创业计划书全文的兴趣。特别要详细说明自身企业的不同之处以及企业获取成功的市场因素。

2. 主体

创业计划书的主体部分是整个计划书的核心。主体部分的内容要翔实，在有限的篇幅之内充分展示创业者要说明的全部内容，主体部分按照顺序一般包括以下几个方面。

（1）企业（项目）介绍与战略

这一部分是向战略合伙人或者风险投资人介绍融资企业或项目的基本情况。如果企业处于种子期，应重点介绍创业者的成长经历，求学过程，并突出其性格、兴趣爱好与特长，创业者的追求，独立创业的原因以及创意如何产生。如果企业处于成长期，应简明扼要介绍公司过去的发展历史、现在的状况以及未来的规划。在描述公司发展历史时，正反的经验都要写，特别是对以往的失误，不要回避。要对失误进行客观的描述，中肯地进行分析，反而能够赢得投资者的信任。

（2）技术产品（服务）介绍

投资人最关心的问题之一就是企业的产品、技术或服务能否以及在多大程度上解决现实生活中的问题。或者，企业的产品（服务）能否帮助顾客节约开支，增加收入，这是市场销售业绩的基础。在这一部分，要对产品（服务）做出详细的说明，说明既要准确，也要通俗易懂，让非专业人员的投资者也能明白。

（3）行业、市场分析预测

行业与市场分析主要对企业所在行业基本情况，企业的产品或服务的现有市场情况、未来市场前景进行分析，使投资者对产品或服务的市场销售状况有所了解。

（4）市场营销策略

企业的盈利和发展最终都要拿到市场上来检验，营销成败直接决定了企业的生存命运。营销策略的内容应包括营销机构和营销队伍的建立；营销渠道的选择和营销网络的构建；广告策略和促销策略；价格策略；市场渗透与开拓计划；市场营销中意外情况的应急对策等。

（5）生产计划

生产计划旨在使投资者了解产品的生产经营状况。这一部分应尽可能把新产品的生产制造及经营过程展示给投资者。同时，为了提高企业的评估价值，企业家应尽量使生产制造计划更加详细、可靠。

（6）管理团队介绍

投资者非常看重管理团队。这部分主要是向投资者展现企业管理团队的结构、管理水平和能力、职业道德与素质，使投资者了解管理团队的能力，提高投资信心。

（7）财务分析与预测

这部分包括公司过去若干年的财务状况分析，今后三年的发展预测，以及详细的投资计划。旨在使投资者据此判断企业未来经营的财务状况，进而判断其投资能否获得理想的回报，因而它是决定投资决策的关键因素之一。

（8）融资计划

融资计划主要是根据企业的经营计划提出资金需求数量，融资的方式、工具，投资者的权益、财务收益及其资金安全保证、资金退出方式等，它是资金供求双方共同合作前景的计划分析。

（9）风险分析

向投资者分析企业可能面临的各种风险隐患，风险的大小以及融资者将采取何种措施来降低或防范风险从而增加收益等。融资者最好采取客观的态度，不能因为风险发生的可能性小而忽略不计，也不能为了提高获得投资的机会而故意缩小、隐瞒风险因素，而应该对企业所面临的各种风险都认真地加以分析，并针对每一种可能发生的风险提出相应的防范措施，这样才能取得投资者的信任。

3. 附录

创业计划的附录应包括媒介关于公司产品的报道，公司产品的样品、图片及说明，有关公司及产品的其他资料。

根据公司及项目具体情况的不同，创业者可以在此基础上结合实际情况增添或删改。对不同公司而言，各要点的轻重程度是不一样的。哪些是最重要的，需要强调，哪些是无关紧要的，可以一笔带过，应视情况而定。

任务二　创业计划书的撰写与展示

创业计划是创业者叩响投资者大门的“敲门砖”，一份优秀的创业计划书往往会使创业者达到事半功倍的效果。

一、创业计划书概述

1. 创业计划书

创业计划书

创业计划书是创业者计划创立业务的书面摘要，它用以描述与拟创办企业相关的内外部环境条件和要素特点，为业务的发展提供指示图和衡量业务进展情况的标准。通常创业策划是市场营销、财务、生产、人力资源等职能计划的综合，所以写好创业策划书很重要。

（1）关注产品本身。

（2）了解市场行情。

（3）敢于竞争，或分析竞争对手。

（4）制订行动策略。

（5）管理队伍展示。

（6）出色的计划摘要。

2. 创业计划书的内容

一般来说在创业计划书中应该包括创业的种类、资金规划及来源、资金总额的分配比例、财务预估、行销策略、阶段目标、风险评估、创业的动机、股东名册、预定员工人数，具体内容一般包括以下十一个方面。

（1）封面

一个好的封面会使阅读者产生最初的好感，形成良好的第一印象。所以封面设计的美感和艺术性很重要。

（2）计划摘要

计划摘要涵盖了计划的要点需求，它是浓缩了的创业计划书的精华。计划摘要需尽量简明、生动、一目了然，以便读者能在最短的时间内评审计划并做出判断，对于自身企业的不同之处以及企业获取成功的市场因素需要着重说明。

计划摘要一般包括公司介绍、管理者及其组织、财务计划、资金需求状况、主要产品和业务范围、市场概貌、生产管理计划、营销策略、销售计划等内容。

（3）企业介绍

重点介绍公司理念和如何制定公司的战略目标。

（4）行业分析

正确评价所选行业的基本特点、竞争状况以及未来的发展趋势等内容。可以从以下方面进行分析：

①行业发展程度如何，现在的发展动态如何？

②创新和技术进步在行业中的影响。

③行业的总销售额有多少，总收入为多少，发展趋势怎样？

④价格趋向如何？

⑤经济发展对行业影响如何，政府对该行业政策如何？

⑥决定产品发展的因素是什么？

⑦你将采取什么样的战略参与行业竞争？

⑧进入该行业的障碍是什么，你将如何克服？

⑨该行业典型的回报率有多少？

（5）产品服务介绍

产品服务包括以下内容：产品的概念性能及特性、产品的市场竞争力、产品的研究和开发过程、发展新产品的计划和成本分析、产品的市场前景预测、产品的品牌和专利等。

说明要准确，通俗易懂，使非专业人员的投资者能很容易地看明白。一般的产品介绍都要附上产品原型、照片或其他介绍。

（6）人员及组织结构

在企业的生产活动中存在着人力资源管理、技术管理、财务管理、作业管理、产品管理等，而人力资源管理是其中很重要的一个环节。社会发展到今天，人已经成为最宝贵的资源，这是由人的主动性和创造性决定的。企业要管理好这种资源，更是要遵循科学的原则和方法。

在创业计划书中必须要阐明主要管理人员所具有的能力，他们在本企业中的职务和责任，他们过去的详细经历及背景。此外在这部分创业计划书中还应对公司结构做一简要介绍，包括公司的组织机构图、各部门的功能与责任、各部门的负责人及主要成员、公司的董事会成员、各位董事的背景资料、公司的报酬体系、公司的股东名单、股权认购比例及特权等。

（7）市场预测

市场预测从以下几方面着手分析：

①需求预测。

②市场现状综述。

③竞争对手概览。

④目标顾客和目标市场分析。

⑤本企业产品的市场地位。

（8）营销策略

正确分析市场，并以此制定出相应的营销策略十分关键。在创业计划书中营销策略应包括以下内容：

①市场机构和营销渠道。

②营销队伍和管理。

③促销计划和广告策略。

④价格决策。

（9）生产制造计划

创业计划书中的生产制造计划应包括以下内容：

①产品制造和技术设备现状。

②新产品投产计划。

③技术提升和设备更新的要求。

④质量控制和质量改进计划。

（10）财务规划

财务规划的重点是现金流量表、资产负债表以及损益表的制备。

（11）风险与风险管理

①你的公司在市场、竞争和技术方面存在的基本风险。

②你准备怎样应对这些风险。

③就你看来，你的公司还有哪些附加机会没有把握住。

④在你的资本基础上如何进行扩展。

⑤在最好和最坏情形下，你的五年计划表现如何。如果你的估计不那么准确，应该估计出你的误差范围到底有多大。如果可能的话对你的关键性参数做最好和最坏的设定。

二、创业计划书的编写与展示

撰写或编制创业计划是创业者（团队）反复思考、推理并讨论的过程。撰写或编制一份高质量的创业计划，需要创业者及其团队仔细研讨创业构想，分析创业过程中可能遇到的问题和困难，进一步凝练创业计划的执行概要，把创业构想变成文字方案，了解创业计划书的撰写原则和展示技巧。

1. 创业计划的产生过程

（1）研讨创业构想

创业构想是针对特定的新技术和创意，在明确个人创业目的、正确评价个人创业意愿和创业能力的基础上，谋划自身创业投入、创业目标的过程。实际上，创业构想就是创业者在创业想法形成及实施过程中，对创业计划的思考、论证与分析。创业构想往往涵盖了创业的多个方面，为让创业构想在以后发挥良好的作用，创业者需要发挥群体智慧，请教有关专家学者、成功创业者等。

选择合适的创业模式，是创业成功的关键。准确判断自己的优势和劣势，选择最适合自己的创业模式，可以化解很多的不利因素。研讨创业构想实际上是一个循环的过程。先要看创意从哪里来？怎么会有这个创意？资金怎么找？怎么组织一个团队？产品的市场营销怎么做？对这些问题的考虑是一个周而复始的修正、完善和论证的过程。在研讨创业构想时，创业者及其团队要从实际出发，制订适合创业者及其团队和项目的创业原则。清晰简洁的创业原则若能得到创业者及其团队认可，将有助于形成团队的凝聚力，促进创业团队在艰苦的条件下坚持工作。

由于市场的不断变化和发展，将会给新企业带来很大的不确定性和风险，因此，在研讨创业构想时，创业者及其团队应确定一个合理的创业期限，包括开始创业活动的时间、产品或服务推向市场的时间、争取实现盈亏平衡点的时间等，尽可能在短时间内把产品或服务做到最好。

（2）分析创业可能遇到的问题和困难

创业是一个系统工程，在创业过程中遇到问题和困难在所难免。一般来说，创业启动后可能遇到的问题与困难在于如下几方面：

①选项问题与困难。

事实上，创业应当选择既适合自己又符合市场需求，同时启动资金少、进入门槛低、符合大众消费观念等特点的项目。然而，许多创业者在作选项时往往存在着一个共同的毛病：只关注市场，而忽视了自身的能力与优势的分析，他们一旦看中一个市场觉得很有机会，创意也很好，就急于进入这个领域创业，导致创业很容易夭折。建议创业者有了好的创意后，一定要先分析自身的特点和优势，然后再寻找与自身素质相匹配的创业项目。

②资金问题与困难。

融资难是创业过程中面临的最普遍的问题，但新企业假如选择了错误的投资者，创业之路就会难上加难。起步阶段天使投资人可能是最好的选择，因为天使投资人往往带有较强的感情色彩，更容易被说服，尽管他们投下的钱不足以支持较大规模的资金需求；同时，天使投资的融资程序简单、迅捷，而且还能在他们的建议和经验中获益。生存及成长阶段与风险投资家建立良好的合作关系，可能会满足新企业的多轮融资需求，但可能会丧失很大一部分控制权。现实中很多企业因现金流中断或资金链断裂而死亡，因此，创业者及其团队必须充分考虑这个问题，并且在融资上要有预案。

③经验问题与困难。

经验不足，缺乏从职业角度整合资源、开拓市场、实施管理的能力与知识，这也是创业面临的主要问题与困难之一。比如，20 世纪末引人注目的大学生创业企业：视美乐、易得方舟、天行健科技等，不但创业项目好，而且科技含量高，却都因为创业者缺乏经验和人脉而以失败告终。因此，创业者需要不断地参与创业实践，积累创业经验和知识，提升创业能力，更多地向成功创业者、有经验的企业家和专家请教，以降低创业风险。

④团队问题与困难。

因团队分裂导致创业失败的例子数不胜数。因此，团队问题是创业计划产生过程中创业者需要引起重视的重大问题。一般来说，新企业因为不能提供优厚的薪酬待遇，很难找到某方面的优秀人才，也不要寄希望于通过招聘的形式弥补人才短缺问题。最直接的解决办法就是创业者通过不断学习提升自我，或从内部培养优秀人才，抑或寻找创业合作伙伴，前提是新企业必须制订明确的利益分享计划和人才激励机制，形成团队的共识，最终以文字形式落实到企业章程中。

（3）凝练创业计划的执行概要

执行概要是从创业计划的核心内容中提炼出来的，但并非创业计划的引言或者前言，它是篇幅为 1 ~ 2 页，对整个创业计划的高度精练的概括。执行概要不仅要表达创业构想的丰富信息，而且还要传递创业者的愿景与激情，以此激发战略伙伴和投资者的兴趣，能让他们快速对创业计划书有一个简短和全面的了解。因此，创业者及其团队要反复推敲、深思熟虑，务必使执行概要结构完美、条理清晰、语言精练且富有感染力。

执行概要作为整份创业计划书的精华和灵魂，并不要求涵盖创业计划书的所有内容，但是要确保涉及每一个关键问题。基于此，凝练创业计划的执行概要需要注意以下问题：

①问题和解决方案。

新企业提供的产品、服务能否解决当前或者未来出现的重大问题或者还未满足的用户需求，这是投资者关注的焦点。陈述项目的价值定位，并描述创意的合理性；在这部分不要给出缩写词、公司历史以及方案中用到的技术术语。

②市场大小和增长机会。

投资者们都在寻找巨大的、处在增长期的市场。应用几句话描述新企业所在的行业、细分市场、市场规模、增长情况和市场动态等，但尽可能不用空洞的语言描述市场机会以及驱动市场细分的因素。一般来说，处于规模小、成长速度快的市场会比相对较大、稳定的市场更有吸引力。

③竞争优势。

简要概括新企业的持续竞争优势，如独特的资源优势、成本节约或行业关系等，至少要体现出新企业相比直接竞争者的方案优越性。投资者更看重这一点，因为他们很可能已经看过很多与之类似的创业计划书。

④商业模式。

清晰描述新企业的商业模式，即一个新企业怎么赚钱的故事。一般来说，商业模式需要描述价值主张、目标客户、价值链等三个问题。

⑤执行团队。

要记住投资的是人而不是创意。为什么创业团队有能力成功？团队成员以前做过什么？因此，需要简要描述每个人的背景、角色、工作经历。如果创业者的创业导师或顾问拥有相关的行业经验，也可以在团队介绍里提出来。

⑥财务预测和融资。

可用一个表格展示新企业未来 3 ~ 5 年的收入和花费预测。投资者想知道项目所需要的投资额，以及投资项目后他们能获得怎样的回报。融资需求通常是为了实现创业计划书所需要的最小现金量，最好能匹配收入的驱动因素，比如客户增长等。财务预测不能太过离谱，如果难以让投资者信服的话，所有的努力都将前功尽弃。

（4）把创业构想变成文字方案

案例

“小管家”——创业计划的构想与实践

张松江，现为新理念保洁服务有限公司总经理，他开拓出了一种叫作“小管家”的新家政商业模式。凭借新模式，仅一个社区就年收入 170 万元。面对我国汹涌而来的社区经济，“小管家”铺就的是一条“沃尔玛”式的道路，一扇虚掩的财富大门正在徐徐打开。在极短的时间内，离经叛道使得“小管家”由穷困潦倒转而获取巨额利润，并因此搭建起一个面向未来的庞大商业帝国架构。对于传统的家政行业来说，“小管家”的成功模式所产生的影响很可能是颠覆式的。

张松江毕业于北京联合大学，到择业时他才发现，自己怀里的一张大专毕业证书几乎没有任何用处。他与其他 3 个朋友商量，决定一起创业。他们本来以为，像什么饭馆的招牌、灯箱、建筑物外墙、大型油烟机、中央空调等都需要清洗，商机无处不在。然而，等他们跑去谈生意时，却到处吃闭门羹，根本没人用他们。两个月过去了，他们没有找到一个客户。碰壁次数多了，张松江渐渐明白了保洁行业到底是怎么一回事。原来在做培训的时候，有家“美国品牌”公司告诉他们，做保洁清洗，市场的价格绝不低于每平方米 10 元钱。但在现实中，市场行情是每平方米 1 元钱。不仅如此，如果没有人脉关系，就算凭 1 元钱的价钱你也休想拿下一个仅有微薄利润的保洁工程。

张松江郁闷到了极点，从不对家人诉苦的他，最后还是将创业的烦恼告诉了父亲。望着创业遇到挫折的孩子，父亲平静地说："没有关系，钱的事不用担心，我给你筹。"父亲的话给了张松江莫大的安慰。当晚，张松江躺在床上，翻来覆去睡不着觉。他打开灯，随手翻开一张报纸。翻着翻着，报纸上一则广告吸引了他。那则广告说，北京的SOHO现代城推出了可移动墙壁的房屋。

可移动的墙壁——所有开发商都把墙壁做成死的，他们却做成活的。这墙活了，他们生意不就活了吗？别人的生意这样，我呢？要想有利润就得有别人没有的东西，就得把大家都认为是不能改变的固定思维模式打破。思维的闸门一旦打开，张松江再也抑制不住自己。他想到了由户外转向户内。虽然户内保洁也有人做，但是现在的户内保洁太没有特点了。像SOHO现代城这样的高档社区，肯定需要一种更高档次的服务。麦当劳、肯德基走遍全球，凭的不就是一个严格的操作规程与标准嘛！对于保洁来说，这个标准应该是对卧室、卫生间、厨房等不同性质房屋进行分类，然后确定不同的服务标准。

越想越兴奋，他把自己的想法、计划都写在了纸上。从第二天开始的十几天时间里，他进一步完善方案，然后鼓起勇气去找SOHO现代城中海物业公司的经理。那位将近50岁、有着丰富经验的物业经理被眼前的年轻人打动了。就这样，张松江在SOHO现代城的地下室租了一间屋子开始了二次创业。为小区客户做好"管家"，张松江第一个创立了家政服务业标准化的品牌运作模式，从而与传统的家政服务方式区别开来。不久之后，公司在SOHO现代城树立了口碑，第一个月就赚到了3万元钱。

创业有了一个良好的开局，但是张松江并不满足，他脑海中构想的新型家政服务应该还有更广阔的内容。一位在酒店做高级主管的客户提醒他，在国外社区，有一种"管家服务"非常流行，可以为小区内的顾客提供各种需求，这让张松江茅塞顿开。根据客户的要求，张松江的家政公司还不断添加新项目，例如干洗衣物、皮革保养、换桶装水和插花，甚至预订机票等，远远超出了传统家政服务的范畴。这些服务不但令客户满足，还成为新的利润增长点。

在SOHO现代城创立成功样本之后，张松江不再满足仅服务于这一个小区，他以加盟连锁的方式把这种成功模式不断复制。很快"小管家"就在北京遍地开花，开了近百家门店，甚至开到了山东、江苏等地。

如今，在家政行业打拼多年的张松江已经不满足于不断扩张门店，占领新的小区，他心中有更大的理想，他提出了"家政工厂"的概念，这意味着小管家可以将直营店从市区搬到郊区，在五环以外设立基地，将所有的人、物的配送集中在基地里，小管家的服务单位也从直营店变为活动车。这样可以让资源的配置更加公道，本钱也相对更好控制，按照张松江的话说，就是更适合做"整个城市的生意"，而不是局限在某个小区。

在创业构想研讨的基础上，就可以按照创业计划书的基本结构，从企业描述、产品或服务、环境分析、市场营销分析、生产运营管理、财务分析、风险分析、退出策略、人力资源管理等方面将创业构想细化为创业计划，并形成文字方案。具体内容参见本章的“创业计划的内容”部分。

无论计划书里面阐述了什么，创业者都要设身处地地想一想，是否真的在制定新企业创建与发展规划，还是仅仅在畅想未来？所阐述的思路在后期的计划执行中是否切实可行，是否有足够的能力将想法变成现实？因此，创业计划书一般首先应将重点放在主体内容的分层次阐述上；然后着手提炼执行概要；最后，考虑必要的附件材料。

2. 创业计划书撰写与展示的原则与技巧

实际上，将创业构想形成文字方案的过程就是撰写或编制创业计划书主要内容的过程。由于它是潜在投资者接触项目的第一步，因而值得努力去做好。

（1）创业计划书的撰写原则——风险投资家的视角

①创业计划书必须一开始就吸引人。

风险投资家和其他潜在的资金提供者富有远见而且经验丰富，投资决策往往能够迅速做出，而且很少出现逆转情况。这就意味着，如果想成功，你的创业计划必须一开始就吸引人，并且一直能吸引他们。

创业计划书从概要开始，概要是创业计划书的第一个主要部分，从某种程度上说，也是最重要的部分。概要必须能够简洁而又睿智地说明企业的价值（即独特资源将创造竞争优势）以及本企业为什么能够成功。具体来说，这一部分既能够传达创业者高涨的创业热情，又能充分说明新企业创意的价值及有效整合开发创意的创业团队。

②管理团队及市场机会的价值是两项关键的投资要素。

调查表明，风险投资家和天使投资都相信管理团队及市场机会是两项关键的投资标准。这并不是说产品特征、财务预期等不重要，而在评审创业计划书的过程中，投资人注重对各自要素间的复杂作用关系进行考察。有时候甚至在对产品和技术本身进行评价之前，由于管理团队或市场机会存在明显问题，因而停止某项投资交易是很容易的。投资人似乎相信，管理团队、市场机会作为一种评价指示器，要比产品特征等更容易做出快速评价。

归根结底，创意的质量及整合创意的人及其素养才是至关重要的。如果创意不合理或没有什么经济上的潜力，那么不管创业计划书写得多精彩、多有说服力，有经验的投资者都会立刻识别出来。所以，在决定投入大量时间和精力，去准备一份令人印象深刻的创业计划书之前，创业者首先必须获得有关新企业创意的反馈。如果创意本身价值不大，创业者应立即停止，因为继续下去肯定是在浪费时间。同样重要的是，创意及其开发必须与创业者或团队的追求和能力相匹配。

③创业计划要体现真实性。

事实上，创业活动面临很多的不确定性，因此，创业者也应该努力确保创业计划信息的相对真实性。所谓真实性，是指市场预测必须建立在对目标市场的现有信息进行分析的基础上，现实情况是许多处于早期发展阶段的技术型企业最终将定位于完全不同的市场。具体来说，创业计划真实性表现顾客分析的真实性、市场分析的真实性、竞争者分析的真实性、收入计划的真实性等几个方面。

（2）创业计划书的撰写技巧

撰写或者编制创业计划书时，创业者如果能对以下 11 个问题有清晰的认识，不仅能提高创业计划书的易读性，而且还能提高新企业融资成功的概率。

①五分钟考试。

一般来说，风险投资家或者评审专家阅读一份创业计划书需要 5 分钟左右的时间，重点关注业务和行业性质、项目性质（借钱还是风投）、资产负债表、团队、吸引人的地方（比如商业模式等）等内容，因此，创业者需要在以上这些方面下苦功夫。

②内容要完整。

一份好的创业计划书起码要囊括如下内容：执行概要、产品或服务、环境分析（企业战略制订）、市场营销、生产运营管理、财务分析、风险分析以及创业者与团队管理等。

③投资项目最重要的因素是人。

风险投资领域有句行话“一流的人才二流的项目”，强调了创业团队的重要性。因此，需要对创业团队组建原则和优秀特征进行如实描述，对团队成员的构成、分工、背景等基本情况进行重点介绍。

④多阅读他人的创业计划书。

阅读他人的创业计划书有助于帮助创业者快速提升自己的写作能力，因此，在编制或撰写创业计划书之前，创业者应通过各种途径寻找优秀的创业计划书进行阅读。

⑤熟悉吸引投资家的方法。

取得风险投资家名录是一种事半功倍的吸引投资者的方法。通过风险投资家名录提供的联系方式和地址等信息，可以帮助创业者增进对风险投资家的认识和了解，以便有针对性地开展融资活动。

⑥如实回答最刁钻的问题。

对于创业者而言，也许“你的创业计划书给其他风险投资家看过吗？”是一个两难的问题，建议创业者遵循诚实守信的原则，如实回答。

⑦对待被拒绝。

审阅创业计划书是风险投资家日常工作的一部分，拒绝大多数的创业计划也是风险投资家的工作常态。创业者没必要因为创业计划被拒绝而伤心欲绝，而应把其作为不断完善和优化创业计划书的重要手段。

⑧创业计划书最重要内容。

对于投资者来说，创业计划书中最重要的内容是资产负债表和团队介绍。前者说明新企业的财务状况，能否及时偿债以及有多少尚未分配的利润归属于投资者；后者则是创业项目能否成功的关键要素。

（3）创业计划书的展示技巧

如前所述，创业计划书的主要目的之一是获得资金支持。创业计划书定稿之后，创业者及其团队面临的主要挑战就是如何将创业计划书推介给投资者。如果为了参加全国性及各地区举办的创业计划大赛，或者为了争取政府部门或社会部门设立的创业基金，那么创业计划书的展示与推介更加重要。据此，创业者需要了解如下有关创业计划书的展示技巧。

①创业计划书作为推销性文本本身要“引人入胜”。

一般来说，创业计划书的撰写本身做到“引人入胜”应该注意要结构合理，清晰精练，能在短时间内让投资者选择他们想要阅读的部分；尽量使用比较客观的语言来说服投资者；要通俗易懂，让没有专业技术背景的大众也能读懂。

②创业计划书的展示必须有宣传片、PPT 的配合。

在正式进入创业计划书介绍之前，播放一段激动人心的创业计划宣传片是非常必要的，能提前调动现场所有人员的注意力和好奇心；同时，创业者还必须做到：一方面，展示的创业计划 PPT 一定要制作精美，但又不能烦琐；另一方面，突出项目的新颖独特性、良好的市场前景以及优势互补且高素质的创业团队。此外，展示的 PPT 以 5 ~ 10 张幻灯片为宜，时间控制不宜超过 20 分钟。

③发挥激情在展示创业计划书过程中的重要作用。

创业需要激情。缺乏创业激情的创业计划，很难激发投资者对创业项目的认同，因此，在创业计划书的展示过程中，也应将自己的创业激情融入其中。风险投资者进行投资决策时，除了考虑项目本身的优劣外，更看重的是创业者及其团队成员的个人魅力与能力，而展示创业计划书中所体现的这种激情，将是打动风险投资者的有效途径，从而极大地提升创业者获得资金支持的概率。

④努力创设与投资者的互动沟通。

展示创业计划书之前，应事先声明允许和鼓励在场的投资者提问或打断，以实现良好的互动与沟通。首先，创业计划书展示切忌照本宣科，自顾自话，而应始终保持与投资者的目光交流；其次，展示过程中保持开放的姿势，而不宜双手抱肘或双手在胸前交叉，以减少与投资者互动的障碍；再次，建议展示时可恰到好处地运用手势，有助于创业者更好地理顺自己的思路，清晰表达自己的思想；最后，可运用生动语言，以不断活跃现场气氛，带动投资者的参与积极性。

⑤应当注意商业机密的保护。

为了引起投资者的强烈兴趣和足够关注，展示创业计划书时努力展现项目自身的优势和亮点，比如产品或服务的新颖性、先进的技术、独特的商业模式以及优秀的创业团队等固然重要，但是恰当地保护创业项目的核心技术和商业机密也很重要。因此，撰写或编制创业计划书时可在封面下部附上有“保密”字样的语句，或在展示前签订一份保密协议，以此来保护自己的利益。不过，对于这一点，目前还存在一些争议，因此，创业者需要谨慎处理，以防错失更多的潜在投资者。

任务三　创业项目路演

一、项目路演 PPT 制作

案例

2021 年 8 月 9 日至 10 日，第七届中国国际“互联网 +”大学生创新创业大赛重庆赛区选拔赛决赛在重庆大学 A 区举行。根据疫情防控相关要求，本次大赛采取线上路演答辩形式，评委专家分组线上进行项目评审，各参赛团队在学校的组织安排下完成线上路演答辩。经过金奖争夺赛和金奖复活赛，各团队围绕自己产品 / 服务介绍、市场定位及分析、产品核心竞争力、财务分析、风险控制等方面进行项目展示。

为深入推进大众创业、万众创新，加快孵化创新创业项目，搭建项目与投融资机构沟通的桥梁，大赛同期举办了重庆第三届青年大学生创客秀活动，共有来自 15 所高校的 15 支团队入围，经过团队线上路演答辩、评委专家线上评审，最终评选出了最佳创意奖、最具商业价值奖、最具人气奖各两项。

PPT 演示是向评委展示大赛成果的重要环节。有创意、新颖的 PPT 不仅可以对在场的观众造成视觉冲击，吸引在座者的目光，还可以拉近展示人员与评委的距离，使评委更加真切地感受到创业者的努力（图 8.2）。

图 8.2　项目路演

1. 制作有说服力的 PPT

如果想使 PPT 更具备说服力，除了注重内容的专业性以外，外在形式也必须给人以专业感。因此，在设计的过程中，创业团队的美工人员不仅要充分地运用有限的 PPT 空间表达出整个创业团队的团队理念、产品特色等，还要考虑到整个设计工作要符合专业的审美，并且想办法第一时间抓住评委的目光。

（1）PPT 要显示项目特色与产品特点

PPT 的展示过程就是将团队的创业成果展示给评委。因而，如果能够将 PPT 的美化与项目特色、产品特色结合起来，那么评委就会更容易深入到展示环节过程中，更容易融入这种氛围之中。

（2）重点列举评委关注点

在陈述过程中，参赛人员的陈述是配合 PPT 一起进行的。在短时间内要对整个项目的内容进行讲解，那么在 PPT 制作过程中，就必须将评委对整个项目的关注点浓缩在 PPT 上，即围绕着"为什么能赚钱""能赚多少钱""为什么是我们""能赚多长时间"这四个评委关注点展开。

（3）有条理地展示陈述内容

拥有一个制作的框架，为整个展示环节理清脉络，可以使评委与观众更清晰直观地了解到演讲内容，从而获得良好的展示效果。

在 PPT 美化过程中，在适当的位置插入适当的超级链接，将更多的信息浓缩到 PPT 中，可以取得更加良好的效果。

（4）符合专业的审美要求

PPT 应充分考虑 PPT 的受众，即评委、老师和观众，符合其审美要求。在有条理地介绍整个创业计划的同时，还应当充分展示其专业性。随着大学生各类创业大赛竞争的日益激烈，比赛不仅对参赛人员提出了更高的要求，对 PPT 的专业性也提出了更高的要求。

（5）设定一个主基调

在制作 PPT 的过程中，应设定一个反映主题的主基调，最好与项目计划书的风格协调起来，从而保持前后风格的一致，共同突出产品的某种风格或者团队的某种精神风貌。这样的方式既是展现项目的良好时机，也是展现一个团队风貌的良好时机。

（6）增强 PPT 的视觉冲击性

增强视觉冲击性不是指将 PPT 做得五颜六色、色彩缤纷，而是将 PPT 做得更能够使受众接受展示人员的观点，并且使评委与展示人员产生共鸣，从而强化了观众对 PPT 所展示出来的观点的认同感。这些都需要通过增强 PPT 的视觉冲击性来达到。

2. PPT 制作常见问题

（1）PPT 只求多、不求精

在创新创业大赛中，有些团队在制作 PPT 时盲目追求 PPT 数量，这是一种错误的思路。PPT 应包含几位展示者所讲解内容的所有重点信息，在短短的几分钟内，要完成这项浩大的工程是不容易的。很多制作者虽然将所有重要信息分门别类地放在每一张幻灯片上，却造成了 PPT 的操作人员在台上一直不停地按动鼠标，屏幕上的幻灯片一晃而过，以致造成台下观众"神经紧张"，无法在短暂的几十秒内领会陈述人员所要表达的意思，到头来整个展示与其预期效果相去甚远。

（2）动画效果过于夸张

在陈述环节，PPT 的动画不是越多、越夸张越好。合理运用动画效果指 PPT 动画效果的运用要配合前后幻灯片的内容、形式。有时为了突出某一张幻灯片的视觉冲击性，可能要添加一些较为夸张的动画效果或背景音乐。但如果整份 PPT 都千篇一律地采用很震撼的动画效果，那么 PPT 中很有视觉冲击性的动画效果在众多效果中，也会变得非常平淡而失去了应有的作用。

（3）图片过少，文字过多

PPT 图少字多将导致在陈述时按 PPT 照读的现象。然而，创新创业大赛陈述环节可以看成是一场介于比赛和表演之间的展示。因此，团队成员应该当众把团队项目的重点“表演”出来，而不是读出来。同时，如果一张幻灯片上的字数过多，势必挤占了图片的空间，这明显降低了整个 PPT 的可观赏性，从而在整体上影响展示效果。

（4）未注意计算机屏幕色彩的差异性

在各类创业大赛比赛现场，PPT 的屏幕放映色彩与实际在计算机上放映的色彩是存在差异的。事实上，由于光线的原因，现场 PPT 在放映时，其色彩在很大程度上会被淡化，而这一极为重要的因素被很多 PPT 制作者忽略。因此，制作人员在实际美化的过程中一定要考虑到现场展示色彩要被淡化的因素。如果有条件，制作人员则最好将准备好的模板事先在大屏幕上放映，以观其实际展示效果，最终决定是否需要对 PPT 的色彩做进一步的加强处理。

以上几个要点是在 PPT 美化过程中特别需要注意的问题。当然，这并不是衡量创业大赛中高质量 PPT 的标准，在实际 PPT 制作的过程中，还需要美工人员结合自身技术、项目的特点做出符合实际的美化效果，美工人员的付出与努力才是取得最好效果的根本保证。

二、项目路演 PPT 制作技巧

参加创业大赛的团队如果能够进入终审，也就是进入了最后的冲刺环节，一般都要进行项目路演汇报。这个时候创业团队汇报的材料就要求整理为 PPT 格式的文件。虽然很多同学很熟悉 PPT 的制作，但是由于不了解项目汇报要点，不掌握项目汇报技巧，不知道评委最关注什么问题，导致最后项目汇报的效果并不理想，最终与奖项失之交臂。

由于创业计划书的内容很多，而项目路演时间很有限，大赛一般只给 5 分钟、8 分钟或 10 分钟的汇报时间，这就要求参赛者要在有限的时间内把项目计划书的主要内容、关键内容陈述清楚，难度十分大。为了更好地做好项目路演，建议在做 PPT 路演汇报时，要把专家评委最关注的以下九大要点汇报清楚，如图 8.3 所示。

1. 创业团队

创业团队是创业项目实施能否成功的关键，所以，每个专家评委都会关注项目路演时创业团队的能力情况。在项目路演时，要用 1 至 2 页 PPT，将项目团队的专业性、互补性、协作性、创新力、执行力和学习力等陈述清楚。专业性代表团队有实施项目的专业技术能力；互补性代表团队成员间可以弥补专业知识、专业技术、业务能力、工作经验和性格等方面的不足；协作性代表团队具有项目的协作和协同能力；创新性代表团队具有创新精神和创新能力；执行力代表团队具有顺利实施和开展项目的能力；学习力代表团队成员都具有不断学习新知识的能力。

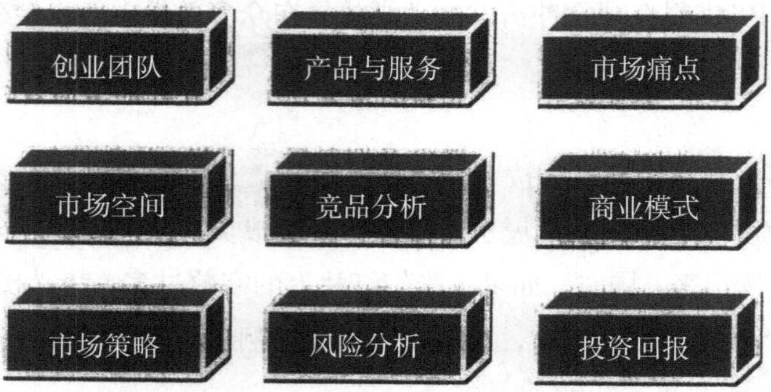

图 8.3　PPT 汇报内容九大要点

在团队陈述时，还要注意将团队的带头人重点突出描述，要尽可能将这个人的策划能力、组织能力、管理能力、专业能力等综合能力呈现出来，将其视野、格局和胸怀表述一下，尽可能突出他（她）的人格魅力。例如，你想做一款会展机器人项目，这个项目属于科技类项目，技术含量较高，涉及计算机技术、网络技术、大数据技术、信息集成技术、智能硬件技术、传感器技术、人工智能技术等，这就需要在组建项目团队时，寻找懂计算机专业的人、懂网络技术的人、懂工业设计的人、懂动画大数据的人、懂传感器的人，以及懂人工智能技术的人来参与产品设计与研发。项目产品研制出来后，还需要进行市场推广和市场销售，又需要找到懂市场营销的人、懂市场策划的人、懂媒体宣传的人。公司运营中离不开财税管理，可能还需要一个懂财务的人来帮你做好财税规划与财务管理。为了让创业团队在一起更加融洽，可能要从你的老同学、老朋友、老同事和老关系中去寻找适合这些工作岗位的人，以便减少团队之间的冲突，缩短团队的磨合期。

2. 产品与服务

项目的产品与服务是专家评委最关心的内容，也是项目路演时需要完整陈述清楚的内容。在项目路演评审时，有很多同学的项目内容汇报不完整、项目产品汇报不清楚。项目产品与服务在 PPT 中一定要提到，而且要描述清楚你的项目是个什么产品，提供的是什么服务，这个产品有哪些技术含量，有多少知识产权，有没有技术壁垒，产品的研发采用了哪些学科知识，采用了什么原理，是通过什么途径研制出来的，产品具有哪些功能，能为什么样的用户群体提供什么样的增值服务，以及项目产品在技术方面、性能方面、成本方面、设计方面、应用方面等都具有哪些特色，项目为用户提供服务时在价格方面、效率方面、便利方面、安全方面等都具有哪些竞争优势。

仅仅介绍完了项目产品与服务还不够，还需要详细描述产品与服务的特色和优势。产品与服务的特色与优势是汇报的重点。首先是项目特色方面的介绍，如项目在技术方面有哪些特色，是否采用了一些新的技术和工艺；在性能方面有哪些特色，是否可以具备更高更全面的性能；在生产成本方面有哪些特色，是否因为采用新工艺和低廉的人力而使制造成本下降很多；在节能环保方面有哪些特色，是否达到绿色减排标准等。其次是项目优势方面的介绍，如项目与同类竞争产品与服务相比，是否在技术方面超过它们，是否在产品设计方面超越它们，是否在产品功能方面比它们更全，是否在产品质量方面比它们更优，是否在环保方面比它们更好，以及项目团队是否比竞争对手强。例如，我们的创业项目是一款益智教育机器人，则要描述清楚这款机器人是否采用了人工智能、语音交互、人脸识别、远程视频、自我学习、大数据、云计算、地理位置信息、智能避障、拍照录像等技术；要描述清楚这款机器人是否使用了功能金属、陶瓷、复合碳纤维、化学化工材料；要描述清楚这款机器人在产品性能、生产成本、使用的便利性、安全性和环保性方面是怎么样的；要描述清楚在销售这款机器人时采用的是什么服务模式，线上销售是怎么做的，线下销售是怎么做的，体验销售是怎么做的。

3. 市场痛点

在进行项目路演汇报时，一定要将项目创意的来源和起因讲清楚，否则评委不知道你的创业项目是怎么想出来的，是依据什么来确定的。在 PPT 里面一定要介绍清楚目前市场的环境是怎么样的；存在哪些市场的痛点问题；有哪些市场服务需求；这些痛点是刚性的还是隐形的，是紧迫的还是不紧迫的；这些痛点的强度有多大，是很痛还是一般的痛，或是隐隐的微微作痛；这些市场痛点能带来多大的市场服务需求，有多大的市场机会；我们如何围绕解决这个痛点来做这个创业项目。一般来说，我们可以围绕市场价格、产品质量、产品性能、产品安全、服务质量等角度来分析市场痛点。如住房售价很高，教育费用太贵，热水器保温效果不好，手机摄像头像素不高，眼镜镜片寿命短，墙体涂料使用后有异味散发，暖气片散热性不好，空调制冷效率不佳，汽车清洗排长队，快递送货不及时，产品包装简陋，蔬菜和水果农残超标，鸡、鸭、鱼喂养都使用消炎药，空气净化器过滤层二次污染等。只要围绕着市场痛点去分析，就会发现有很多的服务需求，存在很多的市场机会。针对市场痛点进行提炼和梳理，可以让评委清晰地了解你的项目思路。

例如，想做一个快速检测蔬菜和水果农药残留物的检测仪，那你就要描述清楚这个项目的市场痛点在哪里。我们知道现在很多蔬菜和水果的种植离不开农药和化肥，如果不打农药不施肥，种出来的蔬菜瓜果不仅病虫害较多，而且产量也不高。但是农民是否用有机肥种植我们并不知道，他们用了多少化肥和农药我们也不知道。目前市场上销售的大部分蔬菜和水果农残都超标，而随着人民群众生活水平的提高，人们都很重视食品健康安全，所以，一款便携式可以快速检测农残的小仪器应该有市场需求，且市场容量还不小。

4. 市场空间

在进行项目路演汇报时，不能仅介绍市场痛点而不提市场空间，一定要向评委汇报清楚我们调查和分析后的市场概况和市场容量情况。如果一个创业项目没有市场，或市场空间不大，那么这个项目就做不大，项目的估值就上不去，项目就很难拿到融资；如果评委看到项目的市场空间不大、市场容量较小，给这个项目的打分就会较低。所以，我们通过分析市场痛点后，要从直接市场、间接市场、潜在市场和培育市场的角度去分析未来项目的市场空间有多大：市场容量是5 000万元，还是可以达到1亿元？是5亿元的市场容量？还是可以达到50亿元甚至100亿元的容量？如果市场空间能超过10亿元或达到50亿元，就有较大的市场机会，就算有10个竞争者同时在做类似的项目，每个公司年均也能有1亿元或5亿元的市场份额，也容易引来天使投资的关注。但是，如果你做的创业项目市场空间不大，只有1 000万元或5 000万元，那么如果市场上有10家竞争对手，每个公司平均市场份额才有100万元或500万元。公司项目销售额做不大，估值上不去，很难获得天使投资。

例如，养老产业的保健品项目市场就十分大。目前，每个老年人都关心自己的身体，都关注健康，除了开展体育锻炼外，就是从饮食上保持身体健康。如果公司研发的产品是一款保健饮品，可以降血压、降血脂、降胆固醇，并且能预防糖尿病的发病，那么针对三高人群和糖尿病人群就会有较大的市场。

又如，高校内的快递项目市场就不大。现在很多同学做学校内的食堂外卖项目和快递项目，这种项目适合同学们的创业实践和创业体验，但是校园内就那么几千名学生，每份快递业务也就挣几元钱的劳务费，一方面项目的技术含量不高，另一方面项目的市场空间不大，市场容量很小。这样的项目销售额做不大，未来项目发展前景也不乐观。

5. 竞品分析

在项目路演时，竞品分析是所有评委都十分关注的内容，我们一定要把这部分内容放进PPT中。竞争对手分析，一方面包括目前市场中已经存在的竞争对手的数量，另一方面包括行业中排在前10名的竞争对手他们在产品、技术、服务、成本、品牌、资金等方面的情况。竞品分析时，要找出对标的竞争者，围绕一些涉及项目产品与服务的具体内容去对比分析，评估一下我们和竞争者之间的优劣情况。例如：在产品技术方面、在生产工艺方面、在制造成本方面、在技术壁垒方面、在知识产权方面、在销售渠道方面、在市场占有率方面、在产品售价方面、在公司品牌方面、在生产能力方面等与竞争对手进行对比分析，从而可以评判出我们做这个项目是否有优势。

例如，我们想研制一款智能手机，市场上同类产品排名前几位的品牌有苹果、华为、小米、OPPO、三星、魅族、中兴、海尔、联想等，那我们做竞品分析时，就要围绕一些关键问题进行对比分析，看看我们是否有机会在市场分一杯羹。如在手机设计、手机芯片、手机摄影、手机内存、手机显示器、手机驱动、手机外壳材料、手机人工智能、手机音响、手机专利、手机生产能力、手机生产成本、手机售价、手机销售渠道等方面，进行有针对性的定性和定量地对比分析。

6. 商业模式

在进行项目路演时，一定要说清楚项目的商业模式。评委们最关心你的项目是如何挣钱的，是靠什么手段和方法挣钱的，这种商业盈利模式是否很新颖，是否很独特，是否很创新，是否具有颠覆性，以及这种商业模式与传统的商业模式有什么不同，其构思和规划的精巧之处在哪里。所以，在 PPT 中，我们要清晰地描述项目是采用什么样的技术手段和方法，通过什么样的具有创新性的商业模式来实现盈利的。

例如，“滴滴出行”，通过一个约车软件系统就把闲置的家用汽车资源整合到自己的平台上，实现了共享打车，并通过在线支付解决了打车交易难题，实现了“滴滴出行”的共享用车的商业服务模式。共享单车 ofo，通过一个骑车 App，就把想骑车用车的人引流到这个共享单车平台上，在提供金融租赁服务的同时，不仅沉淀了一大笔注册资金，还能获取到用户骑车使用费。其商业模式的延伸性十分强，既可以从户外广告及大数据挖掘上挣钱，也可以从金融理财的角度挣钱，还可以用大笔的资金进行投资与股权收购。

7. 市场策略

在项目路演时，市场策略的描述也十分重要。要在汇报 PPT 时，向专家评委介绍清楚你这个项目的公司战略和市场策略是什么。公司战略一般比较容易介绍，作为创业公司，大多采用差异化战略，走蓝海战略的道路，躲避激烈的市场竞争，在市场的空隙中寻找机会。市场策略可能没有时间介绍得那么详细，但是最起码要介绍清楚你的产品策略、价格策略、渠道策略、促销策略和宣传策略是怎么样的。当然，进入互联网社会的今天，你还要为销售策略插上互联网的翅膀，以便使公司运营得更好，所以传统营销 + 互联网营销也是需要你完整汇报的。对于不同的创业项目，如技术研发类、产品设计类、技术服务类、技术咨询类、专题培训类、会议会展类等，可以运用的市场策略不同，最好能针对创业项目采用适合的市场策略。

例如，参赛的项目是一款手工定制的意大利皮包，你不仅在网上开店做宣传，还在线下做 DIY 的体验店。一方面，可以通过线下培训教学，提供给学员制作皮包的材料和工具，让学员体验 DIY 制作，并将学员亲手制作的产品卖给学员；另一方面，还可以利用网上直播、录播培训过程宣传，并在网上卖课和销售定制的皮具产品。

8. 风险分析

在进行项目路演时，风险分析与控制的内容一定要有。现在很多创业大赛的评委都是投资人，他们对项目的风控内容最为关心。你要在 PPT 中围绕项目的政策风险、市场风险、技术风险、管理风险、人才风险和资金风险等可能存在的风险进行分析，并提出风险应对措施，给出防范风险的预案。由于我们是创业公司，技术风险、市场风险、管理风险和资金风险肯定存在，所以千万不要回避风险分析。如果项目方向与国家产业政策方向一致，不存在政策风险，那也要说清楚。有时候风险分析得太多并不是不好，反而让我们更加清楚地了解项目可能存在哪些风险。只要我们提前制定预防风险的措施，可以防控风险的发生，评委就会更认可我们对风控分析全面，会更加看好我们这个创业团队。

例如，中水处理回收利用的项目，你就要围绕我国环保的政策、中水处理的技术、市场空间与竞争的态势、公司的管理现状、团队人员的情况和资金管理等方面的风险进行风控分析。

9. 投资回报

在进行项目路演时，一定要介绍项目的财务分析结果及投资回报情况。作为创业计划和创业实践项目，一定是要有收益的，项目能够创造的收益多少，直接决定着该项目的好坏。一般来说，我们在 PPT 中，要将项目的年销售额、年利润额、年毛利率、年销售额增长率、年利润额增长率、投资回收期、投资回报率等关键财务指标说清楚。由于是创业公司，创业第一年的财务指标普遍不理想，所以可以将创业第二年、第三年的预期财务指标写在 PPT 中，这样就可以将每年的财务指标动态变化情况清楚地呈现给专家评委。

例如，要做的项目是一款大棚种植的现代农业项目，你要描述清楚项目的财务指标，包括每年的项目支出，每年的项目收入销售额、每年的利润额、每年的利润率、年销售增长率、年利润增长率、年投资回收期、年投资回报率等。

知识链接

项目路演的忌讳

忌讳一：PPT 背景颜色昏暗

如果参赛者用于项目汇报的 PPT 背景制作得很昏暗，字体和背景颜色很接近，字体不突出，评委看 PPT 时就会看不清楚，看几页就会觉得很累。这样的话，评委对你的印象分就不好。所以，在制作 PPT 时，第一个要注意的地方就是要让 PPT 文字与背景鲜明突出，千万不要采用与文字颜色相近的背景颜色，要让评委看得很舒服、很清楚、很真切。

忌讳二：PPT 字体太小

一般项目路演时 PPT 屏幕距离评委会有一定的距离，如果你的 PPT 里面的文字很小，评委就不容易看清楚 PPT 里面的文字内容。如果你在项目文字内容描述时使用的字号大小一致，就看不到醒目的标题；如果你在文字描述时不仅字体大小一致还使用同一个颜色，就更不容易一眼看清楚哪里是重点内容。所以，我们在制作 PPT 时，一定要用黑体字或大号字来突出标题，用颜色来突出重点部分。

忌讳三：PPT 文字描述太多

项目路演汇报都是有时间限制的，如果 PPT 文字太多，如果汇报时一个字一个字去念，汇报时间肯定是不够的。为了避免这类现象的发生，在项目路演制作 PPT 时，每一页项目内容的文字千万不要写得太多，文字表述千万不要啰唆，要尽可能提炼出项目亮点，突出项目的重点，最好能用关键词、提示符号和一些图标来表述清楚你本页项目的重点内容，要让评委在最短的时间内就能够了解清楚项目内容，知道你在说的项目内容是什么，哪些内容是你的项目重点，哪些内容是你的项目亮点。

忌讳四：PPT 插图太多

由于 PPT 空间有限，为了更好地提升项目汇报效果，可以采用一些插图来提高 PPT 的生动性和展示性，切记不要弄巧成拙，要通过有限的插图和图标，尽可能完美地展示出 PPT 展示效果，突出想要介绍的项目重点内容，特别是项目的亮点之处。

忌讳五：PPT 页数太多

一般来讲，大赛组委会给每个项目路演汇报时间要求控制在 8 分钟内或 10 分钟内，回答评委提问时间要求控制在 3 分钟内、5 分钟内或 7 分钟内，时间十分有限。为了能够控制好汇报时间，完整地汇报项目，一定要控制好 PPT 的汇报页数，如果是 8 分钟汇报，建议 PPT 的页数在 14 页左右；如果是 10 分钟汇报，建议 PPT 的页数控制在 18 页以内，路演汇报时应重点介绍项目的主要内容和核心内容，突出项目亮点。

忌讳六：PPT 内容不全

由于项目路演的时间十分有限，我们不可能将创业计划书的内容全部复制进 PPT，这就要求我们要把创业计划书中主要的模块尽可能呈现在 PPT 里面。一方面通过 PPT 的展示来介绍项目，另一方面通过口述来补充介绍 PPT 上面没有提到的内容。一般来说，做项目路演用的 PPT，包括创业团队、产品与服务、市场痛点、市场空间、竞品分析、商业模式、市场策略、发展规划、资金筹措、财务分析、风控分析、创新点、知识产权等众多项目内容，有些内容最好用关键词或提示符来提示解说汇报。

忌讳七：PPT 亮点不突出

在制作 PPT 时，一定要围绕创业计划书的主要模块内容，梳理和提炼出有项目亮点的内容，复制到 PPT 中来，并尽可能有条理性地、完整地汇报清楚项目的特色与优势，无论是产品的特色与优势，还是团队的特色与优势；无论是市场的竞争策略，还是项目的发展规划；无论是市场空间，还是融资计划，都要尽可能地表述完整、汇报清楚、突出重点。

忌讳八：汇报人没有激情

在项目路演汇报时，一上场就要充满创业的激情，语气要抑扬顿挫，最好还能增加一些肢体语言来提高汇报的效果，尽快形成与专家评委的互动，增加评审现场的气场能量，以提高评委对你的好感。

忌讳九：汇报人没有自信

在项目路演时，一上台就要充满自信，要正视评委，要放松身心，要把你自己的项目最好、最有亮点的内容告诉评委，要通过路演汇报告诉评委你的团队是最优秀的，你的项目是最有创新性的，你的项目是最有竞争力的，你的项目是最有发展潜力的，你的项目是最好的，你的项目是最棒的。

忌讳十：汇报人语速太快

汇报项目时要清楚你是要将项目说给评委听的，一定要让评委听清楚听明白，如果评委听不清楚听不明白，即使你认为自己的项目很好，那评委给出的评分也不可能太高。所以，我们在项目路演汇报时，一定不要紧张，要有自信，要完整清楚地向评委介绍自己的创业项目，语速千万不能过快，吐字要清晰，要让评委听得清楚，听得明白，要让评委尽可能地了解你的项目。

拓展训练

撰写创业计划书

1. 训练流程

（1）了解创业计划书的基本内容

阅读教材或看相关资料，写出创业计划书应该包括哪几个部分，尝试理解这几部分的内容。

（2）查找创业计划书模板

查找一份创业计划书空白模板，继续了解创业计划书内容撰写框架。当你有一个创业项目要写创业计划书时，你会如何着手？把你的见解与疑问记录下来。

（3）查一份创业计划书范本

请按照以上模板，找一份有内容的创业计划书范本，看看它的每一部分是怎么写的，请记录你的收获。

（4）选择创业项目并讨论

根据班级实际情况，将班级分成若干小组，各组要认真考虑，分别选择一个创业项目，小组各成员讨论创业计划书的内容和重点，并做好小组记录。

项目名称：________________
小组成员：________________
计划书的内容：________________
____
____
____
计划书的重点：________________
____
____
____

（5）撰写创业计划书

针对创业项目，各小组分别撰写一份创业计划书，请将撰写过程中遇到的具体问题记录在方框内。

（6）小组交流

各小组针对在撰写创业计划书过程中遇到的问题进行交流，一起分析、解决上一步遇到的问题，做好记录。

2. 训练思考

如果创业之前，不写创业计划书会怎样？在撰写创业计划书的过程中，你有哪些收获？

____

____

项目九
新企业的创建与成长管理

学习目标

- 了解新创企业的筹备工作。
- 熟悉新创企业的选址原则与要点。
- 认知初创企业的战略管理。
- 掌握初创企业的财务管理过程。

案例导入

法拉第磁光材料是光纤通信三大光无源器件的关键，而高端磁光材料一直被国外两家公司垄断，研发出一款拥有中国自主权的法拉第磁光材料迫在眉睫。2015 年，福州大学光功能晶态材料研究所所长庄乃锋教授在多年的前期研究基础上，组建了以刘海鹏博士为核心的福大磁晶科技研究团队，将法拉第磁光材料应用开发作为主攻方向。

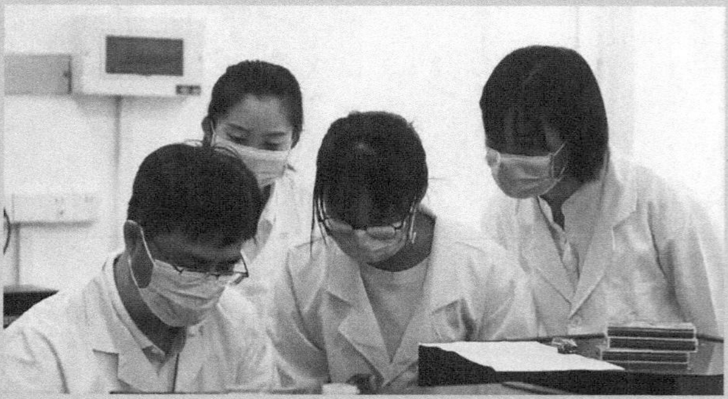

图 9.1　科技研究团队进行研发指导

面对研发周期长、难度大、技术壁垒高这三大研发拦路虎，刘海鹏、杨燕端和刘梦丽作为科研团队的主心骨，始终牢记“掌握核心技术自主可控权”的使命，全身心投入到法拉第磁光材料的研发中。每次磁光材料生长期长达35个小时，需要全程细心守护。寒来暑往，砥砺前行，七百多个日日夜夜，百余次的实验记录，点点滴滴记录着团队研发的艰辛历程。对此，刘海鹏说："科研是一个比较枯燥的过程，需要坐得住冷板凳，要坚持下去才能出成果。"（图9.1）

功夫不负有心人，2017年3月，在庄乃锋的指导下，福大磁光科技研发团队终于成功研制出国内首款法拉第磁光材料——CRIG。

2020年是福大磁晶科研团队收获颇丰的一年，法拉第磁光材料研发福大磁晶科研团队师生赛前备战中依托国家级科研平台，与科技公司签订500万元投资计划，还达成1 000万投资意向。磁晶光电科技（福州）有限责任公司也正式注册成立，为将来法拉第磁光材料实现产业化做准备。

任务一　新企业的创建

一、新创企业的筹备

1. 确定目标市场

目标市场

在市场经济条件下，企业的生产和经营必须围绕市场的需求来组织，创业者通过创办企业在市场交易中进行经营活动以获得利益。著名的市场营销学者麦卡锡提出，应当把消费者看作一个特定的群体，称为目标市场。由于新创企业资源有限，所以多数新创企业是通过市场细分来选择和确定目标市场的。通过市场细分，有利于明确目标市场；通过市场营销策略的应用，有利于满足目标市场的需要。即目标市场就是通过市场细分后，企业准备以相应的产品和服务满足其需要的一个或几个子市场。一般来讲，用以进行市场细分的观测变量主要有以下四个方面。

（1）地理

主要包括区域，城市或主城区大小，人口密度，地形地貌（可划分为平原、高原、丘陵、山区、沙漠地带等），气候（可分为热带、亚热带、温带、寒带等），交通条件（可分为公路、港口、轨道交通等）等。

（2）人口统计

主要包括年龄（可分为儿童、青年、中年、老年等），家庭规模（可分为单亲家庭、双亲家庭、小家庭、大家庭等），家庭生命周期（可分为单身、新婚、满巢、空巢、孤寡等），性别，收入（可分为高收入、次高收入、中等收入、次低收入、低收入等），教育水平（可分为硕士及以上、本科、专科、中专、高中、高中以下等），职业（可分为公务员、教师、医生、企业管理者、公司职员、演员、文艺工作者等），代系，民族，宗教，国籍，社会阶层（可分为可投资资产较高群体、企业高管群体、娱乐圈群体、白领群体、蓝领群体、农民工群体、失业群体等）等。

（3）心理

主要包括认知，生活方式，个性特征，购买动机（可分为追求时尚、追求实惠、追求新鲜、追求名牌、追求价廉等）等。

（4）行为

主要包括购买时机（可分为节假日、日常、升学期、购房期、拆迁、搬家、结婚、离婚、促销打折日等），购买地点（可分为商场、超市、门店、网络商店等），购买数量（可分为大量、中量、少量等），购买频率（可分为经常购买、一般购买、不常购买、潜在购买等），利益，使用者情况，品牌忠诚情况（可分为单一品牌忠诚、多品牌忠诚、无品牌忠诚等），准备程度等。

当然，细分市场还要从战略、市场需求、竞争优势、资源和环境等几方面对其可行性进行综合评估和分析，以帮助创业者全面了解产品或服务未来进入细分市场可能面临的优势、劣势、机会及威胁，从而准确判断开拓细分市场的可行性。表 9.1 提供了细分市场可行性分析角度。

表 9.1　细分市场可行性分析表

项目	问题阐述	细分市场（评级）		
		细分市场 A	细分市场 B	细分市场 C
战略	开发细分市场与总体目标是否一致			
市场需求	消费者分析			
	市场增长空间分析			
	细分市场客户			
	预计销售额			
	预计利润率			
	预计市场占有率			
竞争	竞争性分析（规模、价格、人才等）			
资源	资源分析（是否有营销、生产、资金、技术等支撑）			
环境	环境综合因素分析（包括宏观经济、技术水平、政治、文化和社会等因素）			
评级				

最后，企业应该确定细分市场的规模，以便在积极向前推进时知道潜在市场有多大。如果细分市场太小，即使细分市场上的顾客对其产品和服务很满意，企业成长很快也会出现停滞。

有些时候，企业会试图同时进入多个市场从而将自己延伸得太广，以至于不能精准把握好最适合自己的细分市场。有些企业则会选择某个市场后草率进入，没有充分了解市场行情和顾客需求。市场调查可以帮助企业了解市场的详尽情况，从而抓住机遇，做出正确的决策。

2. 市场调研

市场调研（market research）是一种把消费者及公共部门和市场联系起来的特定活动——通过调研所得信息来识别和界定企业市场营销机会和问题，产生、改进和评价营销活动，监控企业营销绩效，增进对营销过程的理解。企业通过市场调研寻求企业与市场之间的“共谐”。所谓市场调研，就是采用一定的技术手段和方法，有目的、系统地搜集、采集、记录、整理有关市场的供求情况、价格情况及未来的需求取向等的一种方法，为企业确定市场定位、制定营销决策提供客观、正确的资料和信息。

在一项对美国798家公司进行的市场营销调研活动的统计中表明，这些企业最普遍的市场营销调研活动是：市场特性的确认；市场潜量的衡量；市场份额的分析；销售分析；企业趋势分析；长期预测；短期预测；竞争产品研究；新产品的接受和潜量研究；价格研究。

一般来讲，市场研究、产品研究、价格研究和消费者研究是企业市场调研的主要内容。

市场研究主要包括：市场特性，市场规模，市场需求（包括刚性需求、潜在需求、紧迫需求等），可能销量预测，市场动向及发展，市场增长率，市场对产品销售的反馈，市场占有率，市场竞争状况，市场细分研究和市场其他信息的研究。

产品研究主要包括：产品生命周期的研究、产品性能与特征研究、产品包装外观及品牌形象、新产品的开发和试销、产品的市场占有率和认知度、产品的顾客层、消费者对产品的态度和建议、竞争产品研究等。

价格研究主要包括：价格需求弹性分析、价格敏感度分析（包括新产品价格制定和老产品价格调整产生的效果）、定价决策、竞争对手的价格变化情况、价格优惠策略的时机和实施效果评价、赊销条件和付款条件。

消费者研究主要包括：消费者的结构，消费者的购买动机，消费者的购买习惯（时间、地点），消费者的购买能力和频率，消费者的品牌态度，消费者的品牌偏好，消费者的品牌忠诚度，以及消费者对产品和服务满意度。

企业如何开展市场调研？一般来讲，企业进行市场调研的流程主要有以下步骤：

（1）确定市场调研的必要性；

（2）定义问题；

（3）确立调研目标；

（4）确定调研设计方案；

（5）确定信息的类型和来源；

（6）收集资料；

（7）问卷设计；

（8）确定抽样方案及样本容量；

（9）开展调研；

（10）统计数据、分析资料；

（11）撰写调研报告。

3. 竞争对手分析

做好市场定位还要掌握竞争对手状态。商场上企业之间的竞争也如战场般激烈。在竞争性市场条件下，企业通过培育自身资源和能力，获取外部可寻资源，并加以综合利用。在为顾客创造价值的基础上，实现自身价值的综合性能力是一个企业的竞争力。不同于体育竞技的直接竞争，商场上的竞争往往属于间接竞争，竞争对手不用直接碰面而是通过其产品和服务在市场上决胜负。商场中不仅要注意已有的竞争对手，还需要识别和防范潜在的竞争对手。例如，“柯达”公司一直将同在胶卷市场的“富士”公司视为自己的头号竞争对手，却没有想到被生产数码产品的公司抢占了其胶片产品市场。

一般来讲，企业的竞争力分为三个层面：第一层面是产品层，包括企业产品生产及质量控制能力、企业的服务、成本控制、营销、研发能力等；第二层面是制度层，包括各经营管理要素组成的结构平台、企业内外部环境、资源关系、企业运行机制、企业规模、品牌、企业产权制度等；第三层面是核心层，包括以企业理念、企业价值观为核心的企业文化、内外一致的企业形象、企业创新能力、差异化个性化的企业特色、稳健的财务、拥有卓越的远见和长远的全球化发展目标。第一层面是表层的竞争力，第二层面是支持平台的竞争力，第三层面是最核心的竞争力。

对竞争者概况进行准确描述，为企业决策者提供一份详细的评估分析报告，对于他们了解主要竞争对手的特点和状况，对其施行重点关注和监控，分析其下一步发展动向或应对竞争会采取的市场策略非常有帮助。竞争信息的获取渠道主要如下。

（1）竞争对手的各种文献、资料

①公司公开出版的书籍或者发表的重要文件、资料等，如公司年鉴、财务数据报告、年度报告等。

②公司内部人员公开发表的信息。如公司领导发表的文章或公开演讲内容、销售经理发布的销售报告等。

③公司宣传材料。如产品宣传手册、公司介绍、促销资料等。

④企业内刊。包括报纸、杂志、网络刊物等各类自媒体。

（2）行业内文献、资料

①行业内公开出版物或者发布的重要文件、资料。如行业年鉴、行业年度报告、行业组织机构发表的各类重要资料与信息等。

②行业内自媒体。如行业刊物、行业组织机构官方网站等。

③供应商的有关报告和资讯。如供应商与竞争对手的战略合作意图、已经开展的重要合作项目信息等。

④行业权威的数据分析报告或有关信息。如行业分析师或权威人士发表的研究报告、文章及评论等。

（3）媒体发表的数据、资料

媒体发表的数据、资料等，如新闻报道、专题报道、人物专访、评论文章等。

（4）促销广告资讯

促销广告资讯类，如硬广告、软文宣传、大型活动、促销品、宣传单、邮件、短信等。

（5）特殊渠道的数据、资料

①图书馆、社会研究机构的历史数据、研究文献等。

②专业数据提供商或者咨询机构。

（6）调查研究获取的数据、资料

①人员访谈或者问卷调查。调查对象包括同行业人员、非同行业人员、供应商、渠道商、合作机构、消费者、社会大众等。

②实地考察调研。主要调研内容为产品信息、价格信息、销售情况、渠道分布、促销情况、运营情况等。

需要注意的是应该合法获取、利用这些材料和信息。

二、新创企业的选址

创业选址是创业前期准备工作中的一项非常重要的工作。不论创立何种企业，地点的选择都是决定成败的一大关键性要素。好的选址等于成功的一半。尤其是以门市为主的零售、餐饮等服务业，店面的选择更是成败的关键。同时，企业的选址直接体现了企业的战略目标。一个企业的战略目标，是在全面、综合考虑地理因素、人文因素和交通状况等方面的基础上，根据企业自身实际情况制定出来的企业指导战略，对于地址的选择也不例外，也是企业战略目标的一个组成部分。

1. 新企业选址的原则

（1）匹配行业定位

企业经营场所的选择和行业密切相关，各行各业都有不同的特点和消费对象，黄金地段不一定是最好的选择。如果经营的是日化、副食等快速消费品，就要选择在居民区或社区附近；如果经营的是家具、电器等耐用消费品，就要选择在交通便利的商业区。因此，企业选址关键要根据行业来确定。

（2）依据经营内容

店铺销售的商品种类不同，其对店址的要求也不同。有的店铺要求开在人流量大的地方，如服装店、小超市，但并不是所有的店铺都适合开在人山人海的地方，如保健用品商店和老人服务中心，就适宜开在偏僻、安静一些的地方。

（3）靠近消费群体

新企业的选址还要考虑自己的目标消费群体，是主要面向普通大众消费群体，还是主要面向中高阶层消费群体，简单来讲就是要选择能够接触较多目标消费群体的地方。通常情况下，大多数店铺适合选择在人流量比较大的街区，特别是当地商业活动比较频繁、商业设施比较密集的成熟商圈。但也要视店面经营产品的具体情况而定，如卖油盐酱醋的小店，开在居民区内生意肯定比开在闹市区好；文具用品店，开在黄金地段不如开在学校附近。

（4）遵循价值链环节

同一产业的企业如所处价值链环节不同，企业选址考核的侧重点也随之而异。总部基地、研发中心的选址，更关注政府因素的影响，包括政府服务水平、政策导向、营造的投资环境，如人才及教育资源是否富足，风险投资的供给情况，布局上偏好聚集在大城市或新兴城市；制造型企业的选址，更关注成本因素的影响，如土地、能源、劳动力等资源是否能够容易以较低的成本获取，加之城市规划的影响，因而其在区位分布上有逐渐迁出市中心，在城市周边布局的趋势；营销及售后服务企业，则更多考虑市场的因素，如区域内消费者的消费水平、市场潜力、同业竞争状况，在区位的选择上也会更贴近市场，以提升服务效率，更快地响应市场需求的变化。

（5）关注政府政策

企业选址不仅需要重点考虑企业投资所需的运营成本，还需要关注政府因素的影响。如政府是否鼓励该产业的发展，是否已通过产业规划、财税政策、人才培养等多种途径保障该产业的发展，能否提供高效优质的服务，乃至是否有一定的政府采购市场。

2. 新企业选址的要点

创业大学生在选择经营场所时要慎重，由于所创企业经营类型的不同，对经营场所的要求也不同。但是不管从事何种经营，一般来说，都要注意从以下几个方面综合考量，做出最优选择。

（1）方便性

众所周知，人都有一定的惰性，买东西或者是享受服务都希望方便，一下车、一抬眼就能看见，而不希望费时、费力地寻找。因此，要想生意兴隆，最好的办法就是让你的顾客能随时随地享受你的服务。

（2）安全性

任何人在购物或享受服务的时候都希望在一个安全环境中。因此，在选择经营场所的时候，创业大学生要注意不要选在治安差的地方，也不要选择在管理较为混乱的集贸市场或娱乐场所附近，因为这些区域是治安和火灾事故的易发地区，容易威胁到顾客的人身安全。

（3）竞争性

现在行行有竞争，处处有竞争，创业大学生不要妄想找到一个没有竞争的经营场所。

当然，竞争太强、太弱都不行，竞争性太强，不利于刚创办企业的发展；如果一个地方没有任何竞争，那就说明这地方不适合做这个行业。在有竞争对手的地方创业，有利于获得同行的经营状况和整个行业的发展状态，适时调整自己的经营方向与运作策略。

（4）愉悦舒适度

创业大学生在选择经营场所的时候要注意你所选择的场所及其周围设施的愉悦舒适度如何。经营场所附近的配套设施要齐全一些，如有路灯和绿化设施，空气比较清新。店内的装修要美观大方，冬暖夏凉，让人进去有一种清新愉悦的感觉。

（5）人流量

正常情况下，在繁华的商业区和人口密度较高的大中型社区选址创业，人流量大，市场需求旺盛，相对来说客源较为稳定，因此，可以在一定程度上保证创业的稳定性和较高的营利性；反之，在偏僻的地区或小型的、不成熟的社区，人流量小，客源不稳定，无法保证经营的可持续发展。

（6）租赁价格

经营场所地点不同，租赁价格相差甚远。在一些老牌的商业集中区域，租赁价格高；相反，在一些相对偏僻的老区或是新开发地段，租赁价格较低。到底选择哪里，这要根据创办企业的性质、经营定位和自身的经济实力来综合考虑。

现在很多地方为鼓励和吸引投资，都在本区域范围内设立了各式各样的开发区、软件园、高科技园区等名目繁多的特别经济区域，在这些区域内设立企业可以享受很多优惠政策。因此，大学生在创业时非常有必要了解相关政策，尽量把创业场所选择在特别经济区域内，既可以简化手续又能节省费用。

知识链接

不同类型企业选址注意事项

1. 销售类

销售类企业创业成功的关键是经营地址的选择。因此，在选择时要重点确定商圈范围，通过具体了解销售企业的消费者构成及其特点，确定企业选址策略。一般来说经营场所应选择在人口密集的地区，既方便消费者，也有利于企业的经营。

2. 餐饮类

餐饮业比其他行业选址要求更高，创业者要结合当地居民的消费习惯、消费水平确定经营方式和服务档次，进而选择经营地址。餐饮企业的地址选择要与市场需求，也就是客户需要相符合。根据不同的消费群体来选择企业地址，如果主要消费群体为上班职工，可以在公司集中区选址；如果主要消费群体为学生，可以在学校附近选址；如果主要消费群体为休闲人士，可以在商业闹市区或者特色风景区选址。

餐饮企业应选择地势干燥、有排水条件和电力供应的地区，不要设在容易受污染的区域，要远离粪坑、污水池、暴露垃圾场等地，还要在粉尘、有害气体、放射性物质和其他扩散性污染源的影响范围之外。

3. 制造类

制造类企业选址需要综合考虑多方面的因素，既包括定量的成本因素，又包括定性的区位条件因素。

（1）关注成本因素

成本是制造类企业选址所要考虑的重要因素。制造类企业需要大量的原材料等生产要素。不同的地区，其价格会有所不同，所以制造类企业应选在离原料基地较近的地方，可以节约成本。另外，劳动力和厂房等也是选址时要考虑的问题。

（2）考虑区位条件因素

制造类企业选址考虑所在地区的区位条件，也就是要考虑运输便利程度、地方政策以及生活条件等诸多因素。对于制造类企业来说，产品和原料的运输成本在总成本中均占有较大的比重，在靠近原材料地区选址可以使运输成本最低。

（3）注意环境污染、噪音问题

加工类企业一般会产生一定的环境和噪声污染，因此，地址应选择在离居民区、饮水基地远一点的地方。

三、新创企业的组织形式

在市场经济条件下，企业是法律上和经济上独立的经济实体。任何一个企业都要依法建立。投资人在创建一个企业时，都面临企业的法律形式选择问题。企业的法律形式分为三种：个人独资企业、合伙企业、公司制企业。新创企业一般都是小型企业，常见的企业法律形式有个体工商户、个人独资企业、合伙企业和有限责任公司。

1. 个体工商户

（1）含义

公民在法律允许的范围内，依法经核准登记，从事工商业活动的为个体工商户。个体工商户是新创企业的原始形态。

（2）法律特征

个体工商户是个体工商业经济在法律上的表现，其具有以下特征：

①个体工商户是从事工商业经营的自然人或家庭。自然人或以个人为单位，或以家庭为单位从事工商业经营，均为个体工商户。根据法律有关政策，可以申请个体工商户经营的主要是城镇待业青年、社会闲散人员和农村村民。此外，国家机关干部、企事业单位职工，不能申请从事个体工商业经营。

②自然人从事个体工商业经营必须依法核准登记。个体工商户的登记机关是县以上工商行政管理机关。个体工商户经核准登记，取得营业执照后，才可以开始经营。个体工商

户转业、合并、变更登记事项或歇业，也应办理登记手续（图 9.2）。

③个体工商户只能经营法律、政策允许个体经营的行业。

图 9.2　个体工商户营业执照

2. 个人独资企业

（1）含义

个人独资企业，是指依法在中国境内设立，由一个自然人投资，财产为投资人个人所有，投资人以其个人财产对企业债务承担无限责任的经营实体。个人独资企业性质上属于非法人组织，具有团体人格的组织体属性。

（2）法律特征

①从组织结构形式上看，个人独资企业的出资人是一个自然人。该自然人应当具有完全民事行为能力，并且不能是法律、行政法规禁止从事营利性活动的人。国家机关、国家授权投资机构或国家授权部门、企业、事业单位等都不能作为个人独资企业的设立人。

②在责任形态上，投资人以其个人财产对企业债务承担无限责任。投资人以家庭的共有财产作为个人投资的，以家庭共有财产对企业债务承担无限责任。这是个人独资企业区别于有限责任公司和股份有限公司等企业形式的基本特征。

③从性质上看，个人独资企业不具有法人资格。个人独资企业没有独立的财产，企业的财产归投资人个人所有。这里的企业财产不仅包括企业成立时投资人投入的初始财产，而且包括企业存续期间积累的财产。投资人是个人独资企业财产的唯一合法所有者，企业的责任就是投资人的责任。因此，个人独资人无独立承担民事责任的能力。个人独资企业虽然不具备法人资质，但却是独立民事的主体，能够以自己的名义从事民事活动。

④从限制上看，法官、检察官、警察、公务员、现役军人不能作为个人独资企业投资人。

（3）经营方式

经营方式是指经营机关核准登记的个人独资企业经营活动所采用的方式和方法。这类企业一般规模较小，常见的经营方式有自产自销、代购代销、来料加工、来样加工、来件装配、零售、批发、批零兼营、客运服务、货运服务、代客储运、装卸、修理服务、咨询服务等。代理销售、连锁经营是新产生的经营方式。国家允许个体工商户和私营企业采取的经营方式，个人独资企业均可以采用。

3. 合伙经营企业

（1）含义

合伙企业，又称为合伙制企业，是指自然人、法人和其他组织依照《中华人民共和国合伙企业法》在中国境内设立的，由两个或两个以上的自然人通过订立合伙协议，共同出资经营，共负盈亏，共担风险，并对合伙企业债务承担无限连带责任的营利性企业组织形式。

（2）法律特征

①合伙协议是合伙得以成立的法律基础

如果说公司是以公司章程为成立基础，那么合伙就是以合伙协议为成立基础。但公司章程与合伙协议在性质上有很大的不同。公司章程是公司组织和行为的基本准则，是公司的“宪法”，具有公开的对外效力，其功能主要是约束作为法人组织的公司本身，而合伙协议是处理合伙人相互之间的权利义务关系的内部法律文件，仅具有对内的效力，即只约束合伙人，合伙人之外的人如欲入伙，须经全体合伙人同意，并在合伙协议上签字。所以，合伙协议是调整合伙关系、规范合伙人相互间的权利义务、处理合伙纠纷的基本法律依据，也是合伙得以成立的法律基础，此即合伙的契约性。当然，合伙协议的订立方式既可以是书面，也可以是口头，但根据《合伙企业法》的规定，合伙企业的合伙协议应当采用书面形式。如果合伙人之间未订立书面形式的合伙协议，但事实上存在合伙人之间的权利义务关系，进行了事实上的合伙营业，仍然视为合伙。

修订后的《合伙企业法》充分体现了合伙企业的自治性，突出了合伙协议的作用，大部分的规则都只是在合伙协议没有约定时才适用，如果合伙协议有不同或相反约定，均优先适用合伙协议的约定。

②合伙须由全体合伙人共同出资，共同经营。

出资是合伙人的基本义务，也是其取得合伙人资格的前提。合伙人共同经营是合伙不同于公司的又一特征，公司的股东不一定都参与公司的经营管理，甚至不从事公司的任何营业行为，而普通合伙人必须共同从事经营活动，以合伙为职业和谋生之本。合伙从事的行为一般是具有经济利益的营业行为。无论是民事合伙还是商事合伙，合伙人的目的都是营利。特别是依据《合伙企业法》成立的合伙企业，属于商事合伙的性质，从事营利性行为，是一种营利性组织。

（3）合伙人共负盈亏，共担风险，对外承担无限连带责任

这也是合伙与公司的主要区别之一。公司股东按其出资比例和所持股份分享公司利润，当公司资不抵债时，股东只以其出资额为限或所持股份为限对公司债务承担责任。合伙人则既可按对合伙的出资比例分享合伙盈利，也可按合伙人约定的其他办法来分配合伙盈利。当普通合伙企业的合伙财产不足以清偿合伙债务时，合伙人还需以其他个人财产来清偿债务，即承担无限责任。而且任何一个合伙人都有义务清偿全部合伙债务（不管其出资比例

如何），即承担连带责任，在有限合伙企业中，普通合伙人对合伙企业债务承担无限连带责任，有限合伙人则仅以其出资额为限承担有限责任。

（4）类型

合伙企业分为普通合伙企业和有限合伙企业。其中，普通合伙企业又包含特殊的普通合伙企业。

①普通合伙企业。

由 2 人以上普通合伙人（没有上限规定）组成。普通合伙企业中，合伙人对合伙企业债务承担无限连带责任。作为特殊普通合伙企业的合伙人，在通常情况下，仍按照普通合伙企业的规定，承担无限连带责任。但一个合伙人或者数个合伙人在执业活动中因故意或者重大过失造成合伙企业债务的，有责任的合伙人应承担无限责任或者无限连带责任，而其他合伙人以其在合伙企业中的财产份额为限承担责任。

②有限合伙企业。

由 2 人以上 50 人以下的普通合伙人和有限合伙人组成，其中普通合伙人和有限合伙人都至少有 1 人。当有限合伙企业只剩下普通合伙人时，应当转为普通合伙企业；如果只剩下有限合伙人，应当解散。普通合伙人对合伙企业债务承担无限连带责任，有限合伙人以其认缴的出资额为限对合伙企业债务承担责任。

4. 公司制企业

（1）含义

公司制企业又叫股份制企业，是指由 1 个以上投资人（自然人或法人）依法出资组建，有独立法人财产，自主经营，自负盈亏的法人企业。

（2）法律特征

①公司是一个由股东出资入股组成的法人团体，具有法人地位，按照一定规章制度成立，拥有独立财产，在其法人财产基础上独立从事经营活动，并能以自己的名义行使权利和承担责任与义务。

②所有出资人都只以自己的出资为限，对公司的债务负有限的清偿责任。即当公司入不敷出、资不抵债时，可以强制企业破产，但不管公司欠债多少，所有出资人都只以其投入企业的资本清偿债务，不再负有超过这一限额的债务清偿责任。因此，公司所有者完全不必担心企业破产会导致自身倾家荡产，而且当个别股东发生股权转移或其他变动时，不会导致公司的解体，也不会影响公司的运营。因此，公司制企业有很好的存续性。

③公司是由一个法人治理机构来统治和管理，即由企业所有者、董事会、总经理三者组成的机构来管理，三者形成一种合力，同时也形成一定的制衡关系。通过这一形式，所有者将自己的资产交由公司董事会托管，公司董事会是公司的常设决策机构，拥有对高级经理人员的聘用、奖惩以及解雇权力。高级经理人员受雇于董事会，组成董事会领导下总经理执行机构，在董事会的授权范围内经营企业。

（3）类型

①有限责任公司。

有限责任公司简称有限公司，是指根据《中华人民共和国公司登记管理条例》规定登记注册，由50个以下的股东出资设立，每个股东以其所认缴的出资额对公司承担有限责任，公司以其全部资产对其债务承担责任的经济组织。有限责任公司包括国有独资公司以及其他有限责任公司。有限责任公司（有限公司）是我国企业实行公司制最重要的一种组织形式。其优点是设立程序比较简单，不必发布公告，也不必公布账目，尤其是公司的资产负债表一般不予公开，公司内部机构设置灵活。其缺点是由于不能公开发行股票，筹集资金范围和规模一般都比较小，难以适应大规模生产经营活动的需要。因此，有限责任公司这种形式一般适合于中小企业。

②股份有限公司。

股份公司是指公司资本为股份所组成的公司，股东以其认购的股份为限对公司承担责任的企业法人。设立股份有限公司，应当有2人以上200以下为发起人，注册资本的最低限额为人民币500万元。由于所有股份公司均须是负担有限责任的有限公司（但并非所有有限公司都是股份公司），所以一般合称股份有限公司。股份公司产生于1 8世纪的欧洲，19世纪后半期广泛流行于世界资本主义各国。到目前，股份公司在资本主义国家的经济中占据统治地位。

任务二　新企业成长管理

一、认知企业成长与管理

1. 企业成长

企业成长是指企业在相当长的时间内通过创新、变革和有效管理等手段，积累、整合并促使资源增值，不断增强企业能力，形成企业核心竞争力，进而保持企业整体绩效平衡、稳定增长的势头的过程。对于初创企业而言，能否实现持续成长才会面临真正考验。一家企业为成长做准备时，创业者先要对初创企业的成长有正确的认知。

（1）并非所有企业都能够实现快速成长

一般来讲，拥有持续快速成长潜力的企业通常是一些能够解决重大问题或者对顾客的生产或生活有重要影响的企业。例如相对于一家日用品商店，一家生物技术公司更有获得快速成长的现实可能性，这也是企业受其所属产业发展状况影响的反映。

（2）企业成功并不总是会扩大规模

对一些企业来讲，扩大规模会让企业遭受成长带来的不良后果。例如，很多以提供高质量个性化服务为基础的企业成长或扩大规模后，其服务水平迅速下跌至标准化或不合格水平，企业最初的那些顾客会失去原来拥有的高质量服务，而这家企业也会被顾客视为另一家普通企业了；还有一些销售高端产品或精品来获得高额利润的企业。这些企业的目标客户通常更重视产品品质而非价格。这类公司可以成长，但需谨慎对待成长规模。大规模的成长很难保证产品的独特性和吸引力。出于类似的原因，很多企业对它们的产品进行限量发售。

（3）企业不能成长过快

企业在创建之初，为了生存必须成长，但从创建开始就持续快速成长势必会给企业造成财务压力，并令初创企业在人力资源和资金方面面临巨大的压力。一位消费电子产品企业的创业者对此有过感受，他说："创建一家创业企业不仅需要一个好的愿景和市场，而且需要系统化地执行。你只能按照某种节奏进行运营，不要试图超过你的极限。在你付出时要有所保留。不要花掉你拥有的全部现金，因为你需要它们。你必须非常认真地考虑企业的成长方式，以及你会付出什么来支持企业的成长。"与大企业相比，新企业的突出优势就在于高层管理者更贴近客户，更容易感受到市场发生的变化，能够比大企业更迅速地做出反应，能够用小企业的反应速度来抗击大企业的规模经济。如果新企业机制灵活，那么就会以目标为导向，淡化分工，强化协作，老板与员工形成一体，这时企业的反应速度很快，非常灵活，充满活力。与此同时，新企业管理通常也需要有较强的创新性。因为新企业会面临许多新问题，这些问题很多是管理者之前没有遇到过的，在书本和前人的经验中也找不到答案，只有敢于创新、善于创新，才能有效地解决这些问题。新企业和成熟企业管理特点的比较如表 9.2 所示。

表 9.2　新企业和成熟企业管理特点的比较

内容	新企业	成熟企业
成长性	高增长、非线性成长	低增长、常规发展
风险程度	不确定性、高风险	经营稳健、低风险
主导策略	基于生存和发展的机会导向	基于强化内部控制的经营导向
驱动因素	商机驱动	资源驱动
关注焦点	销售收入和现金流	顾客维持与内部效率
管理团队	创业者个人或小规模的团队	职业化的管理团队替代企业家团队
管理模式	基于信任与合作的松散管理	建立完善的管理机制与控制系统
创新来源	依赖个人创新	系统的组织创新
风险承担	最大限度地规避风险	能够适度承担风险
外部环境	高度不确定，至少创业者感觉如此	不确定性基本在可控制的范围内

2. 管理企业成长

认识企业管理的特殊性要与企业的成长规律结合起来。一般来讲，相当一部分企业会经历组织生命周期的各个阶段，主要包括创建阶段、成长阶段、成熟阶段和衰退阶段。

（1）创建阶段

企业登记注册开始运营，便进入创建期。在这个阶段，企业面临生存的挑战，实力较弱，依赖性强，资源匮乏，在市场上尚未站稳脚跟，需要各方面力量的支持。创建阶段企业销售其初始产品或服务，探索赢利模式，确认搭建的团队的正确性，确定企业优势和核心竞争力。这是企业创始人的“实习”阶段，他们会把握公司日常运营的各个方面。在这个阶段也是企业规则和程序的建立、运营阶段。这个阶段的企业管理不规范，管理水平低，经常出现无章可循和有章不循的现象。创建阶段企业的主要目标是建起一个良好开端，并探索在市场中获得成长空间。企业在创建阶段的主要挑战是确保初始产品或服务是正确的，并为进一步发展成长做好准备。企业领导者虽然可以在此阶段进行不断地尝试，但更重要的是不要冒进。可以将奏效的事情记录下来，并开始思考随着企业的成长，如何把成功复制到其他地方。

（2）成长阶段

成长阶段可以分为早期成长期和持续成长期。早期成长期的特点是不断增加的销量和复杂性。在这个阶段，企业通常仍然专注于初始产品或服务，但一般都会努力提高市场份额并尝试开发相关产品。企业的运营需要更多的人手、资金和技术水平提升的支持。对资源的管理和利用成为企业成长中面临的新问题。随着企业在某一产品领域有了一定的市场份额，企业慢慢进入持续成长期了。这个时期，企业一般会开始开发新产品或服务，并扩张到新的市场。小企业可能会被并购或与其他企业建立合作伙伴关系。最艰难的决策通常都出现在持续成长期。在这个时期，企业必须建立合理的组织架构，制定完善的管理制度，规范项目流程管理，加强绩效考核，为企业健康快速成长过程提供保证。

（3）成熟阶段

经过扩张阶段的发展后，企业将会进入持续开发新产品，拓展新业务，不断提高销售收入的成熟阶段。随着企业规模的扩大，其发展逐步由外延式转向内涵式，由粗放经营转为集约经营。在企业规模扩大的同时，管理变得越来越复杂，对企业管理正规化、科学化的要求越来越高。企业在多年经营中提高了产品知名度，形成自己的特色产品，甚至是名牌产品。为了进一步发展和规避经营风险，企业通常会向多元化方向发展，这对筹资和投资能力的要求进一步提高。在这个时期，企业通常专注于对产品和服务的高效管理，一家处于成熟阶段的管理完善的企业通常会寻求合作或并购机会，从而为企业带来新生力量。

（4）衰退阶段

一般的企业到最后走向衰退或者死亡是一种正常现象。在企业的存续过程中，始终面临着市场中更具创新性的产品或服务的威胁，当这种情况发生时，一家企业规避衰败的能力取决于公司的领导力和创新力。一般来讲，当企业丧失目标感或过分分散以至于在任何市场中都丧失竞争优势时，也会进入衰退阶段。企业的管理团队应该警惕和防止这种状态的产生。这需要企业有强大的创新精神，但通过创新推动企业转型十分不易，因为需要克服强大的惯性作用和来自组织内部的抵抗。这也是很少有企业能做到基业长青的原因。

二、初创企业的财务管理

企业创办及经营过程中资金匮乏和资金链断裂是导致企业失败的最主要因素。资金是一个企业的血液，对于初创企业来讲，拥有资金保障是企业得以存续并获得成长发展的先决条件，而创业者识别机会并把机会转变为创业企业的能力，与资本的利用率密切相关。因此初创企业有必要重视财务管理。

财务管理

1. 财务管理的基础理念

财务管理是企业管理的重要组成部分，是在一定的整体目标下，关于资产的购置（投资）、资本的融通（筹资）和经营中现金流量（营运资金），以及利润分配的管理。许多有经验的创业者都强调财务管理在企业中的首要地位。微软创始人比尔·盖茨曾言：企业的创办与倒闭，都与财务数据的严谨分析有关。无论你做什么事情，如果不了解企业的实际情况，而是根据传闻信息或天性直觉来进行企业决策，那你终将为此付出惨重代价。

初创企业创业者尤要树立财务管理理念，主要包括货币时间价值观察、收益观念和风险观念。

（1）货币时间价值观念

为什么说“时间就是金钱”？因为货币是有时间价值的，一定量的货币在不同时点上具有不同的经济价值。一个目前看似可以盈利的项目，有可能会因为货币的时间价值而成为一个未来亏本的项目。创业者有必要重视由于时间差异而形成的货币价值差异因素，尤其是在通货膨胀或货币贬值的时期。

（2）效益观念

效益是指经济活动中投入的资源、费用与产出的有用成果的比率。如果产出高于投入而有盈利，就有效益；如果产出低于投入而出现亏损，就没有效益。效益观念是人们在经济活动中用降低投入、增加产出的方法对盈利的追求和态度。在市场经济条件下，只有树立强烈的效益观念，才能在竞争中立于不败之地。创业者更要树立效益观念，筹资时要计算资金成本，投资时首先要考虑资金安全，并要预测投资收益率。

（3）风险观念

风险是指企业在各项财务活动过程中，由于各种难以预料或控制因素影响，财务状况具有不确定性，从而使企业蒙受损失的可能性。按财务活动的主要环节可以分为流动性风险、信用风险、筹资风险、投资风险和收益分配风险等。

2. 财务管理的功能

财务管理作为企业管理的重要组成部分，其作用的发挥是以其功能为基础的。具体而言，财务管理具有三大基本功能：资金管理功能、成本控制功能、管理监督功能。

（1）资金管理功能

资金对企业发展至关重要，如果将企业比喻为人的话，那资金就是身体中的血液。可以说资金是企业经营和发展必不可少的条件。所有企业的生存与发展必须基于一定的资金。企业财务管理具备了资金管理这一最为基本的功能。财务管理人员与企业管理人员基于对市场和企业发展的分析，综合各方面的信息数据，来支配企业的资金，从而利用有限的资金投入带来最大的产出，促进企业经济效益的提升。这就是财务管理中的资金管理功能。

（2）成本控制功能

财务管理人员运用科学的方法，在保障企业正常运转的前提下，严格控制企业中不合理的支出，从而降低企业生产成本，增加企业的利润，提高企业的经济效益。因此，财务管理具有成本控制功能。

（3）管理监督功能

企业的正常运转，需要一整套完善的管理监督体系。财务管理中的管理监督体系使得企业在生产经营过程中步步为营，确保企业始终朝着正确的方向前行。不仅如此，在完善的监督体系下，企业能有效利用各种资源，最大限度地挖掘自身产能，优化企业的经营与管理，从而能够以较小的成本投入获得较大的经济效益。这就是财务管理中的管理监督功能。

3. 初创企业财务管理过程

初创企业对财务管理的认识容易产生两种误区，一种认为企业成立初期财务管理简单，一个会计、一个出纳就够了；另一种认为财务管理要有完整的财务组织才能实现，需建立起规整的机构，制定各类章程和财务信息流动渠道。一般来讲，企业通过建立会计系统来描述企业财务活动情况的财务信息流，不考虑复杂程度，任何一个小企业的会计系统都可以实现以下功能。

（1）提供一个精确完整的企业经营成果的概报；

（2）可以实现目前的数据与先前年份的经营结果和预算、执行目标及时进行比较；

（3）向管理者、银行和未来的投资人提供所需的财务报表；

（4）及时填写政府的税务征收及有关部门索要的报告和税单。

当然，企业财务管理绝不仅仅是建立起一个会计系统而已（财务管理过程如图 9.3 所示）。公司财务管理的起点是通过准备和分析财务报表（利润表、资产负债表和现金流量表是创业者最为常用的财务报表），了解企业过去的财务绩效以及自己与竞争对手和产业标准的对比情况；接下来，企业要进行未来两三年的预测，包括“收入”“支出”和“资本开支”等。然后，企业根据这些预测来准备预计财务报表，并与更加完善的预算一起构成企业财务计划；最后，企业要对财务结果进行连续分析。财务比率是显示企业财务报表各项目之间关系的比率，既可以用来辨别企业是否达到财务目标、如何与产业竞争对手开展竞争，还可以预测未来发展趋势。

虽然初创企业没有历史财务报表作为参考，只能从图 9.3 中的第二步“进行预测”开始。但是，初创企业把握整个财务管理过程仍然十分重要。通常情况下，初创企业每个季度都要准备财务报表，当前一个季度结束后，初创企业就会有历史财务报表用来进行预测，为后期的预计财务报表做出准备。如果企业只看到自己利润表上每年销售额的增长而没有考虑自身在产业中的相对位置，即没有参照历史的财务比率，就会容易给自身造成很大的欺骗性。例如，某企业拥有每年 10% 的销售额增长率，却不见其所处产业正以 20% ~ 30% 的速度成长时，就不会意识到自己其实正在逐渐丧失市场份额。

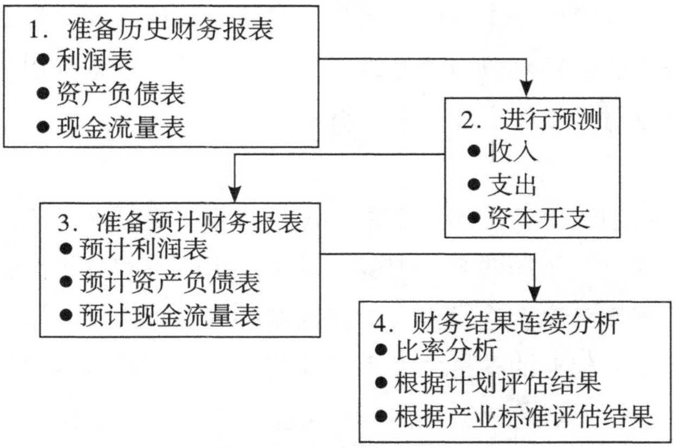

图 9.3　财务管理过程

知识链接

大学生创业企业财务管理存在的问题

1. 财务管理基础知识欠缺

大学生选择创业的原因各不相同，有的是由于经济原因，有的是因为就业压力，也有的是为了实现人生目标。不论目的如何，大学生都有一定的专业特长，都能发现社会的一些新兴需求，并能将其转变为新兴行业，成功实施创业。但这些创业的大学生大多来自非财会专业，他们能提供创意和技术，能为创业企业提供技术支撑，可是创办企业之后不仅仅是发展业务、提供服务或销售产品，财务管理也是大学生创业企业正常运作的一项必不可少的管理活动或管理工作，而财务管理知识的缺乏是大学生创业企业管理者在创业企业正常经营和运作过程中的致命伤。

2. 财务管理意识薄弱

大学生创业企业成立之初，由于规模小、业务量少、企业员工不多，很难建立一个完善的财务管理系统，通常简单地将财务工作视为一种记账的手段，对财务管理的一系列工作也没建立科学的管理理念和做法，不能很好地分析和利用财务信息，使财务管理工作混乱不堪。例如，筹资成本、投资风险、赊销商品等存在一些不科学的做法，造成筹资成本高、投资风险大、赊销坏账多等阻碍大学生创业企业发展的结果。

3. 财务基础工作不规范

大学生创业企业成立之初，由于资金有限，许多大学生创业企业没有专门的财务人员或财务人员一人身兼数职，甚至许多财务人员是大学生自己兼任，或是寻求亲朋好友的帮助，财务人员没有完整、系统的财务管理理论知识，就会造成财务工作的遗漏、错误，产生财务风险。

另外，大学生创业企业的财务基础工作缺乏规范的基本程序。原始凭证缺失、记账凭证填制不规范、凭证的传递与保管工作缺位、财务报表不完善或是根本没有财务报表等都是大学生创业企业缺乏规范的基本程序的表现。没有一套详细的财务工作标准、制度，大学生创业企业的财务人员往往难以有序地进行工作，财务信息也难以有效地反映企业财务状况，最终会导致企业财务工作混乱，引起财务风险。

4. 融资能力弱

首先，对于很多刚刚走出校门的大学生来说，资金不足是其面临的主要困难，尤其当一些领域需要大量资金时。根据调查，很多大学生在银行贷款方面比较困难，一般是从亲戚朋友中借钱，主要表现为集资途径少、集资数额小等。其次，大学生创业者缺乏对政策的了解。近年来对大学生创业的支持力度不断加强，国家和地方相关的优惠政策也是层出不穷。但是很多大学生创业者对政策掌握的不全面造成错失优惠政策，不利于企业融资。

5. 投资缺乏科学性

筹集资金之后，如何保证资金运营的科学性与投资的合理性是大学生创业企业所面临的又一大问题。投资缺乏科学性会导致投资项目难以获得预期收益，投资无法收回，甚至影响到大学生创业企业的正常运营。

三、初创企业人力资源管理

与一般企业相比，初创企业在各个方面都不稳定，处处可能遭遇风险。即使是快速发展的初创企业，一些风险虽未显现，但也可能已经积蓄待发了。比如管理薄弱、计划不力和资源浪费；领导者越发难以控制企业发展；企业正在偏离既定的发展目标；员工及部门间沟通不畅；员工培训不力，员工工作效率不高；权力过度集中于创始人，造成授权困难，难以执行管理制度；产品或服务质量难以保证；忽视企业创新和长期发展等。

1. 企业人力资源管理

“人力资源”概念最早由彼得·德鲁克在《管理实践》一书中提出，他认为“与其他所有的资源相比，唯一的区别就是人，人具有其他资源所没有的协调能力、融合能力、判断能力和想象能力”。人力资源管理是指在经济学与人本思想指导下，通过招聘、甄选、培训、报酬等管理形式对组织内外相关人力资源进行有效运用，满足组织当前及未来发展的需要，保证组织目标的实现与成员发展的最大化的一系列活动的总称。企业人力资源管理主要目的是达到以下预期目标。

（1）得到和保持一定数量具备特定技能、知识结构和能力的人员；

（2）充分利用现有人力资源；

（3）能够预测企业组织中潜在的人员过剩或人力不足；

（4）建设一支训练有素、运作灵活的劳动力队伍，增强企业适应未知环境的能力；

（5）减少企业在关键技术环节对外部招聘的依赖性。

人力资源管理既要考虑组织目标的实现，又要考虑员工的个人发展，强调在实现组织目标的同时实现个人的全面发展。

2. 人力资源管理的功能

企业中的人力资源管理的功能主要体现在获取、整合、保持和激励、调控以及发展五个方面。

（1）获取

根据企业目标确定的所需员工条件，通过规划、招聘、考试、测评、选拔来获取企业所需人员。获取职能包括工作分析、人力资源规划、招聘、选拔与使用等活动。

（2）整合

通过企业文化、信息沟通、人际关系和谐、矛盾冲突的化解等有效整合，使企业内部的个体、群众的目标、行为、态度趋向企业的要求和理念，使之形成高度的合作与协调，发挥集体优势，提高企业的生产力和效益。

（3）保持和激励

保持是通过薪酬、考核、晋升等一系列管理活动，保持员工的积极性、主动性、创造性，维护劳动者的合法权益，保证员工在安全、健康、舒适的工作环境中工作，以提高员工满意感，使之安心满意地工作；激励是指企业通过为员工提供与绩效相匹配的奖酬，最大限度地调动员工积极性和创造性，提高组织的绩效。

（4）调控

调控是对员工实施合理、公平的动态管理的过程，通过绩效考核和绩效管理等活动，发挥人力资源管理中的评价、控制和调整的功能，对企业中的人力资源进行再配置，促使员工提高工作效率，帮助员工寻找到与员工需要和能力相匹配的发展路径。

（5）发展

通过员工培训、工作丰富化、职业生涯规划与开发，促进员工知识、技巧和其他方面素质提高，使其劳动能力得到提高和发挥，最大限度地实现其个人价值和对企业的贡献以达到员工个人和企业共同发展的目的。

3. 初创企业人力资源管理

初创企业创业者自身的素质在很大程度上决定着企业竞争力。与此同时，员工队伍素质与能力在很大程度上制约着企业的业绩和发展前景。初创企业要得以持续、快速地发展，就必须重视对人力资源的管理。但由于初创企业处于企业发展的特定阶段，人力资源管理容易存在一些问题。

（1）初创企业在人力资源管理方面易存在的问题

企业对人力资源管理认识不足。初创企业主要以生产为导向进行管理，更愿意把资金用于生产的投入和原材料的购买，而不愿在人才的引进、培养和激励上面注入资金。初创企业很容易忽略人力资源的管理，没有真正认可人才在企业发展中的核心作用。中国著名烘焙企业好利来在创业之初曾因人才的缺失而面临倒闭危机。发现问题后，好利来在全国范围内以高薪招聘优秀店长和烘焙师。现如今，好利来已拥有分布于全国80多个大中型城市的近千家直营连锁店和上万名高素质员工，成为国内焙烤行业领军企业。好利来CEO罗红说过，对于公司发展来讲，最重要的不是资金问题，也是不是市场问题，而是人才储备问题。

组织层级少、管理职能弱。初创企业由于规模小、资金薄弱、资源有限，在机构建设上要求控制成本、精简人力、反应灵活。因此，其组织机构一般趋于扁平，人力资源部门往往只是一种以“事”为中心的管理，是静态的，没有体现以“人”为本的现代人力资源管理的理念；另外，企业老板总是大力度地干预人力资源部门的工作，也削弱了人力资源部的自主性，客观上使人力资源部门无法根据企业的战略目标，科学地制定相应的人力资源规划。

人力资源管理规范化程度低。初创企业一般不设立正式的人力资源管理部门，也少有规范的绩效评价和相应匹配的薪酬制度，也没有建立积极有效的选人、用人制度。同时，初创企业由于没有对人力资源进行合理的评估，将员工错误安排岗位的情况时常发生，这样优秀的员工就成了错位的资源。此外，初创企业在留人方面的制度也还不健全，没有合理的绩效体系，没有合理的员工职业生涯规划体系。企业员工，甚至管理层都是通过朋友之间互相介绍，凭借对创始人的信任而加盟。在企业初创前期，这种模式非常可靠，能激发员工很大的动力，但随着企业的发展，一旦遇到瓶颈就会面临人员的流失。

（2）初创企业人力资源管理策略

通过有效的人力资源管理得以人事相宜、人尽其才，已经成为初创企业生存和发展的关键。

①设置合理，管理规范。

初创企业首先要将岗位设置制度化、规范化，对人力资源配置进行谋篇布局，并在此基础上知人善任。可以根据自身的实际情况，通过在企业内部设立专人专职或者采取人力资源管理外包方式灵活实现企业的规范化人力资源管理。人力资源管理专业人员对人力资源管理相关政策和法规、人力资源管理工具和方法把握得较为准确，通过恰当的人力资源管理诊断，能及时在日常管理中发现问题和解决问题。

②完善考核，促进成长。

绩效考核是人力资源发展的基本保证，既可以对员工进行甄选区分，也可以保证企业目标的实现。一方面，绩效考核为员工的晋升和发展提供公平竞争的平台，有助于消除初创企业“家族色彩”带来的任人唯亲的弊端；另一方面，绩效考核对员工的个人目标进行正确导向，使之与企业整体目标契合，引导员工和企业共同发展。

很多员工之所以愿意任职于一个中小企业，是看重中小企业相对于大企业可以有更多的发展空间和机会。企业给员工带来的成长机会使员工感到安全，但需要认识到并不是为员工提供稳定的工作和适度的退休金，员工就会感到安全。员工的安全感来自他们所掌握的各种技术和能力。公司为员工提供的学习技能的机会越多，就越能鼓励员工学习，激活员工队伍的能动性和创造性，同时也就越有助于公司为员工提供更好的未来职业安全保证。

③有效激励，吸引人才。

初创企业往往规模有限，大多是中小企业，这样规模的企业所能提供的工资水平总是比不上大企业，企业未来发展的愿景也不明确，并且更为不利的是小企业有失败、兼并和被收购的倾向，所以小企业的员工承担着企业的一部分经营风险，一旦企业倒闭，他们将面临失业。因此，企业员工大多存在着短期思想，企业一有风吹草动，员工队伍就极不稳定，这给企业的长期稳定发展带来较大的风险。企业应围绕员工职业生涯规范展开培训，规范企业管理制度，建立起有效的激励机制。如目标激励，通过推行目标责任制，使企业管理指标层层落实，每个员工既有目标又有压力，产生相应的动力，努力完成任务；或者荣誉激励，即对员工劳动态度和贡献予以荣誉奖励，如会议表彰、颁发奖项、光荣榜、在公司内外媒体上的宣传报道、家访慰问、参观考察、疗养、培训进修、推荐获取社会荣誉、评选星级标兵等。企业文化本质上是一种隐性的内在契约，良好的企业文化具有提高企业有序化程度的可能性，如果外生的企业规章制度能与内生的企业文化相适应，那么在企业中用文化鼓励和激励，就能大大减小企业规章制度的运行成本和阻力。

四、初创企业的战略管理

企业战略管理是从全局和长远的观点研究企业在竞争环境下生存与发展的重大问题，是现代企业高层领导人最主要的职能，在现代企业管理中处于核心地位，新企业的战略管理更是决定企业经营成败的关键。

1．战略管理的三个层次

理论上认为企业战略可分为三个层次：公司战略（Corporate Strategy）、业务战略或竞争战略（Business Strategy）和职能战略（Functional Strategy）。三个层次的战略都是企业战略管理的重要组成部分，但侧重点和影响的范围有所不同。

（1）公司战略

公司战略又称总体战略，是企业最高层次的战略。它需要根据企业的目标，选择企业可以竞争的经营领域，合理配置企业经营所必需的资源，使各项经营业务相互支持、相互协调，如在海外建厂、在劳动成本低的国家建立海外制造业务的决策。

（2）业务战略或竞争战略

公司的二级战略常常被称作业务战略或竞争战略。业务战略涉及各业务单位的主管及辅助人员。这些经理人员的主要任务是将公司战略所包括的企业目标、发展方向和措施具体化，形成本业务单位具体的竞争与经营战略，如推出新产品或服务、建立研究与开发设施等。

（3）职能战略

职能战略，又称职能层战略，主要涉及企业内各职能部门，如营销、财务和生产等，如何更好地为各级战略服务，从而提高组织效率，如生产过程自动化。

2. 战略管理步骤

企业在不断地发展，在不断地壮大，在企业的发展过程中，随着不同的发展阶段、不同的外部环境，资源的价值和资源的控制力度也就不一样。因此，组织在不同的发展阶段，不同的外部条件下，战略、战术是不一样的，企业的战略也会不断地做出调整。战略管理方法主要有以下四个方面。

（1）战略分析

战略分析的主要目的是评价影响企业发展的关键因素，并确定在战略选择步骤中的具体影响因素。战略分析包括三个主要方面：

①确定企业的使命和目标。

它们是企业战略制定和评估的依据。

②外部环境分析。

战略分析要了解企业所处的环境（包括宏观、微观环境）正在发生哪些变化，这些变化给企业将带来更多的机会还是更多的威胁。

③内部条件分析。

战略分析还要了解企业自身所处的相对地位，具有哪些资源以及战略能力；还需要了解与企业有关的利益和相关者的利益期望，在战略制定、评价和实施过程中，这些利益相关者会有哪些反应，这些反应又会对组织行为产生怎样的影响和制约。

（2）战略选择

战略分析阶段明确了“企业目前状况”，战略选择阶段所要回答的问题是“企业走向何处”。

①需要制定战略选择方案。

在制定战略过程中，当然是可供选择的方案越多越好。企业可以从对企业整体目标的保障、对中下层管理人员积极性的发挥以及企业各部门战略方案的协调等多个角度考虑，选择自上而下的方法、自下而上的方法或上下结合的方法来制定战略方案。

②评估战略备选方案。

评估备选方案通常使用两个标准：一个考虑选择的战略是否发挥了企业的优势，克服劣势，是否利用了机会，将威胁削弱到最低程度；另一个是考虑选择的战略能否被企业利益相关者所接受。需要指出的是，实际上并不存在最佳的选择标准，管理层和利益相关团体的价值观和期望在很大程度上影响着战略的选择。此外，对战略的评估最终还要落实到战略收益、风险和可行性分析的财务指标上。

③选择战略。

即最终的战略决策，确定准备实施的战略。如果由于用多个指标对多个战略方案的评价产生不一致时，可以根据企业目标选择战略。企业目标是企业使命的具体体现，因而，选择对实现企业目标最有利的战略方案。聘请外部咨询专家进行战略选择工作，利用专家广博和丰富的经验，能够提供较客观的看法。

对于中下层机构的战略方案，提交上级管理部门能够使最终选择方案更加符合企业整体战略目标。最后是战略政策和计划，制定有关研究与开发、资本需求和人力资源方面的政策和计划。

（3）战略实施

战略实施就是将战略转化为行动。

主要涉及以下一些问题：如何在企业内部各部门和各层次间分配及使用现有的资源；为了实现企业目标，还需要获得哪些外部资源以及如何使用；为了实现既定的战略目标，需要对组织结构做哪些调整；如何处理可能出现的利益再分配与企业文化的适应问题，如何进行企业文化管理，以保证企业战略的成功实施等。

（4）战略评价

战略评价就是通过评价企业的经营业绩，审视战略的科学性和有效性。战略调整就是根据企业情况的发展变化，即参照实际的经营事实、变化的经营环境、新的思维和新的机会，及时对所制定的战略进行调整，以保证战略对企业经营管理进行指导的有效性，包括调整公司的战略展望、公司的长期发展方向、公司的目标体系、公司的战略以及公司战略的执行等内容。

企业战略管理的实践表明，战略制定固然重要，战略实施同样重要。一方面，一个良好的战略仅是战略成功的前提，有效的企业战略实施才是企业战略目标顺利实现的保证。另一方面，如果企业没能完善地制定出合适的战略，但是在战略实施中，能够克服原有战略的不足之处，那也有可能最终导致战略的完善与成功。当然，如果对于一个不完善的战略选择，在实施中又不能将其扭转到正确的轨道上，就只有失败的结果。

拓展训练

选择企业组织形式

1. 训练流程

（1）熟悉企业组织形式的种类

企业组织形式，根据不同的标准具有不同的分类。请查找资料，找出所有公司组织形式的种类，并分析出每种组织形式的成立条件、特征、与其他形式的区别。按照企业规模划分，可参考表 9.3 所示。

9.3　企业组织形式示意表

企业组织形式	成立条件	特征（优缺点）	区别
个体工商户			
个人独资企业			
合作企业			
有限责任公司			
股份有限公司			

（2）分析影响因素

要选择创业公司的组织形式，创业者会分析哪些重要因素，请在理解上述内容的基础上结合你们团队的创业项目进行分析。请将关键点如资产保护情况、责任情况、税收情况等进行记录。

（3）确定企业组织形式

请将以上分析要素进行总结，制作成 PPT 形式，使其形成一个具有说服力的方案，最后确定你们团队的企业组织形式，并向其他小组展示，记录其他小组及老师的建议或意见。

2. 训练思考

创业者能随心所欲塑造企业组织形式吗？如企业在发展中，刚开始确定的企业组织形式不再适合企业的发展，该怎么做？

____

____

项目十

“互联网 +”在创新创业中的应用

学习目标

- 熟悉“互联网 +”的商业模式。
- 了解国内外各类创新创业相关比赛。
- 认知各类创新创业大赛的区别。

案例导入

2021 年 4 月 28 日，第十三届健康中国论坛在北京举行，论坛由人民日报指导，人民日报健康客户端、健康时报主办，以“新机遇、新业态、新趋势”为主题词，特别关注“十四五”规划中健康中国行动促进重大战略议题，聚焦新冠感染疫情防控下公共卫生体系建设、重大公共卫生应急突发事件体系的建设，以及医药创新、医保药品准入谈判、带量采购、互联网医疗等重大政策议题及行业热点。在论坛上，西安交通大学第一附属医院荣获十大互联网 + 医疗服务创新医院。

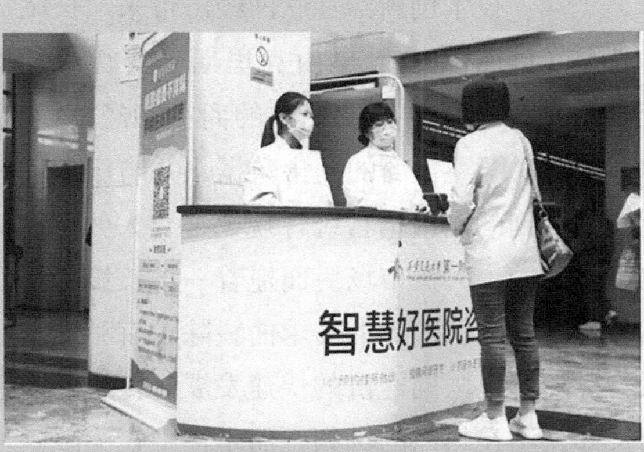

图 10.1　西安交通大学第一附属医院智慧好医院导医台

西安交通大学第一附属医院 2018 年正式开发上线“智慧好医院”手机应用程序，充分运用互联网、大数据等信息技术拓展服务空间和内容，与医院原有信息系统实现业务协同和数据共享，积极为患者提供“在线预约挂号、视频问诊、检查检验预约、移动支付、住院办理、病案邮寄、送药到家以及出院后随访、专科护理”等线上线下无缝衔接的连续医疗服务，进一步简化患者就医流程，改善就医体验（图 10.1）。截至 2021 年 3 月 31 日，互联网医院患者端累计下载量达 376 万次，用户数突破 140 万人，线上诊疗 102 万人次，在线咨询 5.4 万人次，送药到家 32 万次，省外视频问诊患者达 59.1%，夜间问诊量达 40%，节假日视频问诊量达 30%。

在 2020 年新冠感染疫情防控期间，互联网医院充分发挥线上诊疗优势，引导患者分时段有序就诊，有效减少人群聚集。开通发热患者免费视频问诊咨询功能，面向慢病及复诊患者提供优质高效的线上就医服务，患者无须前往医院即可接受相关诊疗服务。同时，通过应用远程会诊、远程查房，减少和降低隔离病区、感染科、呼吸科等重点科室交叉感染风险，提高诊疗效率。

任务一　走进“互联网 +”

一、互联网商业模式

1. 长尾理论

互联网创业具有门槛低、轻资产、发展快等明显的特点，越来越成为新一代创业者，特别是成长于移动互联网时代的高校大学生的选择。当前大部分大学生的创业项目与互联网相关，相对集中在 O2O、物联网、智能硬件以及电子商务等领域。目前互联网是产业经济的风口，再加上近年来世界互联网高速发展，技术创新给互联网经济带来“长尾”，互联网创业面临新的机会。

长尾理论

长尾（long tail）最早由克里斯 · 安德森（Chris Anderson）于 2004 年提出，用来描述亚马逊和 Netflix 这样的网站的商业和经济模式。安德森从研究亚马逊、谷歌、eBay 和 Netflix 等互联网零售商的销售数据，并与沃尔玛等传统零售商的销售数据进行对比，得出结论：观察到的网络销售统计现象符合大数定律的统计规律，在平均销售数量和销售种类的二维空间中，大头市场后面拖着一条长长的尾巴。

安德森认为，产品的需求曲线除了有利润丰厚的头部曲线，也拖着一条长长的尾巴。他认为，随着互联网经济的快速发展，传统的商业和文化的未来会被改写，其需求不在曲线的头部，不在热门的场频，而是集中在无限延长的需求曲线的尾巴上。在追求利润最大化的现代企业竞争中，很多企业过于注重需求曲线的头部，扎堆进入商业红海，导致不良竞争和产能过剩，处于尾部的蓝海市场却往往被忽略。

知识链接

长尾理论的经济分析

安德森把长尾理论表述为：由于成本和效率的原因，商品储存和展示的场地及渠道足够宽广，商品生产成本急剧下降以至于个人都可以进行生产，并且商品的销售成本也足够低，这时几乎任何以前看似需求极低的产品，只要有人卖，就会有人买。这些需求和销量不高的产品所占据的共同市场的份额，可以和主流产品的市场份额相比，甚至更大。

从单纯的统计现象看，长尾理论表达的是较为平缓的帕累托分布现象。帕累托分布通常用来表述一种收入分配关系，在此则用来表述销售的分配关系。图 10.2 为旧经济和长尾经济销售分配图，横轴表示按顺序排列的销售产品类型，纵轴表示平均的销售量。

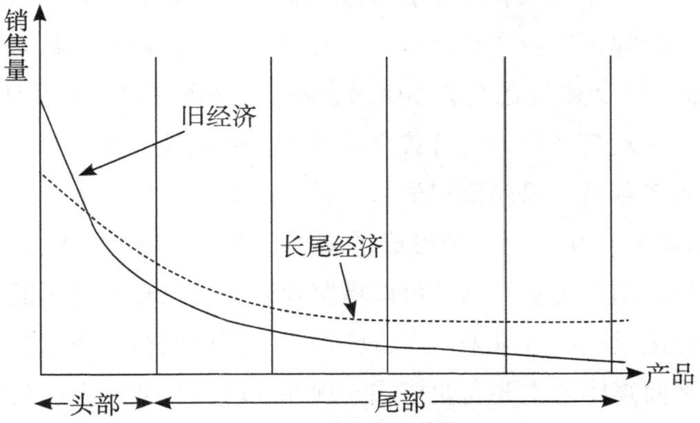

图 10.2 长尾示意图

图 10.2 中更为陡峭的分布曲线描述的是传统经济的销售分布。注意在传统经济中，分布曲线的头部更大，在收入分配统计中通常 20% 的人占有 80% 的收入；在销售统计分配中通常则指 80% 的销售额来自 20% 的产品，这条法则被称为“二八法则”或者帕累托法则。图中更为平缓的分布曲线描述的是长尾经济的销售分布，在长尾经济中，分配曲线的头部并没有消失，只是头部所占的份额远低于 80%，曲线后面长长的尾巴代表利基市场，其所占销售的份额再也不能被认为不重要而被丢弃。因此，长尾理论可以看作是对二八法则的超越，虽然二八法则在新经济中仍有应用的价值，但是长尾理论足以开拓出在市场容量上与头部市场相提并论甚至有所超越的利基市场。

长尾理论作为互联网经济的重要理论，有其深刻的经济理论基础，它适应了知识经济背景下的市场规律，充分满足了消费者的个性化需求，实现精益制造、小规模定制，并通过互联网进行低成本营销。长尾理论经过互联网博客的广泛传播，不断丰富素材与案例，安德森推出了影响商业世界的畅销书《长尾理论》，其分析框架如表 10.1 所示。

表 10.1　安德森的分析框架

经济假设	丰裕经济、多样性经济、文化经济和小批量定制
新生产者	生产工具普及，廉价生产
新营销	传播工具普及，低成本营销
利基市场	品种丰富性、低搜索成本和样本推销
供需连接	低搜索成本：口碑、畅销榜、博客、Google 等过滤器，消费者情感连接

2. 互联网商业模式

案例

对百合网而言，普通会员只要不想升级为 VIP 会员，似乎不必付费，可高高兴兴享受完全的免费。但事实上，普通会员也是需要付费的，普通会员如果要阅读 VIP 会员发来的没有“贴邮票”的“求爱信”，就要购买百合网的“红豆”。当然，如果普通会员想免费获得“红豆”，也是有办法的，如普通会员可以在百合网上“领取任务”，只要按时、按质地完成了任务，就将获得数量不等的免费“红豆”。这些普通会员节约了钞票，但付出了劳动，因此他们依然“付费”了。

经过 20 多年的发展，互联网已经形成了多样化的商业模式，创业者可以根据需要进行选择和再创造。如果销售实物商品，可以借鉴亚马逊、京东等电子商务网站的模式。自从谷歌在搜索结果旁边投放广告以来，广告已经成了互联网行业默认的首选变现方式。实际上，广告本来是平面媒体的主要商业模式，现在互联网行业已在广告领域抢了风头。在互联网时代有的产品如果前期就收费，很可能会吓跑用户，所以需要借助一些巧妙的做法。免费增值商业模式就是让一部分用户免费使用产品，另一部分用户购买增值服务，来获取利润的。

实践中，采取免费增值商业模式的产品，可能只有较小比例的免费用户会转化为付费用户。这就需要创业者努力做好产品，努力吸引更多的用户，当用户数量达到一定程度时，商业模式的选择就会比较从容，赚钱概率就会加大。常见的互联网商业模式如表 10.2 所示。

表 10.2　互联网思维下的商业模式

模式类别	具体模式	说明
实物商品的商业模式	自己生产、自己销售	自己直接生产、直接销售给用户
	外包生产、自己销售	把生产环节外包出去，自己负责直接销售给用户
	只生产、不销售	自己负责生产，交给分销商销售
	只销售、不生产	自己作为分销商，或者提供销售商品的交易市场

续表

模式类别	具体模式	说明
广告	展示广告	展示广告一般形式是文字、横幅广告图片、通栏横幅、文本链接、弹窗等，通常是按展示的位置和时间收费，也就是常说的包月广告或包天、包周广告
	广告联盟	广告联盟相当于互联网形式的广告代理商，广告主在广告联盟上发布广告，广告联盟再把广告推送到各个网站或 App。网站流量还没达到一定程度时，都会选择跟广告联盟合作，只有做到一定流量后，才会跟广告主直接建立合作关系。广告联盟一般是按广告的点击次数收费
	电商广告	最常见的就是阿里妈妈，京东、亚马逊、当当都有自己的电商广告，这些广告一般是按销售额提成付费。很多导购网站就完全靠广告获得收入，特别是海淘导购网站，会接入各个海外购物网站的广告，佣金不少
	软文	软文是指把广告内容和文章内容完美结合在一起，让用户在阅读文章时，既得到了他需要的内容，也了解了广告的内容。很多媒体网站或者微博、微信大号，都是靠软文赚钱
	虚拟产品换广告效果	企业可以为用户提供虚拟产品，但代价是用户必须接受一定的广告，比如看完某段广告、注册某个网站的用户、下载某个 App
	用户行为数据	通过分析用户在网站或 App 上的操作方式，可以分析用户的习惯和心理，从而有利于在产品设计和商业规划上做出正确的决策。很多企业都需要用户使用习惯的数据，淘宝数据魔法就提供这样的服务，比如告诉企业什么地方、什么商品、什么风格、什么尺码最受用户欢迎
交易平台模式	实物交易平台	用户在平台上进行商品交易，通过平台支付，企业从中收取佣金。天猫就是最大的实物交易平台，天猫的佣金是其主要的收入来源
	服务交易平台	用户在平台上提供和接受服务，通过平台支付，企业从中收取佣金。威客平台猪八戒就是这样收取佣金的
	沉淀资金模式	用户在平台上留存有资金，企业可以用这些沉淀的资金获得回报
直接向用户收费	定期付费模式	这种商业模式类似于手机话费的月套餐，定期付钱获得一定期限内的服务。相对于一次性付费直接买软件，定期付费的单笔付费金额比较小，所以用户付费的门槛相对较低。比如 QQ 会员，就是按月 / 按年付费
	按需付费模式	按需付费是用户实际购买服务时才需要支付相应的费用。比如，在爱奇艺想看某部电影，花 5 元钱，这是按需付费。如果付费成为爱奇艺的 VIP 用户，在一段时间内所有会员免费的电影都可以看，这就是定期付费模式
	打印机模式	打印机模式是指，先以很便宜的价格卖给消费者一个基础性设备，比如打印机，用户要使用这个设备，就必须以相对较高的价格继续购买其他配件，比如耗材。家用游戏机是这种模式，索尼和任天堂以低于成本的价格卖游戏机，然后用很高的价格卖游戏光盘。因为日本打印机公司爱普生首先采用这种商业模式，所以称为打印机模式

续表

模式类别	具体模式	说明
免费增值模式	限定次数免费使用	这种模式是在一定次数之内，用户可以免费使用，超出这个次数就需要付费
	限定人数免费使用	这种模式是指用户数量在一定人数之内，就是免费的，如果用户数量超越这个限定额，就要收费。比如很多企业邮箱服务就采用这种模式，如果你的公司注册了某个域名，打算用这个域名做你的企业邮箱，企业邮箱服务商可以要求，5 个以内邮箱地址免费，超过 5 个就要购买服务
	限定免费用户可使用的功能	免费用户只能使用少数几种功能，如果想使用所有功能，就得付费
	应用内购买	应用的下载和常规使用是免费的，但是在使用的过程中，可以为特定的功能付费。最常见的就是游戏，购买虚拟装备或者道具之类的就得付费。再比如在微信内购买付费的标签
	试用期免费	让用户在最初一定的期限内免费使用，超过试用期之后就要付费
	核心功能免费，其他功能收费	苹果应用程序商店里的 App，有不少都是这种模式，一个产品分为免费版和付费版。免费版里基本功能都有了，但是要获得更多的功能，就要付费。比如照片的处理应用，免费版有几个基本的滤镜效果，差不多够用，如果想要更炫更酷的滤镜，就要下载付费版
	核心功能免费，同时导流到其他付费服务	比如微信，微信聊天是免费的，但是微信内置了很多其他服务，有可能是收费的
	组织活动	通过免费服务聚集人气，然后组织各种线下活动，这些活动可以获得广告或赞助，可以在活动中销售商品或服务。比如，很多媒体通过组织线下行业峰会赚钱。有的社区会组织线下展销会、推荐会，比如装修展销会、婚纱摄影秀等，销售商品或服务

二、“互联网 +”商业模式创新设计

开展“互联网 +”商业模式创新设计，首先，要认识到“互联网 +”带给商业的影响，以及凸显出来商业思维的变革，如图 10.3 所示，呈现“互联网 +”带给商业的新思维。

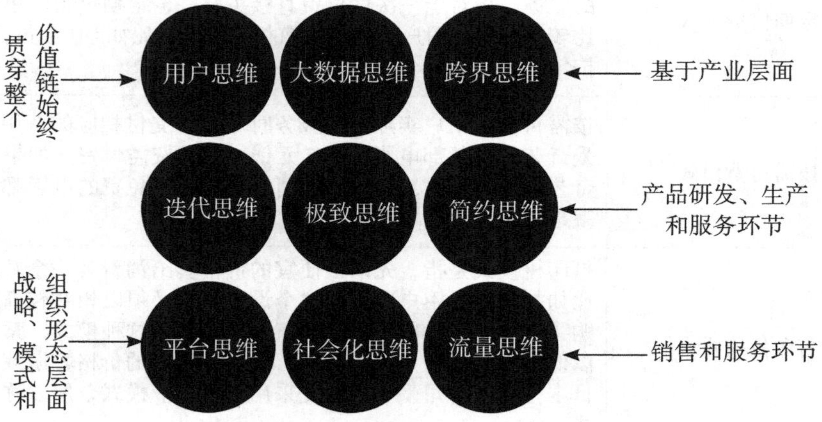

图 10.3 “互联网 +”商业新思维

图中显示用户思维在“互联网+”时代下是企业运营的原点，互联网消除了工业时代的信息不对称，商业从企业主导变为消费者主导，因此在价值链的各个环节设计都要以用户为中心来考虑问题。

当互联网成为基础设施之后，数据的沉淀和利用变得更容易和自然，随之产生的大数据将会是企业的生产资料和核心资产，只有在价值链的各个环节充分利用大数据，企业才能创造更多价值。

简约思维、极致思维和迭代思维指向的是产品的研发、生产和服务环节，强调产品规划和定位，力求专注、少即是多，强调产品和服务的打造要远超用户的预期，强调持续创新、及时提供更优、更符合用户需求的产品和服务。

流量思维、社会化思维指向的是产品销售和服务环节，强调产品或服务的用户使用体量规模，强调企业利用社会化媒体和网络重塑企业和用户之间的关系。

平台思维在互联网背景下，强调的是共建、共享、共赢的思维，如企业外部的产业链上下游共建生态圈，企业相关人员，如员工、客户、合作伙伴的共享资源成为企业发动机，实现社会多方的共赢。

跨界思维指的是在互联网背景下，用户需求升级和各个产业边界变得模糊，强调行业之间的跨界融合，如阿里巴巴、腾讯等互联网企业利用用户数据、结合用户需求来相继跨界金融行业。

1. “互联网+”商业模式创新设计之“社群+”

“互联网+”时代的核心是连接，连接一切已成为互联网创造价值的独特手段。正如阿里巴巴的CEO张勇曾经提及的，互联网商业正从物以类聚走向人以群分。在这样的背景下，相同价值观、同样兴趣点的人群利用互联网进行连接，低成本形成共同归属感为主要特征的社群，搭建起人与人、用户与用户、企业与用户的连接桥梁。基于此，社群成了人与人之间的最快连接，这将成为互动互联网时代未来商业的核心动力，改变着商业模式要素中的客户关系，继而激发商业模式创新。相比较传统企业的客户关系，社群更是一群有相同兴趣、认知、价值观的用户。因为一个共同的目标或追求，发生群蜂效应，相互之间互动、交流、协作、感染，对产品品牌产生反哺的价值关系，这种建立在产品与粉丝群体之间的情感信任和价值反哺，共同作用形成自组织、自运营的范围经济系统。在社群中，产品与消费者之间不再是单纯功能上的连接，消费者开始在意附着在产品功能之上的，诸如口碑、文化、魅力人格等灵魂性的东西，而且很容易把这种社群文化移植到社群其他延伸品上，形成消费者的需求链条，最终形成闭环。因此，未来企业制胜的关键在于拥有多少用户和社群粉丝。例如小米，旗下的产品数不胜数，手机、路由器、电视、笔记本、移动电源等，完全可以说小米是由一部手机开始构建的商业帝国。但是不管小米的商业版图有多大，其核心基础都是几千万对小米文化高度认同的“米粉”。

“互联网+”

2. “互联网 +”商业模式创新设计之“资源 +”

“互联网 +”时代，利用互联网技术促进信息的高效流通，减弱信息的不对称性，从而使得资源的获取更为廉价，也更为方便快捷。比如，汽车、自行车、公寓、信息、资金或闲置设备等资源，均可以通过移动互联网，实现本地化服务的资源共享。如此，互联网深刻影响着商业模式中的资源、合作伙伴等要素，继而引发商业模式创新。

随着互联网技术的推广应用、社交网络生态的日益成熟，以及移动终端、物联网和云计算的发展，为“互联网 +”商业模式资源共享创新设计提供了更多可能，众多的资源共享平台如雨后春笋般涌现。以滴滴公司为例，滴滴公司刚推出 App 提供打车服务的时候，出租车公司作为特许经营行业没有任何危机感，原因是滴滴公司不具备出租车资源，仅提供打车服务，只是赋能出租车行业的效率和运力。然而，当滴滴公司把用户习惯培养起来之后，顺势推出了滴滴专车，调动了拥有私家车的车主进行接单服务，如此激发了大量闲置私家车的资源，直接威胁了出租车的生存，而等出租车意识到问题的时候，已势不可当。因此，在“互联网 +”时代，连接资源比拥有资源更加重要。

3. “互联网 +”商业模式创新设计之“平台 +”

“互联网 +”时代，由于信息、人群聚合的便捷化，企业运营模式平台化效应明显，渠道通路、盈利模式等要素得到深刻影响，继而引发商业模式创新。以猪八戒平台为例，最初猪八戒网的盈利模式是收取项目成交佣金、会员费和广告费，但这种模式很容易流失用户或遇到瓶颈，并且买卖双方也不乐意，对卖方来说，好不容易到手的蛋糕不愿与平台分享；对买方来说，很愿意把完整的蛋糕给设计师，好让其拼全力为自己干活。于是猪八戒网创始人朱明跃深刻地认识到，猪八戒网的商业模式需要革命。在深度研究淘宝的成功要素后认为，猪八戒网最宝贵的资产是创办多年积累的海量数据：平台已经有超过 300 万中小微企业，接近 1 000 万拥有专业技能的机构或个人。除此之外，他们还有几十个 T 的原创作品数据，而且每一次交易还会产生大量用户行为数据。那能不能够通过交易平台沉淀的这些资源，为平台和用户双方创造更多的价值呢？经过研究，很快就发现中小微企业来猪八戒网设计了标志后，还需要商标注册和版权登记。于是，在 2014 年成立了一个商标注册服务团队，为这个平台上海量的中小微企业提供商标注册服务。结果，仅用了半年的时间，便成了国家商标总局里平均单日注册量最高的公司，收入达两三个亿。

平台型商业模式的基础是大规模的用户量，这就要求一切必须以更好地满足用户需求为导向，产品更为多元化和多样化，更加重视用户体验和产品的闭环设计。“平台 +”模式的精髓，在于打造一个多方共赢互利的生态圈。

4. “互联网 +”商业模式创新设计之“行业 +”

“互联网 +”时代，大众的物质需求已经得到了极大满足，根据马斯洛需求层次理论，现在的消费者追求更高精神层次的满足，消费者已经从对单点价值的需求升级到多维价值链的需求。因此，“互联网+”时代深刻影响着商业模式中的价值主张要素，继而引发商业模式创新。以微信为例，作为社交产品推出后深受消费者喜欢。但是，随着微信红包的推出，微信作为社交产品的价值主张已经赋予了更多价值，通过微信红包，使用户习惯于微信支付，同时微信接通了京东购物入口，使消费者不仅能够在微信平台社交、支付，还能够实现消费购物，完成了闭环，实现了多行业之间的跨界，形成了“行业+”。

任务二 “互联网+”在大学生创新创业中的应用

一、中国“互联网+”大学生创新创业大赛

案例

2021年6月18日下午，第七届山东省“互联网+”大学生创新创业大赛推进会暨“青年红色筑梦之旅”活动启动仪式在烟台召开。省委教育工委副书记，省教育厅党组副书记、副厅长白皓在会上指出，“互联网+”大学生创新创业大赛是贯彻落实党中央创新驱动发展战略的重要举措，是高校落实立德树人根本任务的有效途径，是推动大众创业、万众创新，深化创新创业教育改革的重要载体和平台，是促进以创业带动就业、实现更加充分更高质量就业的迫切需要，为山东省新旧动能转换和教育强省、科技强省建设激发新动力、创造新引擎。他要求全省教育系统落实责任，扎实推进大赛的组织实施工作。以迎接建党100周年为契机，用好沂蒙精神、胶东革命精神等红色资源，构建红色教育体系，将红色教育、专业教育与创新创业教育结合，建设德智体美劳“五育并举”实践平台，打造一堂主题鲜明的思政大课、实践大课，引领青年学生以红色基因筑梦创业人生（图10.4）。

图10.4 第七届山东省“互联网+”大学生创新创业大赛推进会现场

中国建设银行山东省分行副行长董强在致辞中表示，建行山东省分行连续六年冠名支持“互联网+”大赛，为创新创业项目

提供了优质的金融服务。下一步将充分发挥自身优势与专业特长，与各校加强合作，为山东教育发展做出更多更大的贡献。

本届大赛围绕进一步突出教育、突出创新、突出公平的办赛方针，鼓励更多高校、更多学生参赛。主要有三个方面的变化。一是优化了参赛项目类型与分组。高教主赛道原创意组分设为本科生创意组和研究生创意组，“青年红色筑梦之旅”赛道的参赛项目分组调整为公益组、创意组、创业组，职教赛道的参赛项目类型调整为创新类、商业类和工匠类。二是新增参赛人员年龄限制。规定参赛人员年龄不超过 35 岁，进一步突出大学生创新创业大赛的赛事特色。三是增加奖项数量，进一步扩大参赛院校的覆盖范围。省赛金奖增加到 200 项、银奖 300 项。

1. 大赛简介

中国“互联网 +”大学生创新创业大赛，以“‘互联网 +’成就梦想，创新创业开辟未来”为主题，由教育部与有关部委和省级人民政府共同主办。大赛旨在深化高等教育综合改革，激发大学生的创造力，培养造就“大众创业、万众创新”的主力军；推动赛事成果转化，促进“互联网 +”新业态形成，服务经济提质增效升级；以创新引领创业、创业带动就业，推动毕业生更高质量创业就业。首届中国“互联网 +”大学生创新创业大赛于 2015 年举办；第三届中国“互联网 +”大学生创新创业大赛时，习近平总书记给“青年红色筑梦之旅”的大学生回信予以勉励。从第六届开始，赛事更名为“中国国际‘互联网 +’大学生创新创业大赛”。

（1）赛事主题

每一届大赛都会有相应的主题，历届大赛主题为：

首届：“互联网 +”成就梦想，创新创业开辟未来。

第二届：拥抱“互联网 +”时代，共筑创新创业梦想。

第三届：搏击“互联网 +”新时代，壮大创新创业主力军。

第四届：勇立时代潮头敢闯会创，扎根中国大地书写人生华章。

第五届：敢为人先放飞青春梦，勇立潮头建功新时代。

第六届：我敢闯，我会创。

第七届：我敢闯，我会创。

大赛采用校级初赛、省级复赛、全国总决赛三级赛制。在校级初赛、省级复赛基础上，按照组委会配额择优遴选项目进入全国决赛。大赛一般历时 7 个月，于 3 月启动、10 月结束，赛程安排一般如下：

①参赛报名（一般每年 4 ~ 5 月）。参赛团队通过登录“全国大学生创业服务网”或微信公众号（名称为“全国大学生创业服务网”或“中国‘互联网 +’大学生创新创业大赛”）任一方式进行报名。

②初赛复赛（一般每年 6 ~ 8 月）。校级初赛的比赛方式、时间、地点由各院校负责

组织安排；省市复赛一般包括网上评审、现场评审两个环节。

③全国总决赛（一般每年 10 月）。大赛专家委员会对入围全国总决赛项目进行网上评审，择优选拔项目进行现场比赛，决出金奖、银奖、铜奖。

大赛设置了不同的参赛组别，包括：高教主赛道，创意组、初创组、成长组、师生共创组；青年红色筑梦之旅赛道，公益组、商业组；职教赛道，创意组、创业组；国际赛道，商业企业组、社会企业组、命题组。其中，市赛不单独设立国际赛道。国际赛道由国赛组委会及国赛合作伙伴进行初赛、网络复赛和现场总决赛。鼓励各高校推荐本校外国留学生、海外校友、国外合作高校师生参赛。

参赛项目团队需准备和提交相关材料，包括项目计划书；项目展示 PPT；项目一分钟展示视频；资质证明（营业执照、专利证书、商标注册证明等）。

参赛项目要能够将移动互联网、云计算、大数据、人工智能、物联网、下一代通信技术等新一代信息技术与经济社会各领域紧密结合，培育新产品、新服务、新业态、新模式；发挥互联网在促进产业升级以及信息化和工业化深度融合中的作用，促进制造业、农业、能源、环保等产业转型升级；发挥互联网在社会服务中的作用，创新网络化服务模式，促进互联网与教育、医疗、交通、金融、消费生活等深度融合。

（2）赛事主办方

第六届大赛由教育部、中央统战部、中央网络安全和信息化委员会办公室、国家发展改革委、工业和信息化部、人力资源和社会保障部、农业农村部、中国科学院、中国工程院、国家知识产权局、国务院扶贫开发领导小组办公室、共青团中央和广东省人民政府共同主办，华南理工大学、广州市人民政府和深圳市人民政府承办。

（3）大赛目的

以赛促学，培养创新创业生力军。大赛旨在激发学生的创造力，努力成长为德才兼备的有为人才。

以赛促教，探索素质教育新途径。全面推进素质教育，切实提高学生的创新精神、创业意识和创新创业能力。推动人才培养范式深刻变革，形成新的人才质量观、教学质量观、质量文化观。

以赛促创，搭建成果转化新平台。推动赛事成果转化和产学研用紧密结合，促进“互联网 +”新业态形成，服务经济高质量发展，努力形成高校毕业生更高质量创业就业的新局面。

2. 中国国际“互联网 +”大学生创新创业大赛高教主赛道方案

（1）参赛项目类型

①“互联网 +”现代农业，包括农林牧渔等；

②“互联网 +”制造业，包括先进制造、智能硬件、工业自动化、生物医药、节能环保、新材料、军工等；

③“互联网+”信息技术服务，包括人工智能技术、物联网技术、网络空间安全技术、大数据、云计算、工具软件、社交网络、媒体门户、企业服务、下一代通信技术、区块链等；

④“互联网+”文化创意服务，包括广播影视、设计服务、文化艺术、旅游休闲、艺术品交易、广告会展、动漫娱乐、体育竞技等；

⑤“互联网+”社会服务，包括电子商务、消费生活、金融、财经法务、房产家居、高效物流、教育培训、医疗健康、交通、人力资源服务等。

参赛项目不只限于“互联网+”项目，鼓励各类创新创业项目参赛，根据行业背景选择相应类型。

（2）参赛方式和要求

大赛以团队为单位报名参赛。允许跨校组建团队，每个团队的参赛成员不少于3人，原则上不多于15人（含团队负责人），须为项目的实际核心成员。参赛团队所报参赛创业项目，须为本团队策划或经营的项目，不得借用他人项目参赛。

根据参赛团队负责人的学籍或学历确定参赛团队所代表的参赛学校，按照参赛学校所在的国家和地区，分为中国大陆参赛项目、中国港澳台地区参赛项目、国际参赛项目3类。国际参赛项目和中国港澳台地区参赛项目可根据当地教育情况适当调整学籍和学历的相关参赛要求。

所有参赛材料和现场答辩原则上使用中文或英文，如有其他语言需求，请联系大赛组委会。

参赛项目不得含有任何违反《中华人民共和国宪法》及其他法律、法规的内容。须尊重中国文化，符合公序良俗。

（3）参赛组别和对象

根据参赛项目所处的创业阶段、已获投资情况和项目特点，分为创意组、初创组、成长组、师生共创组。

（4）比赛赛制

①中国大陆参赛项目采用校级初赛、省级复赛、全国总决赛三级赛制。校级初赛由各校负责组织，省级复赛由各地负责组织，全国总决赛由各地按照大赛组委会确定的配额择优遴选推荐项目。大赛组委会将综合考虑各地报名团队数、参赛院校数和创新创业教育工作情况等因素分配全国总决赛名额，每所高校入选全国总决赛项目总数不超过4个。全国共产生600个项目入围全国总决赛高教主赛道，通过网上评审，产生150个项目进入全国总决赛现场比赛。

②中国港澳台地区参赛项目通过当地合办赛伙伴选送全国总决赛，通过网上评审，产生20个项目进入全国总决赛现场比赛。

③国际参赛项目通过驻外使领馆面向全球征集、合办赛伙伴征集选送、国内高校发动，共产生400个项目入围全国总决赛高教主赛道，通过网上评审，产生100个项目进入全国

总决赛现场比赛。

中国大陆参赛项目、中国港澳台地区参赛项目、国际参赛项目同场参加全国总决赛现场比赛，统一打分，分类排名。

（5）奖项设置

高教主赛道中国大陆参赛项目设金奖 50 个、银奖 100 个、铜奖 450 个，中国港澳台地区参赛项目设金奖 5 个、银奖 15 个，铜奖另定，国际参赛项目设金奖 40 个、银奖 60 个，铜奖 300 个。另设最佳带动就业奖、最佳创意奖、最具商业价值奖、最具人气奖各 1 个；获奖项目将由大赛组委会颁发获奖证书，提供投融资对接、落地孵化等服务。

设高校集体奖 20 个、省市优秀组织奖 10 个（与职教赛道合并计算）和优秀创新创业导师若干名。

3. 第六届“青年红色筑梦之旅”活动方案

案例

在第六届中国国际“互联网 +”大学生创新创业大赛总决赛中，来自天津师范大学的“金色燕麦，铸就精准扶贫产业链”项目荣获本届大赛“青年红色筑梦之旅”赛道金奖。

“金色燕麦，铸就精准扶贫产业链”项目以燕麦为主线，通过“帮你种、帮你产、帮你销”，构建了一条涵盖基地种植—科研技术—精深加工—品牌打造—销售服务—农业旅游的完整产业链，增强了当地农民“我能脱贫”的能力和“我不返贫”的自信，助力全国深度贫困县之一的河北尚义实现脱贫。

“金色燕麦，铸就精准扶贫产业链”项目以国家级贫困县——张家口市尚义县的主要农作物燕麦为主体，打造出一条“种植—加工—销售”前端后端一体化的扶贫产业链。在打造三产融合产品体系的基础上，探索出依托大健康产业，发展数字农业和助推燕麦全产业链共享经济圈形成的新路径，因地制宜实现科技扶贫、产业扶贫、行业扶贫。该项目得到了中国工程院院士、“人民英雄”国家荣誉称号获得者张伯礼教授的认可与推荐。

2019 年 9 月，天津师范大学 2017 届国际经济与贸易专业毕业生徐锟在经济学院胡东宁老师的鼓励下，决定以毕业生的身份带领“麦”入小康团队参加本届“互联网 +”大赛。

第六届中国国际“互联网 +”大学生创新创业大赛继续在更大范围、更高层次、更有温度、更深程度上开展“青年红色筑梦之旅”活动。方案如下：

（1）活动主题

青春领航脱贫攻坚　红色筑梦创业人生

（2）主要目标

深入贯彻落实习近平总书记给第三届中国“互联网+”大学生创新创业大赛“青年红色筑梦之旅”的大学生的重要回信精神，大力弘扬伟大改革开放精神，鼓励青年“敢闯敢试、敢为天下先”，走进革命老区、偏远山区和城乡社区，聚焦脱贫攻坚，用创新创业的生动实践书写无愧于时代的壮丽篇章。

（3）主要活动与时间安排

①制定方案（2020年6月）。

各省级教育行政部门要聚焦坚决打赢脱贫攻坚战，全面建成小康社会，围绕做好社区创业、乡村振兴、环境保护等制定本地2020年“青年红色筑梦之旅”活动方案。跟踪调研往届“青年红色筑梦之旅”活动项目进展情况，为参与活动的本届及往届团队创造项目落地环境。活动方案要明确活动时间、地点、规模、形式、支持条件等内容，并于6月底前报送大赛组委会。

②启动仪式（2020年6月）。

大赛组委会将于6月在广东省深圳市举行2020年“青年红色筑梦之旅”活动全国启动仪式，重温改革开放奋进之路，聚焦52个未摘帽贫困县脱贫攻坚，展示在全面建成小康社会征途中敢闯敢为的青年力量。启动仪式将采用线上线下同步，线上为主的方式进行，并启动淘宝直播、天猫校园线上“青年红色筑梦之旅”专区。（详细安排另行通知）

③活动报名（2020年6—8月）。

各省级教育行政部门要积极挖掘本地优质创新创业项目参与活动，组织团队登录“全国大学生创业服务网”（cy.ncss.cn）或微信公众号（名称为“全国大学生创业服务网”或“中国互联网十大学生创新创业大赛”）进行报名，报名系统开放时间为6月11日至8月15日。

④组织实施（2020年6—9月）。

各省级教育行政部门负责组织本地的“青年红色筑梦之旅”活动，做好需求对接、培训、宣传等工作。特别是根据52个未摘帽贫困县的科技、农业、环保等方面需求，结合各高校大学生项目团队自身的优势，助力脱贫攻坚，支持大学生开展线上创业就业。

高校要通过大学生创新创业训练计划项目、创新创业专项经费、师生共创、校地协同等多种形式，努力实现项目长期对接，推出一批帮扶品牌项目和帮扶示范区，发挥辐射带动作用。要积极争取相关部门、地方政府、行业企业、公益机构、投资机构等各方支持，通过政策倾斜、资金支持、设立公益基金等方式为活动提供保障。

⑤总结表彰（2020年9月）。

各地各高校要及时做好本次活动经验总结和成果宣传。大赛组委会将在全国总决赛期间举办“青年红色筑梦之旅”优秀成果展。

（4）“青年红色筑梦之旅”赛道安排

参加“青年红色筑梦之旅”活动的项目，如参加大赛，可自主选择参加“青年红色筑梦之旅”赛道或其他赛道比赛（只能选择参加一个赛道）。“青年红色筑梦之旅”赛道单列奖项、单独设置评审指标。

（5）工作要求

高度重视、精心组织。各地要成立专项工作组，推动形成政府、企业、社会联动共推的机制，确保各项工作落到实处。统筹资源、加强保障。各地要主动协调当地政府科技、农业、环保等有关部门，制定针对创业帮扶团队的优惠政策，整合对方资源，对活动予以支持。广泛宣传、营造氛围。各地应认真做好本次活动的宣传工作，通过提前谋划、集中启动、媒体传播，线上线下共同发力，全面展示各地各高校青年大学生参与活动的生动实践和良好精神风貌。敢于尝试、积极创新。利用网络直播、短视频等新型传播与销售途径，引导、助力红旅项目团队把握机会，积极创新创业。

二、“创青春”全国大学生创业大赛

1. 大赛主题

“创青春”全国大学生创业大赛以党的十八大和十八届二中、三中全会精神为指导，以“中国梦，创业梦，我的梦”为主题。

2. 目的和任务

“创青春”全国大学生创业大赛以增强大学生创新、创意、创造、创业的意识和能力为重点，以深化大学生创业实践为导向，着力打造权威性高、影响面广、带动力强的全国大学生创业大赛。以此为带动，将大学生的创业梦与中国梦有机结合，打造深入持久开展“我的中国梦”主题教育实践活动的有效载体；将激发创业与促进就业有机结合，打造整合资源服务大学生创业就业的工作体系和特色阵地；将创业引导与立德树人有机结合，打造增强大学生社会责任感、创新精神、实践能力的有形工作平台。

3. 组织结构及发展情况

“创青春”全国大学生创业大赛是在原有“挑战杯”中国大学生创业计划竞赛的基础上发展起来的，大赛由共青团中央、教育部、人力资源和社会保障部、中国科协、全国学联联合主办，自 2014 年起每两年举办一次。

4. 赛事安排

“创青春”全国大学生创业大赛的 3 项主体赛事，分别为“挑战杯”大学生创业计划竞赛、创业实践挑战赛、公益创业赛，大赛分预赛、复赛和决赛三个阶段进行。

（1）预赛在每年 4 月至 5 月（具体时间以当年通知为准），各省（自治区、直辖市）针对大赛下设的 3 项主体赛事组织本地预赛或评审，并在“创青春”全国大学生创业大赛官方网站进行校级、省级参赛项目网络报备和申报。其中，大学生创业计划竞赛实行项目分类申报，即分为已创业与未创业两类。各省（自治区、直辖市）在推报复赛项目时，两类项目的比例不作限制。全国评委会将在复赛、决赛阶段，针对两类项目实行相同的评审规则；计算总分时，将视已创业项目实际运营情况，在其实得总分的基础上给予 1% 至 5% 的加分。

（2）每年 6 月中旬（具体时间以当年通知为准），各省（自治区、直辖市）汇总经预赛产生的参加复赛项目，对项目申报表及相关材料的填写情况进行把关，按照统一要求，报送至全国组委会办公室。在 3 项主体赛事中，全国组委会不接受学校或个人的申报。

报送项目的数量不得超过项目名额分配表中规定的数量。

全国复赛在每年 7 月至 8 月举行。全国评委会对项目进行评审，选出若干优秀项目进入决赛，并书面通知各省（自治区、直辖市）、相关高校。

（3）全国大赛决赛在每年 10 月举行（具体时间以当年通知为准）。全国评委会将通过相应评审环节，对 3 项主体赛事分别评出若干金奖、银奖、铜奖及其他单项奖项目。

5. 参赛对象

大学生创业计划竞赛面向高等学校在校学生，以商业计划书评审、现场答辩等作为参赛项目的主要评价内容；创业实践挑战赛面向高等学校在校学生或毕业未满 5 年的高校毕业生，且应已投入实际创业 3 个月以上，以盈利状况、发展前景等作为参赛项目的主要评价内容；公益创业赛面向高等学校在校学生，以创办非营利性质社会组织的计划和实践等作为参赛项目的主要评价内容。

6. 参赛要求

（1）参赛资格

凡在举办大赛终审决赛的当年 7 月 1 日以前正式注册的全日制非成人教育的各类高等院校在校专科生、本科生、硕士研究生和博士研究生（均不含在职研究生）可参加全部 3 项主体赛事；毕业 5 年以内（时间截至举办大赛终审决赛的当年 7 月 1 日）的专科生、本科生、硕士研究生和博士研究生可代表原所在高校参加创业实践挑战赛（需提供毕业证证明，仅可代表最终学历颁发高校参赛）。

（2）参赛条件

大学生创业计划竞赛：参加竞赛项目分为已创业与未创业两类；分农林、畜牧、食品及相关产业，生物医药，化工技术和环境科学、信息技术和电子商务，材料，机械能源，文化创意和服务咨询等 7 个组别。实行分类、分组申报。

创业实践挑战赛：拥有或授权拥有产品或服务，并已在工商、民政等政府部门注册登记为企业、个体工商户、民办非企业单位等组织形式，且法人代表或经营者符合第十五条规定、运营时间在 3 个月以上（以预赛网络报备时间为截止日期）的项目，可申报该赛事。申报不区分具体类别、组别。

公益创业赛：拥有较强的公益特征（有效解决社会问题，项目收益主要用于进一步扩大项目的范围、规模或水平）、创业特征（通过商业运作的方式，运用前期的少量资源撬动外界更广大的资源来解决社会问题，并形成可自身维持的商业模式）、实践特征（团队须实践其公益创业计划，形成可衡量的项目成果，部分或完全实现其计划的目标成果）的项目，且参赛学生符合规定，可申报该赛事。申报不区分具体类别、组别。

（3）参赛形式

大赛以学校为单位进行统一申报，以创业团队形式参赛，原则上每个团队人数不超过10人。

对于跨校组队参赛的项目，各成员须事先协商明确项目的申报单位。

对于经授权的发明创造或专利技术，在报名时需提交具有法律效力的发明创造或专利技术所有人的书面授权许可、项目鉴定证书、专利证书等。

对于已注册运营的项目，在报名时需提交相关证明材料（含单位概况、法定代表人情况、营业执照复印件、税务登记证复印件、组织机构代码复印件等材料）。

7. 奖项设置

大赛按照总分高低评比得出金、银、铜奖，“创青春杯”“优胜杯”、优秀组织奖由大赛组委会根据各学院参与活动的积极性和主动性以及参赛团队获奖情况评定，对获奖团队分别予以奖励，并颁发荣誉证书。“创青春杯”“优胜杯”、优秀组织奖将颁发荣誉证书。

三、中华职业教育创新创业大赛

案例

第四届中华职业教育创新创业全国现场总决赛2020年11月17日在重庆开幕，119个项目开启现场比拼。该比赛由中华职业教育社主办，教育部、人社部指导，以“职教育工匠、双创筑梦想”为主题。来自全国的119个参赛项目进入全国赛现场总决赛（图10.5）。

大赛期间，中华职业教育社、重庆市委统战部签署协议，就共同推进重庆产教融合发展试验区建设达成相关协议。按照协议，中华职业教育社将支持“重庆产教融合发展研究院”的建设；支持重庆建设职业教育产教融合服务乡村振兴试验区；支持重庆创立产教融合创新创业项目孵化中心；支持重庆建立黄炎培职业教育思想研修基地。

图10.5 第四届中华职业教育创新创业全国总决赛颁奖现场

本次大赛共孵化签约项目161项，涉及医药、信息、大健康、能源、金融、工业、教育、电商等20余个门类，合作类型包括共建产业学院、共建技术应用和研发中心、共建企业技术培训中心或人才培养基地等。

本次大赛国赛项目高达119个，来自不同地区不同学校的英才齐聚，经验丰富的评委老师现场点评，大众创新万众创业，各行各业深化产业改革。中华职教社主办的中华职业教育创新创业大赛，为职业教育发展提供了有力的人才和智力支撑。在大赛的带动下，中国职校学生创新创业实践锻炼能力显著增强，达到“以赛促学、以赛促教、以赛促创”的效果。

中华职业教育创新创业大赛由中华职业教育社主办，竞赛宗旨在于积极响应党和政府“大众创新，万众创业”的战略部署，践行黄炎培职业教育思想，加快职业教育对接行业产业，促进职业院校创新创业教育发展，提高职业教育创新创业水平，引导职业院校学生学习创新创业知识，提高创新创业能力，激发创新创业活力，培养具有创新创业精神和能力的技术技能人才。

1. 大赛的组织

中华职业教育创新创业大赛原名是黄炎培职业教育奖创新创业大赛，2017年全国决赛时更名为中华职业教育创新创业大赛，全国决赛由中华职业教育社主办，各省份中华职业教育社分社和有关单位承办，省级决赛由中华职业教育社各省份分社和有关单位主办。部分省份的省赛通知还在沿用黄炎培职业教育奖创新创业大赛的名称。

2. 参赛对象

大赛分中职组、高职组和应用技术型本科组。中职组：中职、技工学校在校生；高职组：高职、技师院校在校生；应用技术型本科组：应用技术型本科院校在校生。五年制高职在校学生报名参赛的，一至三年级学生参加中职组比赛，四、五年级学生参加高职组比赛。应用技术型本科院校的专科学生参加高职组比赛。

当年中职学校、高职院校、应用技术型本科院校的应届毕业生视同在校学生，可报名参赛。

为促进两岸职业教育领域青年创新创业交流，大赛将邀请台湾职业院校学生参赛，按对应职业教育层次参加相应组别的比赛。

3. 比赛流程

大赛分校级初赛、省级复赛和全国总决赛。

（1）6 ~ 8月下旬，各省（自治区、直辖市）中华职业教育社组织完成省级比赛，遴选出参加全国比赛的团队名单。

比赛形式由各省（自治区、直辖市）中华职业教育社自行决定。各省（自治区、直辖市）中华职业教育社自行组织初赛后，推荐参加全国大赛的团队，每省（自治区、直辖市）参加大赛的名额原则上不少于6个，不超过12个，其中，中职组、高职组和应用技术型本科组各不超过4个。

（2）9 ~ 10月，进行网络申报与决赛资格评审。网络申报工作由竞赛委员会秘书组负责，各省（自治区、直辖市）职教社组织本省（自治区、直辖市）参赛团队在规定的时间内登录大赛官方网站按要求完成网络申报工作。大赛组委会委托专家委员会对各省份申报项目进行网络评审。评审结束后在大赛官方网站公示网评成绩。

（3）全国总决赛

决赛时间一般在下半年，比赛形式采取现场演示及答辩等方式，具体安排每年有所不同，以每年大赛决赛的通知为准，决赛结束后举行颁奖仪式。

4. 参赛要求

（1）组队方式

选手以团队形式参赛，每个参赛团队参赛选手3 ~ 5名，其中1人为领衔人。不接受个人单独参赛，参赛选手不得同时参加两个团队。

各参赛团队可在校内跨学科、跨专业和跨年级组队，不得跨校组队。

每个参赛团队的指导教师不超过2名。

（2）选题要求

参赛项目选题、核心部分的构思设计、申报评审书的撰写均由学生完成。

参赛项目必须按照要求向大赛组委会提交资料，相关细节应作详细说明。

参赛项目使用他人已经注册的知识产权内容，申报时应注明出处。

凡是不符合比赛规定、弄虚作假、剽窃他人成果、不如实申报相关材料和主动声明引用他人成果者，将取消参赛资格。

5. 奖项设置

（1）省级比赛由各省（自治区、直辖市）中华职业教育社自行决定

指导教师奖：对获奖项目的指导教师颁发同等级的指导教师奖。

竞赛组织奖：依据参赛院校参赛项目数量、项目质量、申报材料报送是否及时规范、参赛团队获奖情况及赛事宣传力度综合评定，评出竞赛组织奖若干个。

（2）全国总决赛

大赛设一、二、三等奖、最佳创意奖、最佳人气奖以及优秀奖。大赛设立组织奖，根据参赛规模、参赛成绩综合评定。主办单位为获奖单位和个人颁发证书、奖杯和奖金。

拓展训练

创新创业大赛项目准备

1. 训练流程

（1）搜集、查询各类创新创业大赛的历届比赛通知，了解各类创新创业大赛的比赛时间、参赛要求等内容。

（2）根据个人专业或爱好选择一项你喜欢的赛事，并对赛事进行分析。

●罗列出该赛事的时间、地点、参赛要求、注意事项等内容。

____

●查阅该赛事近两届优秀的项目计划书，策划你的项目计划书。

____

2. 训练思考

在创新创业大赛准备过程中应注意哪些问题？大学生为什么要积极参与创新创业大赛？

____

____

____

附录

教育部关于印发《国家级大学生创新创业训练计划管理办法》的通知

教高函〔2019〕13号

各省、自治区、直辖市教育厅（教委），新疆生产建设兵团教育局，有关部门（单位）教育司（局），部属各高等学校、部省合建各高等学校：

为贯彻落实全国教育大会和新时代全国高等学校本科教育工作会议精神，根据《国务院办公厅关于深化高等学校创新创业教育改革的实施意见》（国办发〔2015〕36号）等有关文件精神，结合国家大学生创新创业训练计划实施情况，我部制定了《国家级大学生创新创业训练计划管理办法》，现印发给你们。

请各地各高校秉承“兴趣驱动、自主实践、重在过程”的原则，深化高校创新创业教育教学改革，加强大学生创新创业能力培养，全面提高人才培养质量。

教育部

2019年7月10日

国家级大学生创新创业训练计划管理办法

总 则

第一条 为贯彻落实全国教育大会和新时代全国高等学校本科教育工作会议精神，根据《国务院办公厅关于深化高等学校创新创业教育改革的实施意见》（国办发〔2015〕36号）要求，深入推进国家级大学生创新创业训练计划（以下简称国创计划）工作，深化高校创新创业教育改革，提高大学生创新创业能力，培养造就创新创业生力军，加强国创计划的实施管理，特制定本办法。

第二条 国创计划是大学生创新创业训练计划中的优秀项目，是培养大学生创新创业能力的重要举措，是高校创新创业教育体系的重要组成部分，是深化创新创业教育改革的重要载体。

第三条 国创计划坚持以学生为中心的理念，遵循“兴趣驱动、自主实践、重在过程”原则，旨在通过资助大学生参加项目式训练，推动高校创新创业教育教学改革，促进高校转变教育思想观念、改革人才培养模式、强化学生创新创业实践，培养大学生独立思考、善于质疑、勇于创新的探索精神和敢闯会创的意志品格，提升大学生创新创业能力，培养适应创新型国家建设需要的高水平创新创业人才。

第四条 国创计划围绕经济社会发展和国家战略需求，重点支持直接面向大学生的内容新颖、目标明确、具有一定创造性和探索性、技术或商业模式有所创新的训练和实践项目。国创计划实行项目式管理，分为创新训练项目、创业训练项目和创业实践项目三类。

（一）创新训练项目是本科生个人或团队，在导师指导下，自主完成创新性研究项目设计、研究条件准备和项目实施、研究报告撰写、成果（学术）交流等工作。

（二）创业训练项目是本科生团队，在导师指导下，团队中每个学生在项目实施过程中扮演一个或多个具体角色，完成商业计划书编制、可行性研究、企业模拟运行、撰写创业报告等工作。

（三）创业实践项目是学生团队，在学校导师和企业导师共同指导下，采用创新训练项目或创新性实验等成果，提出具有市场前景的创新性产品或服务，以此为基础开展创业实践活动。

管理职责

第五条 教育部是国创计划的宏观管理部门，主要职责是：

（一）制定国创计划实施的有关政策，编制发展规划，发布相关信息。

（二）制定国创计划管理办法，组织开展项目立项、结题验收等工作，加强项目的规范化管理。

（三）制定国创计划成效评价指标体系，定期组织开展实施情况评价。

（四）组建国创计划专家组织，加强大学生创新创业工作研究，推进高校创新创业教育经验交流。

（五）组织举办全国大学生创新创业年会，推进大学生创新创业学术交流和成果推介。

第六条 省级教育行政部门主要职责是：

（一）根据本区域经济社会发展特点，指导、规范本区域大学生创新创业训练计划运行和管理，推动本区域高校加强大学生创新创业教育工作。

（二）负责组织区域内高校国创计划立项申报、过程管理、结题验收等工作，按照工作要求向教育部报送相关材料。

（三）负责区域内参与国创计划高校交流合作、评估监管等工作。

第七条 高校是国创计划实施和管理的主体，主要职责是：

（一）制定本校大学生创新创业教育管理办法，开展创新创业教育教学研究与改革。

（二）负责国创计划项目的组织管理，开展项目遴选推荐、过程管理、结题验收等工作。

（三）制定相关激励措施，引导教师和学生参与国创计划。

（四）为参与项目的学生提供技术、场地、实验设备等条件支持和创业孵化服务。

（五）搭建项目交流平台，定期开展交流活动，支持学生参加相关学术会议，为学生创新创业提供交流经验、展示成果、共享资源的机会。

（六）做好本校国创计划年度总结和上报工作。

项目发布与立项

第八条 教育部根据国家经济社会发展和国家战略需求，结合创新创业教育发展趋势，确定重点资助领域，制定重点资助领域项目指南，引导国创计划项目申请。

第九条 国创计划项目申报基本条件：

（一）项目选题具有一定的学术价值、理论意义或现实意义。鼓励面向国家经济社会发展、具有一定理论和现实意义的选题，鼓励直接来源于产业一线、科技前沿的选题。

（二）选题具有创新性或明显创业教育效果。鼓励开展具有一定创新性的基础理论研究和有针对性的应用研究课题，鼓励新兴边缘学科研究和跨学科的交叉综合研究选题。

（三）选题方向正确，内容充实，论证充分，难度适中，拟突破的重点难点明确，研究思路清晰，研究方法科学、可行。鼓励支持学生大胆创新，包容失败，营造良好创新创业教育文化。

（四）项目团队成员原则上为全日制普通本科在读学生，成员基本稳定，专业、能力结构较为合理。每位学生同一学年原则上只能参与一个项目。鼓励跨学科、跨院系、跨专业的学生组成团队。

（五）项目申请团队应选择具有较高学术造诣、较好创新性成果、热心教书育人、关爱学生成长的教师作为导师，鼓励企业人员参与指导或共同担任导师。

（六）创新训练项目和创业训练项目获得经费支持平均不低于 2 万元 / 项，创业实践项目获得经费支持平均不低于 10 万元 / 项。高校根据学科专业特点，确定项目资助额度标准。

第十条 根据教育部发布的国创计划申报要求，符合立项申请基本条件的项目向所在高校提出申请，高校评审遴选后报省级教育行政部门和教育部审核备案。

第十一条 教育部组织专家对申报项目进行审核后发布立项通知。

项目过程管理

第十二条 高校应加强对国创计划的管理，成立由校领导牵头、相关职能部门组成的国创计划管理机构，确定主管部门。管理机构负责协调落实条件保障，主管部门负责国创计划日常管理。

第十三条 项目负责人要负责项目的整体推进，按照计划开展工作，加强团队建设和管理，加强与导师和管理人员的沟通联系，并组织好相关报告撰写工作。项目负责人和项目内容原则上不得变更，特殊情况经学校有关部门审批后执行。

第十四条 国创计划经费应专款专用。学生要在相关教师指导下，严格执行学校相关财务管理规定。

第十五条 国创计划项目所在高校应建立国创计划师生培养培训机制，加强对国创计划项目团队成员和导师的培训和管理。

第十六条 鼓励项目团队积极参加中国“互联网＋”大学生创新创业大赛等创新创业赛事和“青年红色筑梦之旅”等活动。

第十七条 推动国创项目不断提高整体水平和发挥示范带动作用。高校应充分发挥国创计划引领示范作用，及时总结学生在项目中取得的成绩，协调解决存在的问题。支持高校通过举办大学生创新创业年会等方式加强国创计划成员之间的学习交流。

项目结题与公布

第十八条 国创计划项目完成后，均需进行结题验收，履行必要的结项手续。

（一）国创计划项目结题验收工作由所在学校组织。学校应组织校内外专家对国创计划项目进行结题验收，并将验收结果报省级教育行政部门审核备案。

（二）省级教育行政部门按年度向教育部报送本区域高校国创计划项目验收结果，并组织开展项目抽查。

（三）教育部对省级教育行政部门报送的验收结果进行审核，并将审核结果公布。

第十九条 国创计划项目结题验收结论的申诉。国创计划项目团队成员、导师，如对结题验收结论有异议，可向高校有关部门提出。

第二十条 国创计划项目结题信息公开对外服务。相关网站向公众提供结题信息服务，助推高校创新创业教育深入发展。

项目后期管理

第二十一条 高校对通过结题验收的项目团队成员可根据实际贡献给予学分认定，对导师给予相应工作量认定。

第二十二条 建立国创计划年度进展报告制度。高校要按年度编制国创计划项目进展报告，内容应包括项目整体概况、教育教学改革探索、项目组织实施与管理、支持措施和实施成效等。年度报告报省级教育行政部门和教育部备案。

第二十三条 国创计划项目执行较好的高校可向教育部申请承办全国大学生创新创业年会。

附 则

第二十四条 在国创计划实施中，凡是属于国家涉密范围的，均按照相关保密法规执行。

第二十五条 各省级教育行政部门、各高校根据本办法制定实施细则。

第二十六条 本办法自公布之日起施行。

参考文献

[1] 李俊 . 创业基础与实践 [M]. 北京：北京师范大学出版社，2021.
[2] 于春杰 . 创业基础 [M]. 北京：清华大学出版社，2021.
[3] 王强，陈姚 . 创新创业基础案例教学与情景模拟 [M]. 北京：中国人民大学出版社，2021.
[4] 葛海燕，黄华 . 大学生创新创业指导与训练 [M]. 北京：清华大学出版社，2021.
[5] 李俊琦 . 创新创业基础训练 [M]. 北京：中国商务出版社，2020.
[6] 刘延，高万里 . 大学生创新创业基础 [M]. 武汉：华中科技大学出版社，2020.
[7] 汤锐华 . 大学生创新创业基础 [M]. 北京：高等教育出版社，2020.
[8] 李伟 . 创新创业教程 [M]. 北京：清华大学出版社，2019.
[9] 施慧洪 . 互联网 + 创业案例分析 [M]. 北京：中国金融出版社，2018.
[10] 钟秋明 . 大学生创业基础 [M]. 北京：高等教育出版社，2017.